U0641929

新时代大学美育与劳动教育系列教材

"十四五"规划教材

新时代大学美育

XINSHIDAI DAXUE MEIYU

组 编 ◎ 湖北省高等教育学会

主 编 ◎ 周 峰

副主编 ◎ 辛艺华 张 黔 李 珊

参 编 ◎ 王 敏 罗 双 郑 达
　　　　　徐丹丹 喻 颖 赖俊威

华中科技大学出版社
http://press.hust.edu.cn
中国·武汉

内 容 简 介

　　《新时代大学美育》涉及大学美育的八个重要部分,整合为上、下两编,从新时代大学美育的理论内涵、目标和实践路径三个维度展开论述。本书继承现有美育和大学美育教材的理论成果,摒弃现有教材中将美育与美学混杂讨论的弊病,力图对新时代大学美育展开理论剖析和进行实践指导,突出大学美育目标的达成,建立了逻辑严谨又富有时代精神的大学美育体系。在具体论述上,本书将艺术美育、设计美育、科学美育、自然美育和生活美育等美育范畴纳入研究视野,同时增加了美育实践指导内容。

　　本书适合作为各类高等院校的美育教材,同时适合各行业对美育感兴趣的读者阅读。

图书在版编目(CIP)数据

新时代大学美育/周峰主编.—武汉:华中科技大学出版社,2023.7(2025.1重印)
ISBN 978-7-5680-9566-2

Ⅰ.①新…　Ⅱ.①周…　Ⅲ.①美育-高等学校-教材　Ⅳ.①G40-014

中国国家版本馆 CIP 数据核字(2023)第 110298 号

新时代大学美育
Xinshidai Daxue Meiyu

周峰　主编

策划编辑:俞道凯　王　勇
责任编辑:杨赛君
封面设计:廖亚萍
责任监印:周治超

出版发行:华中科技大学出版社(中国·武汉)　　电话:(027)81321913
　　　　　武汉市东湖新技术开发区华工科技园　　邮编:430223

录　　排:武汉三月禾文化传播有限公司
印　　刷:武汉科源印刷设计有限公司
开　　本:787mm×1092mm　1/16
印　　张:13
字　　数:277 千字
版　　次:2025 年 1 月第 1 版第 3 次印刷
定　　价:49.80 元

前 言
PREFACE

为深入贯彻中共中央办公厅、国务院办公厅印发的《关于全面加强和改进新时代学校美育工作的意见》精神，落实立德树人根本任务，2022年湖北省高等教育学会组织策划和编写《新时代大学美育》这部本科教材。为此，学会专门成立专家委员会，集合湖北省内高校美育专家学者，历时一年，在充分调研、仔细论证、精心打磨下形成书稿。

本书编写的主要思路有以下几点。

一是突出新时代这样一个特定的时代背景。中国特色社会主义进入新时代，这是我国发展的新历史方位。新时代意味着新发展阶段，意味着新起点、新任务、新要求，概括起来就是伟大斗争、伟大工程、伟大事业、伟大梦想。习近平总书记在十九大报告中明确指出，人民群众对美好生活的追求与这种追求暂时还不能实现之间的矛盾是当前的主要矛盾。习近平总书记在二十大报告中进一步明确指出，"满足人民日益增长的精神文化需求"，是当前文化建设的主要任务，怎样满足包括审美在内的各种精神需要是铸就社会主义文化新辉煌的努力方向。新时代的一个突出特点是，全民对美的追求，全民对艺术活动与深度参与，文化旅游事业在全国各地全面铺开。这都标志着中华民族进入一个以审美为特征的新的文明阶段。新时代对国民审美素养提出了新要求。然而我们对美的需求并没有得到全方位的满足，这仍是我们这个时代的一个突出问题。新时代呼唤美育,美育需要建功新时代。

二是突出受众是大学生这一群体。党的二十大报告指出,"青年强,则国家强"。当代青年要"怀抱梦想又脚踏实地,敢想敢为又善作善成,立志做有理想、敢担当、能吃苦、肯奋斗的新时代好青年",因此要"用党的科学理论武装青年"。大学生是新时代中国特色社会主义的建设者和弘扬者,在中国社会发展进程中是引领整个社会变革和发展的中坚力量。

三是突出美育的实践路径。党的二十大报告明确指出,建设社会主义文化强国,要求"繁荣发展文化事业和文化产业",强调要"实施国家文化数字化战略,健全现代公共文化服务体系,创新实施文化惠民工程";要"坚持以文塑旅、以旅彰文,推进文化和旅游深度融合发展"。2020年,中共中央办公厅、国务院办公厅印发了《关于全面加强和改进新时代学校美育工作的意见》,在国家意识形态和教育政策导向层面,美育的重要性已达到前所未有的高度。

自改革开放以来,国内关于美育方面的专著、教材已经出版了不少,这类书籍比较突出的问题是将美育和一般美学原理的导论混淆,反映了这类书籍在"美育"的精准定位上的不足。有鉴于此,本书将重点放在对美育内涵的界定和美育的实践路径分析上。绪论和上编主要涉及美育活动及美育理念的发展、美育在教育体系中的地位与作用、美育的目标等。下编主要阐述美育具体的实践路径,即通过何种手段和对象来提升受教育者的审美能力、审美素养,进而提升其道德情操,完善其心理人格,培养其创新意识。我们希望读者在本书的指引下,能更自发、自觉且有效地开展美育,净化情感,培养和提高自身的审美意识和能力,促进心理结构的"内化",完善个体人格,最终实现人的自由而全面的发展。希望本书能有助于读者对人生幸福的追求!

写作意图与接受效应往往不是同一回事,编写《新时代大学美育》一书对我们是全新的挑战。这个挑战来自新时代的新变化,也来自与这个时代共同成长的新一代大学生独特的知识结构、能力结构、价值导向。我们在编写本书时,希望我们的写作意图能与读者的接受需要相吻合,但最终的效果还有待读者的检验。我们希望广大读者在阅读本书之后,能就其中的内容、观点、例证等是否合理与我们进一步交流,以便本书的修订和再版。

本书由湖北美术学院周峰担任主编,华中师范大学辛艺华、武汉理工大学张黔、湖北美术学院李珊担任副主编。全书编写分工情况如下：

　　李珊：绪论、第一章。

　　罗双：第二章。

　　张黔：第三章。

　　喻颖：第四章。

　　王敏：第五章。

　　郑达：第六章。

　　赖俊威：第七章。

　　徐丹丹：第八章。

《新时代大学美育》编写组

2023 年 2 月 22 日

目 录
CONTENTS

绪 论

　　自二十世纪初"美育"被引入中国,不论在启蒙、抗日救亡还是在变革时期,美育都作为一种不可或缺的手段呈现在历史中。我国美育方针政策从"美育救国"发展为新时代的"美育兴国"。以美育促进落实科教兴国战略、人才强国战略、创新驱动发展战略,促进高质量创新发展,是新时代美育的新使命。新时代呼唤美育,美育建功新时代。由此,新时代大学美育也应以"社会"为支点,开创大学美育发展新格局。

一、中国百年大学美育历程

（一）二十世纪上半叶的大学美育

在古代汉语中有"美"和"育"，但没有"美育"一词，这意味着关于美育的问题没有专门化，而且关于美育的思想并没有系统化。二十世纪初，"民族复兴""民族启蒙"成为美学、美育与文化建设的基调。王国维、蔡元培、梁启超、鲁迅等人，不仅确立了现代美育的地位，还将美育与"改造国民性"问题融合。

蔡元培（1868—1940）在《二十五年来中国之美育》中强调"美育"一词是他在民国元年（1912年）从德文的 Ästhetische Erziehung 译出。这标志着"美育"以汉语的语义方式进入人们的认知系统中。他在《教育大辞书》撰写"美育"条目中明确写道：

及十八世纪，经包姆加敦（Baumgarten，1717—1762）与康德（Kant，1724—1804）之研究，而美学成立。经席勒尔（Schiller，1759—1805）详论美育之作用，而美育之标识，始彰明较著矣。（席勒尔所著，多诗歌及剧本；而其关于美学之著作，惟 Brisfe über die Ästhetische Erziehung，吾国"美育"之术语，即由德文之 Ästhetische Erziehung 译出者也。）自是以后，欧洲之美育，为有意识之发展，可以资吾人之借鉴者甚多。①

蔡元培指出"美育"是由席勒的 Ästhetische Erziehung 翻译而来，1793年德国古典美学家席勒以书信体的形式写成《审美教育书简》（Über die Ästhetische Erziehung des Menschen）一书。这是第一部以美育为研究对象的理论著作，标志着美育理论成为独立的体系，被称为"第一部美育的宣言书"。蔡元培曾先后三次赴德国求学、考察，历时5年多，这段经历让他对美育有了较为全面的理解和认识。1908—1911年蔡元培赴德国莱比锡大学哲学系学习，成为冯特的学生，他聆听冯特讲授的四门课：新哲学史——从康德至当代、心理学、心理学实验和民族心理学。此外，他还学习哲学、心理学、德国文化史、文学、艺术、美学和美术史等方面的课程。他在《自写年谱》中说："我于讲堂上既常听美学、美术史、文学史的讲（演），于环境上又常受音乐、美术的熏习，不知不觉的渐集中心力于美学方面。"②他主张

---

① 中国蔡元培研究会编《蔡元培全集（第六卷）》，浙江教育出版社，1997，第600页。
② 蔡元培：《美育人生》，江苏文艺出版社，2011，第74页。

"以美育代宗教"的观念形成于此时期。同时,他还关注德国大学教育体系,他翻译了一篇题为《德意志大学之特色》(包尔生)的文章,该文较为系统地介绍了德国的大学历史、特色,特别指出大学为决定国家民族命运之关键。他吸收德国大学理念,之后将其用于北京大学的改革。

　　1901年蔡元培在《哲学总论》中指出:"智育者教智力之应用,德育者教意志之应用,美育者教情感之应用是也。"①他认为美育是一种最重要、最基础的人生观教育。1912年1月,他于教育总长任期内初次提出军国民教育、实利主义教育、公民道德教育、美感教育和世界观教育的"五育并举"的教育方针。他将清政府1904年颁布的《奏定学堂章程》中的教育目的加以修正,撰写《对于新教育之意见》一文,写道:"其内容则军国民主义当占百分之十,实利主义当占其四十,德育当占其二十,美育当占其二十五,而世界观则占其五。"②从占比看,美育的重要程度仅次于实利主义教育。蔡元培于1912年7月辞去教育总长之职,继任者范源濂受日本教育思想的影响,在任时重视"专门教育"。1912年9月,教育部颁布"壬子学制",明确提出"注重道德教育,以实利教育、军国民教育辅之,更以美感教育完成其道德。"③这是美育第一次被确立为国家教育方针,同年10月教育部颁布《专门学校令》。

　　蔡元培坚持"教育救国",大力倡导美育,并身体力行。他重视对古代书画、国乐的搜集、整理和宣传,积极扶持、奖掖中西艺术的交融与创新。他在1916年被任命为北京大学校长,在任的十年间,大力推进北京大学的美育建设,包括倡建各类社团并积极组织活动、开设"美学"课程并撰写《美学通论》、推动校园美育设施建设。事实上,蔡元培在主持北京大学和大学改革的两个时期,还参与设计、创建了多所具有现代意义的美术、音乐专门院校,如上海美术专科学校(1912)、北京美术学校(1918)、上海艺术专科师范学校(1919)、上海音乐专科学校(1927)相继创立。创立艺术院校与培养美育人才,实现了我国高校艺术教育与高校美育从无到有。1922年,蔡元培在《教育杂志》发表长文《美育的实施方法》,指出美育应该跟其他教育一样从"家庭、学校和社会"三个方面展开,学校教育中"凡学校所有的课程,都没有与美育无关的"。社会美育涵盖从公共艺术场馆到城市公共空间、居住环境以及社会的其他各个方面。蔡元培强调美育应是"全育人"的过程,他在中国传统美育的基础上,结合西方现代思想观念,推动中国传统美育的现代转换,是现代"美育之父"。

　　王国维有感于培养国民独立人格和精神趣味的重要性,提出教育的宗旨在于

---

① 蔡元培:《哲学总论》,载中国蔡元培研究会编《蔡元培全集(第一卷)》,浙江教育出版社,1997,第357页。
② 高平叔编《蔡元培全集》,中华书局,1984:135。
③ 舒新城:《近代中国教育史料》,中国人民大学出版社,2012,第254页。

培养"完全之人物"。他在《论教育之宗旨》中说:"完全之人物不可不备真善美之三德,欲达此理想,于是教育之事起。教育之事亦分为三部:智育、德育(即意育)、美育(即情育)是也。"[①]"完全之人物"的教育包含培养"智力"的智育、培养"意志"的德育、培养"情感"的美育。他认为整个教育体系应该始于美育且终于美育,从而大力倡导在学校中设置美术课、音乐课,以提高学生对美的鉴赏力,树立高尚审美标准,丰富人的感情生活,培养创造美的能力。蔡元培和王国维试图通过美育培养"完全之人物",使之养成"健全人格",改造国民劣根性,使美育成为"立民新人"教育的重要组成部分。

丰子恺主持杭州艺术专科学校十年,认为"技术及于人生"以及"艺术心"的培养,其直接效果是"艺术品"的效果,间接效果是"艺术精神"的效果,艺术给人以美的精神并支配人的全部生活,最终利于完美人格的养成。他主张"艺术兴学""礼乐治校",美育不应仅限于艺术教育,而应融入全部的教育生活中,并将其作为人生重大而广泛的一种教育。

朱光潜吸收席勒人本主义美育观,重视美育"怡情养性"的功能,提出"人生的艺术化"命题,认为应以情的态度、感的方式来看待自然和人生,文艺能怡情养性,能开阔眼界、解放和升华情感,能保证人的情感的健康、纯正,培养高雅的趣味。这意味着人生的情趣化、超脱化、道德化和完满化。

总之,二十世纪上半叶,"美育"以汉语的语义方式进入中国大学教育体系,蔡元培、王国维、丰子恺、朱光潜等学者在康德美学、席勒美育思想的基础上,经由传统观念向现代观念的转化,建构和确立中国大学美育体系,使中国大学美育的格局和实践范式逐步完成现代观念的构建。这时期的主要表现为:一是美育不再依附于德育,逐渐建构独立的话语体系和价值系统;二是美育的方法论体系由哲学之内省的、思辨的方法转向科学的、心理学的方法,建立了专业教育规则和技能训练方法;三是美育观念由传统的超离现实的、贵族性的、个人的美学追求,向实用的、大众化的、社会化的方向转化,现代美育在时空、对象上产生了全民的、全人生的、全场景的辐射,这也是现当代美育观念及实践的基础模型;四是注重艺术与现实生活的联系,注重学校美育与社会美育的融合和发展。

(二) 中华人民共和国成立以来的大学美育

中华人民共和国成立以来,中国大学美育上承"五四"新文化运动的成果,走过了一个肯定美育、取消美育、强调美育的历程,这是一条曲折的发展道路。1951

---

① 王国维:《论教育之宗旨》,载佛雏编《王国维学术文化随笔》,中国青年出版社,1996,第146页。

年,教育部部长马叙伦在全国中等教育会议闭幕式上说,全面发展的原则是"使青年一代在智育、德育、体育、美育各方面获得全面发展,成为新民主主义社会自觉的成员。"1952 年,教育部颁发试行的《小学暂行规程(草案)》及《中学暂行规程(草案)》均提出"实施智育、德育、体育、美育全面发展的教育",分别提出"陶冶学生的审美观念,并启发其艺术的创造能力",明确了我国教育系统中"全面发展"的教育思想。1954 年,国务院总理周恩来在一次政务会议上提出"我们向社会主义、共产主义前进,每个人要在德、智、体、美等方面均衡发展"的思想。四育均衡发展,德育居首,而美育排最后。1957 年,毛泽东在《关于正确处理人民内部矛盾的问题》的报告中提出:"我们的教育方针,应该使受教育者在德育、智育、体育几方面都得到发展,成为有社会主义觉悟的有文化的劳动者。"这段关于教育的阐述是基于马克思关于"人的全面发展"提出的,美育包含在人的全面发展这一大的范畴中。二十世纪五六十年代的美学大讨论,未曾涉及美育问题,美育理论研究陷入停顿。

改革开放后,美学研究开始复苏并兴起一股美学热,美育问题也被再次提出。周扬 1980 年在《关于美学研究工作的谈话》中提出:"要大力普及科学文化,加强共产主义道德教育以及审美教育。"在同年召开的全国美学大会上,学者们积极倡议恢复美育。大学美育面临着历史契机的改变,其主要目的已由政治文化教育转变为促进学生的全面发展。大学美育从单一的艺术、历史及文学拓展到心理学、自然科学和社会科学。这种改变促使美育转向科学教育,强化主题和实践教学,重视选课自主权和跨学科教学,同时也注重创新和国际化教育。这一时期,我国大学美育大致分为以下两个阶段。

第一阶段是改革开放至二十世纪八十年代末,改革开放推动新时期文艺迅速走向繁荣,美育也逐渐复苏和发展起来。我国教育系统坚持"人的全面发展",而美育在教育方针中被隐性地表述。1982 年通过的《中华人民共和国宪法》指出:"国家培养青年、少年、儿童在品德、智力、体质等方面全面发展。"二十世纪八十年代中期出现"美学热",美学家、文艺家、教育家大力呼吁美育。比如,李泽厚提出"以美启真""以美储善";滕守尧认为美育最终落实为审美心理结构的成熟。1985 年,国务院在"十五"计划报告中明确把美育和德育、智育、体育列入国家教育方针。1986年通过的《中华人民共和国义务教育法》明确规定:"义务教育必须贯彻国家的教育方针,努力提高教育质量,使儿童、少年在品德、智力、体质等方面全面发展,为提高全民族的素质,培养有理想、有道德、有文化、有纪律的社会主义建设人才奠定基础。"1986 年,李鹏所作的关于《中华人民共和国义务教育法(草案)》的说明中,"关于贯彻党的教育方针"则提出:"在中小学教育中,应当贯彻德、智、体、美全面发展的方针,适当进行劳动教育,使青少年儿童受到比较全面的基础教育。……加强音乐、美术、体育等科目的教育,培养中小学生的高尚情操和品质,为中小学生的文化素养和身心健康的全面发展打下良好的基础。"这是以法律的形式规定义务教育必须贯彻国家教育方针,努力提高教育质量,使儿童、少年在品德、智力、体质等方面全面发展。为提高全民族素质,美育开始与德育、智育、体育并列出现。在这一阶段,国家更加重视义务教育阶段的美育工作。

第二阶段是二十世纪九十年代至 2012 年,大学美育由过去的知识教育时代进入能力教育时代。美育的"超美育"功能受到重视,提出如"美育是发展现代生产力的重要因素""美育是培养新的社会性格的重要措施""美育可以培养出生活的艺术家"等诸多观点。大学美育在不断改革发展,逐渐重视对学生的健康身心的全面教育,从强调知识学习转向重视以能力建设为中心的学生全面发展,重视课程教学、实习实践及社会服务等多种优化学生全面发展的育人模式。

1989 年由国家教委、文化部颁布的《关于加强少年儿童艺术教育的意见》和由国家教委颁布的《全国学校艺术教育与总体规划(1989—2000 年)》,1992 年公布的《中华人民共和国义务教育法实施细则》,1993 年中共中央、国务院印发的《中国教育改革和发展纲要》等文件中都有关于美育的表述。1996 年,李岚清在《关于音乐的社会功能问题》一文中谈道:"曾有一度,我们提'德、智、体、美、劳',后来又恢复了以前的'德、智、体'的提法。这并不是说美育不重要,而是把美育作为德育的一部分,提高了美育的地位。"[1]他还指出:"美育是贯彻德、智、体等全面发展教育方针的重要方面,是对青少年进行全面素质教育的重要途径。"[2]至此,美育是推行全面素质教育的重要途径被确立了。此后,美育在推进素质教育方面的重要性不断得到强调,并在理论研究和美育实践中不断得到发展。

1999 年,教育部在《面向 21 世纪教育振兴行动计划》中全面阐述了美育的功能:"美育不仅能培养学生有高尚的情操,还能激发学生学习活动,促进智力开发,培养创新能力。"美育在寻找自身应有的学科地位、归属和价值坐标。《中共中央国务院关于深化教育改革全面推进素质教育的决定》(1999 年 6 月 13 日)指出:"造就'有理想、有道德、有文化、有纪律'的、德智体美等方面全面发展的社会主义事业建设者和接班人。"该项决定第一次从素质教育高度将审美教育同德、智、体一起纳入党的教育方针,同时指出"美育不仅能陶冶情操、提高素养,而且有助于开发智力,对于促进学生全面发展具有不可替代的作用。要尽快改变学校美育工作薄弱的状况,将美育融入学校教育全过程。"国家在教育方针中对美育作了明确的表述,并对其实施提出了具体的要求。同年 6 月 16 日,在全国教育工作会议上,江泽民强调:"以提高国民素质为根本宗旨,以培养学生的创新精神和实践能力为重点,

---

① 李岚清:《关于音乐的社会功能问题》,《中央音乐学院学报》1996 年第 1 期。
② 同上。

努力造就'有理想、有道德、有文化、有纪律'的德育、智育、体育、美育等全面发展的社会主义事业建设者和接班人。"(《光明日报》1999 年 6 月 16 日)

因此，美育是在我国教育方针以及各阶段的教育实践和教育目标的制定中根据当时社会政治、经济、文化教育事业发展的需要提出的，具有时代特点。在将美育包含在教育方针核心内容的表述中，国家根据当时的认识，分别采取了隐性的表述、明确的说明以及明确的表达等不同表述方式。

二、新时代大学美育的使命

（一）新时代大学美育的任务

美育与时代发展紧密联系，不同时代对美育的要求和期盼不同，同时美育也被赋予不同的使命。中国特色社会主义进入新时代，坚持内涵式发展成为高等教育的基本方针。美育作为实现高校内涵式发展的实施路径，也进入持续、健康、深入发展阶段。2015 年，国务院办公厅印发的《关于全面加强和改进学校美育工作的意见》指出，美育是审美教育、情操教育、心灵教育。美育不仅能提升人的审美素养，还能潜移默化地影响人的情感、趣味、气质、胸襟，激励人的精神，温润人的心灵。2018 年，习近平总书记在全国教育大会上强调，坚持中国特色社会主义教育发展道路，培养德智体美劳全面发展的社会主义建设者和接班人，要加强和改进学校美育，坚持以美育人、以文化人，提高学生审美和人文素养。2019 年，教育部发布《关于切实加强新时代高等学校美育工作的意见》，对高校美育作了新的部署和规划，明确提出到 2035 年，形成多样化高质量具有中国特色的社会主义现代化高等学校美育体系。新时代美育对大学生审美素养提出了新要求。新时代大学美育应积极解决时代需要与大学生审美素养之间的落差问题，因此明确新时代的时代特征、社会发展需要、审视和把握大学生美育现状是开展大学美育的重要前提。

从历史的发展看，大学生是文明的重要继承者和传递者，也是历史的引领者和开拓者，是社会建设的重要参与者，在社会建设、改革、进步的进程中发挥着不可忽视的作用。从新时代发展进程的主要任务看，大学生是新时代中国特色社会主义的建设者和弘扬者，在中国社会发展进程中是引领整个社会变革和发展的中坚力量。加强新时代大学美育是针对当下中华民族在伟大复兴的历史进程中出现的"美的精神的滑坡"问题而提出的。长期以来，美育被视为德育、智育、体育的附属，或被边缘化，或被工具化。高校教育中专业技能训练占据主导，高校注重培养"某种专业技能的人",将培养技术精、学历高、掌握尖端科技的人才作为展示学校雄厚实力的基准。高校教育被"社会本位"的教育观所淹没,而忽略或弱化了"人"的培育,忽视了学生的主体需求和发展需要,偏离了人格养成的目标。以人为本的美育无法渗透到学生的心灵,易使大学生丧失超越性品质,产生人格、精神上的缺陷。

新时代背景下,社会对人才的要求从"专一"向"多能"转变,社会需要科学与人文统一、理性与感性统一、人与自然统一、身心健康的新一代创新型"双高"人才,需要大学生具备创造性的跨学科、跨专业的素质能力,要求大学生不断拓展思维、解放想象力,而只有实施美育才能促进以上高标准的统一,才能培养出具备健全人格和个性高度发展的主体。此外,我们处于一个物质充沛、科技发达、审美和艺术在个人及社会发展中价值日益凸显的时代,"传承民族优秀文化、形成文化自信、具备批判性解读视觉文化"的能力,成为新时代大学生必备的素养。因此,新时代高校教育在培养大学生求真、尚善、图强精神的同时,还应通过美育为学生搭建"精神危机的避难所",让大学生建立"尚美"的价值观。

新时代大学美育以"社会"作为一个基本立足点,将学生审美能力的培养与中华民族的复兴联系起来,将弘扬传统审美文化作为重大历史使命,以国家、民族的宏观性社会需求作为最终指向,促使大学生将个人理想同国家前途、民族命运紧密结合在一起,使其成长为勇担民族复兴大业的时代新人。

(二) 新时代大学美育的目的

新时代是视觉文化的时代,相机、手机、电脑中的影像逐渐取代语言文字,视觉文化占据主要地位。视觉文化脱离了以语言为中心的理性主义形态,它不仅标志着一种文化形态的转变和形成,而且意味着人类思维范式的转换,具有视觉化、大众化、后现代性等特征。周宪在《视觉文化的转向》[1]一书中指出,人类处于一个图像资源富裕乃至过剩的时期:从阅读文字的智性快乐转向图像的感性直观快感,影像提供的感性直观的当下体验,取代了观众的掩卷沉思;传统的审美静观被强调"震惊"的效果所取代。这种转变显示出人类社会在文化领域所发生的深刻变革,如思想是否被挤压,甚至最终退场? 生活是否更为扁平化? 历史纵深感是否已经消失? 视觉文化时代下是否会产生新的文化霸权? 视觉文化时代给我们带来巨大满足的同时,也给我们带来困惑。视觉文化时代下的现代审美元素与传统审美元素从媒介形式到内涵都发生巨大裂变。特别是随着互联网技术和新媒体的不断发展,视觉文化力图消除艺术与大众的距离,迎合了大众的审美趣味,却走向了媚俗

---

[1]   周宪:《视觉文化的转向》,北京大学出版社,2008,第9页。

的道路,解构了传统审美观及其价值存在的合理性。大众文化的通俗性和平面性带来了感性的过度扩张,阻碍了感性与理性和谐统一的审美人格的形成。大众文化躲避崇高、消解神圣,迎合了人性中粗鄙和浅薄的欲望需求,降低了人格品位和精神境界。关注当下的感官欲望的满足,缺乏深刻的内容,理性让位于感性,最终带来审美"失控"。此外,审美话语根植于民族文化之中,蕴涵着一个民族、一个国家的审美特质,是一个民族、一个国家审美素养的重要体现,作用于社会成员的审美思维、审美心理和审美倾向,对社会成员审美素养的形成和提升有较大影响。在新时代多元文化的冲击下,西方审美文化逐渐活跃并占"主导"地位,这使得当前中国的审美文化被深深地打上了西方审美文化的"烙印",中国文化所特有的审美意识、审美理想和审美趣味逐渐在人们身上"褪去",中国传统审美文化逐渐缺位。新时代大学生正处在如此复杂多元的审美话语体系中。从心理学的角度看,大学生处于价值二元向价值多元发展的重要时期,心理发展有相应的不稳定性和脆弱性,这就使得他们易受社会外界因素的影响,在审美上他们可能还无法有效地分析和鉴别何为真正的"美",也无法准确地把握审美活动或行为的性质、内容、形式和规律。如何帮助大学生认识美、理解美、塑造审美理想,以及采取何种路径帮助他们提升审美素养是大学美育的重要内容。

新时代大学美育的目的如下。

一是提升大学生的审美感知能力,从浅层审美感受进入深层审美体验。审美感知力是指对审美对象本质内涵和内在意蕴的感知能力,即在审美活动中审美主体对美的深层次理解和把握的主观能力,简而言之,就是发现美的能力。这种能力依赖于审美感受力、领悟力和理解力。单纯的对美的感觉或对事物表层的审美,并不是真正意义上的"审美",或者只能称之为"审美的肤浅感觉"。审美感知力直接影响着、规制着审美活动的展开,决定了审美主体的审美素养。新时代大学生一方面需要进行系统的"美"理论学习和研究,另一方面应从关注事物表层的肤浅的感觉转向对事物本质内涵和深层意蕴的理性认识。

二是提升大学生的审美判断力,养成健康的审美心理。审美判断力主要是指审美活动中审美主体对美的分析辨别能力、选择吸纳能力、批判抵制能力等多种能力的综合。审美判断力是审美主体必备的能力,每个审美主体依据自身的需要对"美"做出甄别和选择,对不认可的"美"进行抵制和批判。当下狂欢式、消费型的后现代审美文化,充斥着感官享受,使人们放纵欲望、品位低俗,且处于虚幻的影像中难以自拔。审美价值观尚未完全确立的大学生,在审美过程中若不加以引导易陷入空洞美,甚至会以丑为美,失去明辨美丑的鉴别力。因此,大学生面对肤浅、平庸、功利化的大众文化要保持警惕,不应对美的追求停留在直觉性、感受性的肤浅体验上,而应保持理性的思考和对生命意义的追求。

三是提升大学生人格的情感性、整体性、融合性、超越性和创新性,塑造理想人格。美育能有效地帮助大学生用内在真挚的情感去面对生活、社会、自然、生命,去关注人类命运、关注他人和弱者,养成淡泊潇洒、超脱旷达的心态,同时也可焕发出勇猛精进、大无畏的精神,不断拓展新的人生境界。新时代大学生的理想人格应具备"仁""创新""和谐"等特点。在认识、追求美和创造美的过程中,抑制人性中丑恶的因素,发挥人性中美善的因素,实现对人性的塑造和改良,不断理解和领悟生活、生存和生命的意义,明确人的存在价值和精神追求,养成开阔的审美心胸,并以此种审美价值原则、审美理想、心胸来观察和认识社会,塑造审美理想人格。

总之,"以美育人、以美化人、以美培元"是一个潜移默化的长期过程,关涉人的修养、人格、自我价值的实现,个人潜能的开掘,个性心理生命的完整,是一种追求人自身完美和最高理想价值的教育活动。美育可以净化人的情感,培养人们的审美意识和能力,促进人心理结构的"内化",完善个体的人格,它包含艺术教育、情感教育、人格教育,是人的自由而全面发展的合成教育。

三、新时代大学美育的践行途径

新时代大学美育要完成"以美育人、以美化人、以美培元"的目标绝非依靠一门课程就能实现,而需要通过"课堂教学＋课外活动＋校园文化"形成育人合力,在营造健康的美育环境上下功夫,改变大学生美育观念,改善其美育知识结构,加强其审美判断力、审美感知力等方面的培养。美育作为一个庞大的教育体系,既以艺术课程为主体,兼顾美育的基础理论知识和实践活动环节,又注重美育与其他学科的渗透与融合。

新时代大学美育的践行途径应突出以下几点:

第一,注重美育与人生的联系。美育首先属于人文学科。人文学科是研究人本身或与个体的精神直接相关的文化世界的学问,其研究对象是人的"生活世界"。这里的"人",不是纯粹的、思想的主体,而是活生生的人。这个生活世界是一个具体的、实际的、历史的现实世界,是活生生的生命世界,是"生活世界"本身向人显现出来的。梁启超说:"我确信'美'是人类生活一要素——或者还是各种要素中之最要者。倘若在生活全内容中把'美'的成分抽出,恐怕便活得不自在,甚至活不成。"[①]所以,审美关涉人对整个生活的根本态度,是由生命里渗透出的生活力。美育的目的是保护和培育人们的生命力,让人们通过外在事物生命外显的状态(颜

---

① 梁启超:《美术与生活》,载《饮冰室合集·文集第三十九册》,中华书局,1936,第22页。

色、形态、声音等)去体验和感受事物的生命,让事物的生命来撞击、感应自己的生命,唤醒自己的生命,体验自身生命的存在与自由,从而珍惜、尊重、热爱和享受生活,实现生命的价值和意义。正如杜卫所说:"审美教育过程主要不是以思维为特征的认识过程,也不是物质性的实践过程,而是表现和升华情感、激发个体的生命活力、发展创造性、开启心智、养育性情的体验过程。"①美育实践的全部内容归结起来,就是引导人们努力提升自己的人生境界,使人们具有一种"风光霁月"般的胸襟和气象,去追求一种更有意义、更有价值和更有情趣的人生。

第二,注重"知行合一",锻炼和提高人们的理论思维和实践能力。我国学界一般认为美育是一门由多学科交叉形成的应用型学科。美育作为一门理论学科,以美学和教育学为主要支撑学科,还包括心理学以及文学、音乐、舞蹈、绘画、书法等门类艺术,甚至整个艺术学。美育作为一门应用型学科,是一种有组织的教育互动,不能只向被教育者灌输某些美学或艺术学的知识,而必须体现为一系列具体的审美活动或行为。美育是一种必须从人的感性开始,并以人的感性为依托的,具有实践性或"实证"性的教育,它不是对人的理性进行教育,而是对人的感性进行教育;不是培养人的理性能力,而是培养人的感性能力。因此,新时代大学美育以新时代"生命共同体"理念为内核,以促进学生"生活的审美化"和"人生的艺术化"为旨归,在日复一日、浸润式的熏陶当中持续地滋养学生个体心灵,进而提升学生的审美感知力、审美鉴赏力及审美创造力,使学生善于在审美的生命状态下陶冶情感、修炼心性、重塑人格,进而养成君子人格。大学美育的高阶目标是使学生超拔于现实生活,理性、自觉地追求意义丰盈、崇高隽永的精神家园。

第三,立足中华美育精神,发扬中华优秀传统文化。崇德尚美是中华民族的文化传统和精神禀赋,孕育着丰厚的美育精神与隽永的经典思想,为中国特色大学美育提供文化滋养和实践参照。一方面,以中华传统美育之"神",筑牢大学美育文化根底。中国大学美育以"大美"为精神内核,涵养"中和之美""里仁为美"的深刻意蕴,为学生勾勒出"温柔敦厚""广博易良""尽善尽美"的理想人格,使学生在文化交织、情感交融中形成刚健人格、浩然精神。另一方面,以中华传统美育之"形",塑造大学生美育实践品格。大学美育要将诗书礼乐、琴棋书画、民间艺术有机融入学校美育的教学中,不断增强学生对特定文化语境艺术形式与艺术作品人文内涵的感悟、领会与阐释能力,提高学生自身的审美自觉与文化自信。

第四,要有丰富的艺术欣赏的直接经验,同时要有系统的艺术史知识。艺术是人类审美活动的重要领域,亦是实施美育的重要途径。艺术教育之熏陶感染、灵魂

---

① 杜卫:《美育论》,教育科学出版社,2000,第18页。

撞击的心灵塑造,是润物细无声的感化提升,是最具精神与情感力量的,与法制教育、道德教育一起形成不可或缺的整体。我们的直接经验是有限的,故应该学习丰富的艺术史(文学史)知识,比如选择一两门艺术作为自己研究的重点,对一两门艺术的历史进行比较系统的了解。

第五,贴近专业,在科艺融合中发现美、感受美、认识美。逻辑思维与形象思维、科学与艺术密不可分。艺术和科学都与创新有关,许多科学家的科学成就受益于自身艺术素养。地质学家李四光擅长文学和音乐。钱学森认为自己是艺术与科学结合的受益者,他认为高度文明的社会就应该是艺术、美无所不在,科学技术也无所不在!他多次说过:造宣纸、画笔、墨和颜料都是科学技术,所以画家也离不开科学技术。他对文学、诗词、音乐、园林以及书画等均有独到的见解及相关的实践。物理学家李政道认为科学和艺术是不能分割的,如硫酸钠、氯化铵、重铬酸钾等结晶及天然矿物晶体所蕴含的形态美和色彩美,金属置换、热成像等各类化学、物理现象产生的结构美。美国化学家、诺贝尔化学奖获得者威廉·利普斯科姆认为,化学领域是美学反应,是智慧和情感的集合……这些分子结构、结合和反应所描述的结构和函数都是基于高度对称的简单多面体及其碎片的,这是科学,但他所研究的过程和亲身所感受到的反应更像是一个艺术家的反应。可见,科学家在科学研究的同时亦体会到自然与化学之美。

当前,科技革命和产业革命蓄势待发,经济和社会形态将发生根本性变革,世界正在进入以创新为主导的发展时期。各科学生应贴近专业,找到科学与艺术的交融点,在融合中发现美、感受美、认识美。目前,数字技术对艺术也提出了前所未有的挑战,AI与艺术交融得愈发深入。例如,美国科罗拉多州举办艺术博览会,一幅名为《太空歌剧院》的画作最终获得数字艺术类别冠军。该作品先由 AI 制图工具 Midjourney 生成,再经 Photoshop 润色而成。评审认为,这是一件讲述故事、唤醒灵魂的作品。作品的创作者艾伦认为与其讨厌科技或应用,不如承认它是一种强大的工具,并长久地运用它,这样我们才能向前迈进,而不是为此抱怨。

在各学科交叉融合的大背景下,新工科、新医科、新农科、新文科建设是高等教育应对科技革命和国际竞争挑战的战略性选择,高校要"着重培养创新型、复合型、应用型人才"。

总之,新时代大学美育应将大学生健康人格的培养作为主要目标,在美育实践中彰显社会关怀和价值取向。新时代大学美育的载体不只在艺术,自然、科学、生活等都应成为美育的重要资源。高校应从多方面入手,打破学科界限,实现多学科融合发展,培养具有社会责任感、创新精神和实践能力的时代新人。

新时代大学美育的理论内涵

第一章　美育的性质和特点

　　从广义来看，美育是指人的一切审美活动，因为所有审美活动都会对人的心灵产生潜移默化的感染，成为铸就人精神世界的有机部分，实现审美教育的功能。如欣赏自然美景、欣赏艺术作品等，这是一种自发的美育。从狭义来看，美育则是指有策略地规划后有意识进行的审美教育，即经专家精心设计及规划，通过艺术作品等对受教育者因势利导，帮助他们在审美实践中体会美的多样与统一、对比与协调等艺术美法则，并将其与丰富多样的审美对象进行匹配，从而提升他们的审美判断力和创造力。新时代大学美育是一种自觉的美育。完整的美育过程应是自发的美育和自觉的美育融合统一、广义的美育与狭义的美育相辅相成。

第一节　美育的性质

　　教育的根本任务在于"育人"。教育最关注的问题、教育的基本出发点是人的发展。美育作为一种特殊的教育方式,其独有的内涵和性质,并不能由人主观任意设定,而是由其所使用的媒介手段、所达到的直接和间接效果,以及作为其实践基础的审美活动的根本价值所决定的。

一、美育中的情感教育

　　"美育是情感教育"的说法起源于康德的"知、情、意"三分说。康德认为人类的心理活动可以分成知、情、意三个方面。"知"属于理论认识,其对应的学科为逻辑学;"情"属于情感作用,源于感性认识,其对应的学科为美学;"意"即意志,其对应的学科为伦理学。梁启超、王国维、蔡元培等都认为美育以陶养情感为目的。

　　情感教育最大的利器,就是艺术:音乐、美术和文学这三件法宝,把"情感秘密"的钥匙都掌住了。

梁启超《趣味教育与教育的趣味》

　　精神之中又分为三部:知力、感情与意志是也。对此三者而有真美善之理想:"真"者知力之理想,"美"者感情之理想,"善"者意志之理想也。……教育之事亦分为三部:智育、德育(即意育)、美育(即情育)是也。

王国维《论教育之宗旨》

　　美育者,应用美学之理论于教育,以陶养感情为目的者也。

蔡元培《教育大辞书》

　　他们认为美育通过各种美的形象来触动人的情感,陶冶人的情操,使人进入超越个人利害的忘我状态,养成高尚的"嗜好"。情感无论在审美过程中还是在审美心理结构中,都占据重要的地位,发挥独特的作用,没有情感就没有审美。

　　审美活动与情感密切相关,但美育并不能归结为情感活动。一是若将美育仅仅界定为情感教育,则只是把握了美育的中介形式及其直接效应,没有揭示出美育整体的价值目标。因为情感作为主体对客体的心理反应和主体对客体是否满足自身需要所流露的一种主观态度，它本身并没有内在的目的性，也没有稳定而持久的价值指向。二是认知活动、道德实践活动中也有情感体验。知、情、意与真、美、善不是简单的一一对应关系，而是交叉对应关系。三是就审美效应而言，美育并不单纯地仅仅表现为情感的满足，中国美学所讲的"兴"不是指情感活动，而是指人的精神在整体上的感发。"审美快乐不仅多来自视、听等高级感官的感受，而且还要从这种感受一直贯穿到心理结构的各个不同层次（如情感、想象、理解），这种贯通性，会使整个意识活跃起来，多种心理因素发生自由的相互作用，产生出一种既轻松自由、又深沉博大的快乐体验。"①审美愉悦并不等于情感的快乐，它不同于日常生活中的一般情感，审美情感既渗透着认识、评价等理性因素，又溶解于想象力与理解力的和谐运动中，正是这种整体的心理过程才表现为一种审美愉悦。将情感从整体的审美心理结构中剥离出来，作为美育所追求的目标对象，并不符合美育本性。

二、美育中的艺术教育

艺术凝聚和物化了人对世界的审美关系，它是对个人目的明确地施加审美影响的基本手段。因此，艺术教育是美育的重要手段和主要途径。但美育与艺术教育不是等同关系，而是相互交叉的，有相互重合的部分，又有不同的部分。

美育的概念要远远大于艺术教育。就如美的存在，不仅有艺术美，还有自然美、社会美、科技美等。蔡元培认为美育包括一切音乐、文学、戏院、电影，公园、小小园林的布置，繁华的都市，幽静的乡村，等等。此外，个人的举动，山水的利用，以及其他种种社会美的现状，都是美育的途径。所以，凡是能引发人的审美愉悦的，均可以纳入美育的范畴。

中国古人的生活是一种美学生活方式，于日常生活中实现美育。在宋代，"点茶、焚香、插花、挂画"合称"四艺"。人们透过嗅觉、味觉、触觉和视觉的审美，充实涵养与修为，将日常生活审美化。刘松年的《撵茶图》描绘的就是宋代文人雅士磨茶、点茶、挥翰、赏画的茶会场景，通过这件作品我们可以直观地感受到宋人点茶艺术的诸多细节。香道文化在唐代已然形成，到宋代上至文人雅士聚会时品香抚琴、吟诗作画，下至庶民百姓熏衣待客，乃至衣着妆容，可谓无物不香。宋人插花讲究清雅素淡、高低错落、疏密聚散，对内涵的重视大于形式。宋代关于花卉之鉴赏的书籍不少，如范成大在《范村梅谱》中说："梅以韵胜，以格高，故以横、斜、殊、瘦、与

---

① 滕守尧：《审美心理描述》，四川人民出版社，1998，第288页。

老枝奇怪者为贵。"茶坊、酒肆、客栈也通过插花、挂画营造优雅格调。《梦粱录》记载："汴京熟食借，张挂名画，所以勾引观者，留连良客。今杭城茶肆亦如之，插四时花、挂名人画、装点门面。"明代文震亨的《长物志》是明代的生活美学指南，描摹了当时人们的美学生活，表达出中国传统文人趣味和"雅、古、隐"的精神追求。如杜堇的《古玩图》反映了明代文人士大夫赏玩品鉴古书画器物的风尚。画中的梧桐、芭蕉、湖石、芙蓉是当时庭园环境布置中常见的景物，所绘的器物有墨绿色的青铜器，鼻塞，浅绿色、带开片的瓷器，装饰繁缛的金器，等等。这些器物仿制夏、商、周三代或汉、唐的古器物。玩古成为一种沉浸式审美体验活动，明人将古器物作为与古代贤者思想交流的媒介，并借玩古来了解先王德行和文人贤士的精神，理解古代礼乐制度。再如在《长物志·卷十二》"香茗"中写道："香、茗之用，其利最薄。物外高隐，坐语道德，可以清心悦神。初阳薄暝，兴味萧骚，可以畅怀舒啸。"[①]这种日常生活中的审美体验活动成为古代士人美育的重要方式。

就艺术的审美实质而言，艺术是审美经验、审美意识的物态化，但这绝不是静观的反映，而是能动的观照。它与人们特定的审美态度、审美感受、审美理想有关，并与构成审美经验的多种心理要素关系深厚。审美经验与认识因人、因时、因地而异。就艺术与审美的范围而言，艺术包含审美。艺术与审美既有差异又有联系。艺术创作是一个综合的心理过程，既有审美经验、审美意识的物态化，还有伦理心理结构、认知心理结构等的参与。于是，艺术除了审美之外，还同时具有认知的、道德的、社会功利的其他内容，即艺术大于审美。

因此，如果将美育简单地等同于艺术教育会带来以下两个问题：一方面，过于夸大艺术在美育中的地位和作用，除了艺术之外，诸多自然和社会现象也可以成为美育的内容，这些艺术以外的审美现象所具有的审美价值、所产生的审美效应是艺术不能取代的；另一方面，这种观点也遮蔽了美育更深刻的目的和更高远的价值追求。美育并不仅仅只是培养人们对艺术的感受力、鉴赏力和创造力，它有更多、更高的其他追求。

三、美育中的人格教育

"美育是人格教育"的观点有着深厚的历史渊源。人格（personality）源于拉丁文"persona"一词，本意是演戏时演员所带的面具。古希腊人在进行戏剧表演时，

---

① 文震亨：《长物志》，浙江美术出版社，2016，第102页。

不同的角色会戴不同的面具，以面具指称角色，因此当演员出场时，观众就能够根据演员所戴面具，知道这是一个什么样的角色。人格作为一种独特的心理行为模式，是一个人的生理、心理和社会行为诸方面综合的整体概念，是一个人的内在品质（胸襟、格局）和外在行为的综合体现。

早期的教育本身就是一种人格教育，中国先秦的诗教和乐教与古希腊的史诗教育和音乐教育，都可以看作一种以艺术为手段的人格教育。孔子说：

> 入其国，其教可知也。其为人也，温柔敦厚，《诗》教也；疏通知远，《书》教也；广博易良，《乐》教也；絜静精微，《易》教也；恭俭庄敬，《礼》教也；属辞比事，《春秋》教也。[1]

美育作为一种重要的人生实践活动是一种活生生的现实存在，它不能被任何一种其他的人生实践活动所取代，并以自身独特的存在方式这样或那样地影响着人、作用着人、塑造着人，起着其他人生实践活动难以奏效的作用。苏霍姆林斯基也说："美是一种心灵体操，它使我们精神正直、良心纯洁、情感和信念端正。"[2]美育能培养人们高尚的道德情操，促使人们心灵趋向善，走向人格完美。美育在教育中的作用，就在于它不仅可以净化人的情感，提高人的思维能力，还可以促进人心理结构的调节，将道德、知识等转化为人的一种精神素质，形成完善的人格。蔡元培在《以美育代宗教说》一文中说：

> 纯粹之美育，所以陶养吾人之感情，使有高尚纯洁之习惯，而使人之我见，利己损人之私念，以渐消沮者也。盖以美为普遍性，决无人我差别之见能参入其中。……美以普遍性之故，不复有人我之关系，遂亦不能有利害之关系。……美育者，应用美学之理论于教育，以陶养感情为目的者也。……美育者，与智育相辅而行，以图德育之完成者也。[3]

蔡元培认为教育就是养成人格之事业。教育的目的就是培养和造就德、智、情、意、体和谐发展的人。人格的构建和养成是一个系统工程，美育是其中重要的

---

[1]　郑玄注、孔颖达等正义《礼记正义》，载上海古籍出版社编《四部精要 2》，上海古籍出版社，1993，第 1534 页。

[2]　苏霍姆林斯基：《帕夫雷什中学》，赵玮、王义高、蔡兴文、纪强译，教育科学出版社，1983，第21 页。

[3]　蔡元培：《以美育代宗教说》，载高平叔编《蔡元培美育论集》，湖南教育出版社，1987，第 46 页。

一环。美育与德育、智育、体育等相互配合、相互作用,共同承担人格养成的重要使命。人格作为涵盖人的心理文化结构的整体性表征,它的最高境界是融真、善、美于一体,它的最高本质是在审美中表达人的自由。理想人格是一定社会的价值规范和道德理想的综合体现,是自由全面发展的、自我修养品质高尚的完美人格形象。当社会追求有智慧和知识的人,理想人格是"真",使人类社会变得越来越科学。当社会推崇善良的心地和高尚质朴的情操时,理想人格是"善",使人类社会融为一体。当社会追求自由和愉悦的人生体验时,理想人格是"美",使人们的实践活动充满自由和创造力,使人类社会和谐统一。

鲁迅认为美育的本质就是"以娱人情",其作用是"不期之成果",能培养美感、陶冶情操、传播知识、辅助道德建设。

但人格教育主要还是一种道德教育,与美育相关,但并不能等同。一方面,将美育等同于人格教育仅仅揭示了美育的间接效应和终极指向,而未能揭示出美育独有的价值内涵;另一方面,美育中的人格教育以感性体验的方式展开,不同于人格教育。因此,将美育看成人格教育,不仅可能导致把美育无限丰富的内容狭窄化,用道德吞没审美,而且还可能造成对美育独立性的漠视。

四、人的全面发展的美育

情感教育是实现美育的重要途径,艺术教育是美育的重要内容和最佳方法,人格教育是美育的基石和动力,但三者均未揭示出美育的本质。席勒在《美育书简》一书中将美育作为解决由现代化进程造成的人性分裂问题的途径,他认为美育同人的自由解放和全面发展相联系。他的美育思想概括为三点:一是提出"审美冲动"可以消除"感性冲动"和"理性冲动"的压力。他认为每个人身上都具有两种自然要求或冲动,一种是"感性冲动",一种是"形式冲动",又叫"理性冲动"。人身上的这两种冲动,在经验世界中常常是对立的,必须通过文化教养,才可能得到充分发展,并且使两者统一起来。这时,人就会兼有最幸福的存在和最高度的独立自由。在古希腊时期,人的感性冲动和理性冲动是统一的,它们既有丰富的形式,同时又有丰富的内容,既善于哲学思考,又长于形象创造,既温柔又刚毅,它们把想象的青春性和理性的成年性结合在一个完美的人性里。但到了近代,严格的社会分工和等级差异使人身上的这两种冲动分裂开来。感性冲动使人受到自然要求的压力,理性冲动使人受到理性要求的压力,在这两种压力面前,人都是不自由的。人身上的和谐被破坏,整个社会的和谐也就被破坏了,这是近代社会面临的一个重大危机。如何解决这个危机呢？他提出第三种冲动，即游戏冲动（审美冲动），他认为游戏冲动可以消除这两种冲动的对立。二是他把游戏冲动又称之为"审美的创造形象的冲动"，认为游戏冲动的对象指的是广义的美，是"活的形象"。这种"活的形象"是生活与形象的统一、感性与理性的统一、物质与精神的统一。在审美活动中，人摆脱关系网的一切束缚，使人从一切物质和精神的强迫中解放出来，使人对纯粹形象的显现转化为无所为而为的自由的欣赏。因此，只有游戏冲动（审美冲动）才能实现人格的完整、人性的完满，只有在游戏冲动中人才能摆脱功利的、逻辑的"关系网"的束缚而成为自由的人。三是他认为美育是形式教育或形象教育和情感教育。它能让人摆脱物质和观念的限制，自由地静观事物的形式或形象。美育是一种情感教育，不受欲望和思考的限制，是对事物形象的自由体验。由此，席勒大力推行美育，希望通过美育引导人们去追求人性的完满，使人从"感性的人"变成"审美的人"。

拓　展　阅　读

（近代社会）是一种精巧的钟表机械，其中由无数众多的但是都无生命的部分组成一种机械生活的整体。政治与宗教、法律与道德习俗都分裂开来了；欣赏和劳动脱节，手段与目的脱节，努力与报酬脱节。永远束缚在整体中一个孤零零的断片上，人也就把自己变成一个断片了；耳朵里所听到的永远是由他推动的机器轮盘的那种单调无味的嘈杂声音，人就无法发展他的生存的和谐；他不是把人性印刻到他的自然上去，而是变成他的职业和专门知识的一种标志。

《美育书简》第六封信

用一个普遍的概念来说明，感性冲动的对象就是最广义的生活；这个概念指全部物质存在以及凡是呈现于感官的东西。形式冲动的对象，也用一个普通的概念来说明，就是同时用本义与引申义的形象；这个概念包括事物的一切形式方面的性质以及它对人类各种思考功能的关系。游戏冲动的对象，还是用一个普通的概念来说明，可以叫做活的形象；这个概念指现象的一切的审美的性质，总之，指最广义的美。

《美育书简》第二十七封信

人的全面发展是马克思主义的最高人格理想和价值目标。人的全面发展与完善人格塑造是辩证统一的。马克思说："共产主义是以每个人的全面而自由的发展为基本原则的社会形式。"马克思在《1844 年经济学哲学手稿》中指出：

动物只生产它自己或它的幼子所直接需要的东西；动物的生产是片面的，而人的生产是全面的；动物只是在直接的肉体需要的支配下生产，而人甚至不受肉体需要的支配也进行生产，并且只有不受这种需要的支配时才进行真正的生产；动物只生产自身，而人在生产整个自然界；动物的产品直接同它的肉体相联系，而人则自由地对待自己的产品。动物只是按照它所属的那个种的尺度和需要来建造，而人却懂得按照任何一个种的尺度来进行生产，并且懂得怎样处处都把内在的尺度运用到对象上去；因此，人也按照美的规律来建造。[①]

人不仅有物质生产还有精神生产，人的产品不仅与自己的肉体相关，还与自己的自由、意识、目的相联系，人的活动体现为一种自由自觉的活动，人的实践活动所体现出来的是各种需要与能力的综合，这就是人的全面发展的基本内容。人的需要与能力的全面发展需要以人与自然、个体与社会的关系的协调为前提。美育的主要任务是促进人的审美素养（包括审美能力和审美意识等）的发展，以人的解放和人的发展为宗旨，指向人类对自身未来发展和幸福的终极关怀，使人感受到一个有意味的、有情趣的人生，对人生产生无限的爱恋、无限的喜悦，最终实现人的自由而全面的发展。

就外在的社会层面而言，美育发挥着社会功能、文化导向功能，还关乎个人的竞争力水平和国家文化软实力。第一，美育的社会功能。美育通过艺术美、自然美、设计美、科技美、生活美及创造过程中的美的各种形态的审美活动，增进人与人、人与世界的沟通与联系，构建和谐大同的社会，人与人相互包容而友善，社会和谐有序。第二，美育的文化导向功能。美育能唤起人们真善美的情怀，唤起人们对理想的憧憬和精神品格的信念，提升人们的审美文化创造能力、鉴赏与鉴别能力，使人们在追求经济利益和实用消遣的同时，保持和提高其精神价值，摒弃文化创造过程中技术化和商品化的消极效应，促进审美文化的正向发展，保持人类优秀审美文化的连续性。第三，关乎个人竞争力和国家文化软实力。一个人的审美水平，在

---

① 马克思：《1844 年经济学哲学手稿》，中共中央马克思恩格斯列宁斯大林著作编译局编译，人民出版社，2000，第 162-163 页。

一定程度上决定了他的竞争力。因为审美不仅代表着整体思维，也代表着细节思维。给孩子最好的礼物，就是培养他的审美力。

李子柒打造"中国式田园生活"系列视频在国外媒体走红。从手工阿胶、桂花酿酒、文房四宝、古法胭脂、手工造纸，中华民族上千年的美食文化与传统工艺被李子柒以精巧别致的短视频逐一呈现，"田园生活"内容使观者产生情感共鸣，诠释了东方式返璞归真的生活美学，满足了人们释放压力的心理需求。视频画面精美、构图考究、制作精良，充满着诗意的田园气息和浓郁的烟火味。李子柒的视频中操作台上的插花会根据季节时令就地取材，如春天取辛夷花、菜花、芍药、槐花、格桑花、黄荆花、覆盆子、大马士革玫瑰等，花色温柔，给人一种香气扑鼻的新生感；夏天取小清新的碎花和枝叶，颜色丰富，如珊瑚豆、向日葵花盘、紫茉莉、荷花、姜叶子、紫薇花、梨花、狼尾巴草等；秋天则多取带果的插枝，自然随意，如李子枝、柚子枝、枇杷枝、辣椒枝等，还有时令桂花、小野花、晾干的向日葵等；冬天则取蜡梅、灯笼、干枝。人们在插花中感受寒来暑往、四季更迭。李子柒在 YouTube 上千万级别的订阅量是其审美竞争力的显现，亦是中国文化自信的例证。

拓 展 阅 读

李子柒背后的文化自信

李子柒的视频不着一个英文字，却圈了无数国外粉。春耕夏种秋收冬藏，一箪食一瓢饮，到底是真实生活或精心演绎其实不重要，重要的是它所表达的中式生活之美，在赏心悦目之际让人愿意接近。无声胜有声，李子柒的样本意义，绝不应被忽视。无论怎样的文化，想要让别人理解，必先打动人。

《人民日报》

李子柒向世界打开美丽中国的一扇窗口，是对外文化传播中值得研究的样本。传统与现代交融、乡村与城市辉映的精彩中国自带"圈粉体质"。相信随着信息技术的发展，未来会有更多人用海外乐于接受、易于理解的方式，从不同角度、不同侧面呈现丰富多样、立体多元的中国。

《人民网》

文化软实力集中体现了一个国家基于文化而具有的凝聚力、向心力和吸引力。新时代下,我国在教育、艺术、文化等领域都获得了长足的进步,美育除了作为提高审美能力的教育课程外,在文化多元化、世界经济一体化大环境下更应肩负起提高我国文化软实力的重要使命。

第二节　美育的特点

美育是施教者按照一定时代的审美意识(审美观念、审美趣味、审美理想),借助多种多样的审美媒介,向受教育者施加审美影响,使他们从中获得愉悦,并培养其鉴别、欣赏、创造美的能力,从而达到对思想情操、生活趣味、性情与心灵的陶冶、塑造的目的。具体地,美育具有体验性、愉悦性、形象性和陶冶性四个特点。

一、体验性

从受教育者的受教方式来看,美育离不开受教育者的审美体验。体验性是美育最显著的特点之一。这个特点是由美育要在审美活动中展开所决定的。在审美活动中,受审美对象的激发,参与审美活动的人首先对对象产生一种情感态度,即形成肯定或否定的态度。这种态度是决定美育能否顺利实施的关键。如果受教育者对作为美育的必要媒介的审美对象在情感上是否定的,那么他就会终止这种审美活动。体验是沟通主、客体的中介,是对对象的意蕴的直觉性领悟。正是在这种体验中,生活的底蕴才能向人们呈现出来,使人们在体验中获得教益。例如欣赏琴声,琴之韵不在琴,不在指,而在心。苏轼的《琴诗》载:"若言琴上有琴声,放在匣中何不鸣。若言声在指头上,何不于君指上听。"以心统指,以指运琴,以琴出声调,以声调传韵味。声调是琴家所创,但琴之美不应停留于声调,而是那难以言传的沁人心脾的韵味、境界,这种审美意象的获得,源自审美主体主动的亲近和体验。宗白华也说:"一切美的光是来自心灵的源泉:没有心灵的映射,是无所谓美的。"他又说:"中国宋元山水画是最写实的作品,而同时是最空灵的精神表现,心灵与自然完全合一。"[1]"心"就是一种体验性,正所谓"外师造化,中得心源"。美育中的体验虽然是主观的,但这种体验具有可沟通性,故而它不可能是纯粹主观的。

---

[1]　宗白华:《美从何处寻》,江苏教育出版社,2005,第133页。

柳宗元在《邕州柳中丞作马退山茅亭记》中提出："夫美不自美,因人而彰。兰亭也,不遭右军,则清湍修竹,芜没于空山矣。"审美活动必须要有人的意识去"发现""唤醒"和"照亮"它,使对象从实在物变成一个完整的、有意蕴的感性世界。美育重在"感兴"。王夫之说："天地之际,新故之迹,荣落之观,流止之几,欣厌之色,形于吾身以外者,化也;生于吾身以内者,心也;相值而相取,一俯一仰之际,几与为通,而浡然兴矣。"①在"相值""相取"的过程中"物"与"我"神通,受教育者豁然开朗,整个生命与天地沟通,这和沟通就是当下的直接的感兴和亲身的直接的经历。如王夫之所说："身之所历,目之所见。"这种体验是直接性的。美育体验不仅是一种与其他体验相并列的体验,还是一种"意义丰满""代表了生命的意义整体"②的体验。这种"意义整体"指的是尽管审美具有当下性,但是其中包含有纯洁无限、瞬间永恒的含义。朱光潜说："在观赏的一刹那中,观赏者的意识只被一个完整而单纯的意象占住,微尘对于他便是大千;他忘记时光的飞驰,刹那对于他便是终古。"③在审美体验中,瞬间即永恒。如郭熙的《树色平远图》(图 1-2-1)描绘了河流两岸树色平远的景色。前景平地坡石,古树数丛,树干盘曲伸张,枯藤缠绕,垂蔓点水。远山野水,次而现坡陀老树,冈阜上筑一凉亭,此处真是文人雅集的理想去处,一拄杖老人和仆夫缓步正走向此处。整幅画以独特的时空意识召唤观者畅游山水,所造之景具体、真实,而所造林泉之境则意味深长。

图 1-2-1　郭熙《树色平远图》　大都会艺术博物馆藏

美育的情感体验性使它与智育、德育区分开来。智育与科学知识相关,科学的品质决定了它是一个最不需要情感参与的领域,它追求的是知识的客观有效性,展示的是理性的力量。德育主要是把外在的行为规范内化为人们的道德意识和观

① 王夫之:《诗广传》,载《诗经稗疏·诗广传》,岳麓书社,2011,第383-384页。
② 汉斯-格奥尔格·伽达默尔:《真理与方法:哲学诠释学的基本特征》(上卷),洪汉鼎译,上海译文出版社,1999,第90页。
③ 朱光潜:《文艺心理学》,上海文艺出版社,1982,第17页。

念,它更多地涉及人们对善恶的认识和评价。德育将人们对善恶的认识和评价更多地联系在一起,而且评价具有客观性与道德性,不同于美育中个体的独特的情感体验。因此,美育的情感体验性也是其区别于智育与德育的主要特征。

二、愉悦性

美育是一个享受的过程,所谓"乐者乐也"。但是美育给人的快感绝不是生理快感,而是一种精神愉悦。美育的愉悦性是依靠美的事物的感染力,激起受教育者情感上的共鸣,从而产生审美愉悦,并在审美愉悦中获得精神上的享受,不知不觉中使人的情感得到净化,心灵得到升华。美育从不采取强制方式,受教育者却会自觉自愿地参与,美育是自由自觉的过程。美育具有愉悦性的特点,从根本上说,是由美的本质属性、审美活动的特性和美育开展的方式所决定的。

真正的美的形象一定包含着生命,一定会激发人们对人类创造力的赞叹及对人类所创造的美好世界的热爱和向往,从而使人们产生健康的、向上的、高尚的情感。美育通过创设情境,诱发审美态度,使受教育者主动去感受、鉴赏、创造。只有充分尊重受教育者的个性自由,切实保证审美中感知、想象、情感、领悟等心理功能和谐、自由地活动,使美感始终不失其自由愉快的本色,美育才能发挥其"怡情养性"的功能。

审美活动是一种高级的精神消费或精神享受。康德认为愉快有三种:"快适的愉快""善的愉快"和"美的愉快"。李泽厚在《美学四讲》中谈到有悦耳悦目、悦心悦意、悦神悦志三种审美形态,这是关于人身心结构的传统分析,分别指向身体、灵魂和精神。愉悦首先是身体的,然后是灵魂的,最后是精神的,由此"愉悦"有形而下与形而上之分。形而下之"愉悦"指的是感官之愉,是声、色之愉,通过满足身体感官欲望而获得愉悦,是一种纯粹的感官消遣活动,也就是"快适的愉快"。美感不同于生理快感。生理快感不仅需要事物外在的形,而且需要事物本身作为一种感性存在,是一种占有,以消灭对象为满足。形而上之"愉悦"指的是精神之愉,寻求的是心灵、精神上的审美愉悦,"善的愉快"和"美的愉快"是形而上的精神之愉。但是"善的愉快"又不等同于"美的愉快",如"助人为乐",即从帮助别人中获得快乐,很显然这一行为是具有目的性的,它的目的就在于帮助某人解决某一问题。美感是让对象自由存在,对它不起欲念,把它当作心灵净化、精神愉悦的对象。美育的愉悦性是高层次的审美愉快,因此持久而强烈。美育如果不能给人以精神上的享受与愉悦,就不能取得预期的效果。

三、形象性

　　美育总是通过一定的媒介来施行的,作为审美对象,其存在具有可感的外在形式,以感性的形象诉之于人。人们通过形象进入审美的世界,使情感活跃起来,逐渐远离尘世,进入对象的意蕴世界,在一种摆脱了世俗功利欲望的自由境界中体会到最纯粹的美。经过审美的观照,人的心灵得到净化,再重返日常生活,主体会获得更多的启示。

　　美育运用美的形象感染人、教育人,使受教育者于感性直觉中领会理性内容。人们欣赏美的事物总是面对具体生动的形象直接进行的,无论是观赏自然风光,还是欣赏戏剧或音乐,都是从直观美的对象中获得美的享受。这种方式比单纯的理论具有更大的说服力,更容易为人们接受和理解。在美育中,人们往往是在直接感知美的事物的过程中甚至在感知过后才意识到自己从中所受到的教育或启示,慢慢地消化其中的理性内容。

　　形象教育与直观教育并不是美育专有的,在智育中人们也常使用形象教育,如"寓教于乐",使人们在美的愉悦享受中受到教育。孔子说:"知之者不如好之者,好之者不如乐之者。"寓教于娱乐之中,在愉悦中接受教育。美育通过美的形式吸引人们的注意力,激起受教育者的兴趣和情感共鸣,使之在轻松情绪中接受教育。但智育主要通过概念、判断、推理的逻辑形式施行于受教育者,它追求概念的明晰性、判断的准确性与推理的严密性,并不要求在受教育者的情感上激起波澜。智育直接作用于人的理性能力,不完全以形象为媒介,而美育自始至终都是形象教育。智育的最终目的是求真,要求从形象到抽象,要求形象为说理服务。当达到目的之后,过程就会被扬弃、淡忘。

　　德育的主要方式也是说理,通过理性的教育使人们接受一种某个社会共同体的所有成员都必须遵守的行为规范,并逐步在实践中内化为人的道德意识。德育也可以是形象教育,特别是使用艺术形象,往往能达到说理所达不到的效果。夏商周时期的艺术品铜器,如彝器、九鼎等,往往刻有象征性物象。《左传》记载:"昔夏之方有德也,远方图物,贡金九牧,铸鼎象物,百物而为之备,使民知神奸。"这些器皿上有象征善的羊、龙、凤等动物,有象征恶的饕餮,这些物象使人知善恶,从而达到"民知神奸"的教化作用。先秦人物壁画盛行,它后来逐渐成为教育后代的一种方式。《孔子家语·观周》记载:"孔子观乎明堂,睹四门墉,有尧舜之容,桀纣之象,而各有善恶之状,兴废之诫焉……孔子徘徊而望之,谓从者曰:'此周之所以盛也。

夫明镜所以察形,往古所以知今。'"孔子通过观看明堂四周刻画的历代帝王画像、画像旁的相关记载和国家兴废的诚言,得到启示:镜子可以用来整容貌、正衣冠,今人可以古人为鉴,从而使褒善贬恶的观念得到彰显,使后来的君王积极向善,做明君。艺术形象包含着艺术家对社会真假善恶的评判,从而帮助人去伪存真、避恶从善。美育的手段对德育也有重要的作用,美育对人情感的陶冶,往往也能起到道德上的净化作用,进而使人达到高尚的人格境界。德育的最终目的是求善,要求从形象到抽象,要求形象为说理服务,故形象也不是德育的重要手段。

四、陶冶性

美育是意识与无意识交互作用的过程。美育对于施、受双方都是自觉的、有意识的,但审美活动予人性情的陶养,却又似"随风潜入夜,润物细无声"般无声无息。从美的欣赏看,美育主要表现为美感心理的内化,即"内在图式"的建立。长期欣赏山水诗画,能养成从山水美中发现诗情画意的独特眼光,即形成某种"图式"。它反过来指导人的山水游赏,产生无处不是风景的感受。从美的创造看,美育主要表现为从技能训练到无意识的熟练技巧的转化。

美育的陶冶性是从这种教育对人产生影响的整体特点来看的,也可以看作美育的最根本的特征,它与美育中的情感教育相联系。美育着眼于"以情感人""由情入理",以美的形象打动人的情感、陶冶人的情操为基础。人的情感陶冶不是一次完成的,而是逐渐改变的过程,梁启超称这一过程是"熏""浸"。他说:"熏也者,如入云烟中而为其所烘,如近墨朱处而为其所染。""浸也者,入而与之俱化者也。"[①]美育具有这种潜移默化的特性,是由于它不像理论教育那样依靠抽象概念的逻辑推演,而是运用形象思维,为感觉直接感知,能够使对象在受教育者头脑中留下鲜明印象,受教育者在对感性形象的意会中不知不觉地受到教育和影响。如1871年柴可夫斯基创作的D大调《第一弦乐四重奏》第二乐章《如歌的行板》,悠长缓慢、情感忧伤、旋律优美。1876年,列夫·托尔斯泰在莫斯科音乐学院为他举办的专场音乐会上听到这首乐曲,感动得流下了眼泪。托尔斯泰说,在这首乐曲中,"我已经接触到忍受苦难的人民的灵魂深处"。

美育的教育作用不是突发性的,而是通过接触情感形象以耳濡目染的方式逐

---

① 梁启超:《论小说与群治之关系》,载《饮冰室合集·文集第十册》,中华书局,1936,第7页。

渐增强的。"熏浸之力，在使感受者不觉。"①美育是让人进入审美活动之中，在对审美对象的感知与体验中获得愉快的感受。这种愉快的感受对于人的性情是一种陶冶，即熏陶、培养、塑造。在这个过程中，通过对审美对象的观照、把握，人的一般的心理能力得到培养、训练，转化为审美能力，并使审美能力走向丰富和成熟，最终具有自由运用和创造的能力。更重要的是，人们通过对审美对象所蕴含的意义的感受、体验、领略，不断使自己的情感、心灵得到震荡、洗涤、超越，逐步培养和建立起一种超越实用功利的人生态度，改变自己的心性与性情。这种对人性情的改变具有稳固性和延续性，这就是美育陶冶性的体现，即使受教育者在不知不觉中接受教育。人们在美的欣赏中，其主观意识完全沉浸在作品的美之中，正是在这种美的享受中人们不知不觉地接受其中理性内容的熏陶。这是任何理性教育都达不到的，是美育的独特功能。

美育的心理效应是一种远期效应。审美能净化情感，唤起意志，增强毅力，建构人格，这需要日积月累。它不像智育，可以用知识的定量定性分析检验效果；也不像德育，可以从受教育者外在行为的改变与否见出成败。美育导致的性情变迁，是经历熏染、浸润而产生的内在心理能力的优化和结构的合理调整，渐而深，微而妙，体现出美育效应特有的冗潜性与长期性。

综上所述，审美是感性与理性的平衡，美育是感性与理性协调发展的教育。作为感性教育的美育，是对人的感性方面进行教育，是理想教育不可缺少的补充；同时它运用形象化的手段对人进行教育，始终保持着感性的生动性和直接性。美育与其他教育方式的不同之处在于，它以艺术和各种美的形态作为具体的媒介，通过展示审美对象丰富的价值意味，直接作用于受教育者的情感世界，从而潜移默化地塑造和优化人的心理结构，铸造完美人格。

第三节　美育在教育体系中的地位和作用

美育与其他教育之间存在着错综复杂的关系，因此，从古至今都有人有意或无意地否认美育的独立性，把美育仅仅看成从属于其他教育形式的一种手段。如卡冈认为："不能把个人和全体人民的美育看作某种特殊的、独立自在的教育形式。既然人对生活的审美关系的培育与人对劳动的关系的形成，与他的政治教育、道德

① 梁启超：《论小说与群治之关系》，载《饮冰室合集·文集第十册》，中华书局，1936，第 7 页。

教育、宗教或者无神论教育、体育，最后与艺术教育不可分割，那么，美育只是其他各种教育活动形式的一个方面，或者特殊部分。美育并非独立的教育形式，因为它没有自身的独特对象——审美价值不形成某种区域性的对象领域，而是在人掌握整个感性可感的世界的过程中产生出来。同时，无论哪种教育活动形式，如果它不包括美育成分，就不能达到巨大的效果。"①他认为美育不是独立的教育形式，但是与其他教育形式密切相关，并对其他教育效果的达成具有重要的作用。但事实上，美育同其他教育形式一样存在与发展，也是以实际存在着的审美互动为其深厚的现实根基的。美育与智育、德育、体育廓清了界限，从而也就确定了美育在整个教育体系中的特殊地位。

一、美育与德育

美和善既有区别，又有联系。美并不就是善，但它离不开善。善是美的灵魂，美的事物从本质上讲应该是善的。正因为美之中包含着善，所以历来重视美育的人也都重视其德育的效果。美育与德育的最高目标是一致的。道德的最高境界也就是审美的最高境界。美育与德育关系密切，它们相互配合、补充、渗透，但不能互相代替。无论就性质还是社会功用来说，美育和德育有着本质的区别。

就性质来说，德育和美育作用于人的精神，都引导人们去追求人生的意义和价值，都属于人文教育，但两者有区别：德育是规范性教育，在规范性教育中使人获得自觉的道德意识；美育是熏陶、感发，使人在物我同一的体验中超越"自我"的有限性，从而在精神上达到自由境界。这种自由境界通过德育是不能达到的。这是美育和德育的最大区别，也是德育不能包括美育的最根本的原因。德育主要作用于人的意识的、理性的层面，作用于"良知"，而美育主要作用于人的感性的、情感的层面。美育对人的影响更多是一种潜移默化的过程，它影响人的情感、趣味、气质、性格、胸襟等，对人的精神具有更深层面的影响，而德育的作用是有限的。

就社会功用来说，德育主要着眼于调整和规范社会中人与人的关系，它要建立和维护一套社会伦理、社会秩序、社会规范，避免在社会中出现人与人关系的失序、失范、失礼。美育主要着眼于保持人本身的精神的平衡、和谐和自由。美育通过审美活动使人获得一种精神的自由，避免感性与理性的分裂。美育使人的情感具有文明的内容，使人的理性与感性生命沟通，从而使人的感性和理性协调发展，塑造

---

① 莫·卡冈：《卡冈美学教程》，凌继尧、洪天富、李实译，北京大学出版社，1990，第197页。

健全的人格和完满的人性。德育和美育的区分和联系,在中国古代思想家的论述中表述得非常清楚。德育是"礼"的教育,它的内容是"序",也就是维护社会秩序、社会规范;美育是"乐"的教育,它的内容是"和",也就是调和性情,使人的精神保持和谐、愉悦的状态,达到人际关系的和谐以及整个大自然的和谐。德育与美育互相补充、互相配合,也就是"礼乐相济",但不能相互代替。

中华美育注重以美育德,并形成了独特的美善统一的教育模式。新时代美育具有独特的立德树人价值,其内涵与外延得到进一步拓展。中共中央办公厅、国务院办公厅印发的《关于全面加强和改进新时代学校美育工作的意见》指出,将学校美育作为立德树人的重要载体,坚持弘扬社会主义核心价值观,强化中华优秀传统文化、革命文化、社会主义先进文化教育,引领学生树立正确的历史观、民族观、国家观、文化观,陶冶高尚情操、塑造美好心灵,增强文化自信。因此,新时代美育应遵循美育与德育互为促进的规律,以立德树人为根本,将弘扬中华美育精神与时代发展需求相结合,努力开创以美育德的新局面。

二、美育与智育

智育指的是培养人认识和领会世界发展的内在规律的能力的教育,它包含知识信息的传播和知识能力的发展两方面。美育对于智育的实施,也有着不可忽略的独特作用。一是美育可以引发人们对科学研究的兴趣和追求。诸多伟大的科学家以审美的眼光透视自然界,也常为自然界永恒的和谐而陶醉。法国数学家、科学哲学家庞加莱说:"科学家研究自然,是为了从中得到乐趣,而他得到乐趣是因为它美。如果自然不美了,就不值得去了解。"科学的发现史是一部追求美、追求和谐的历史长卷。二是美育可以完善人们的智能结构,提升人们的创造性思维。美育在培养人们审美感受能力、鉴赏能力和创造能力的同时,还调动了人们的感知力、记忆力、理解力等多种心理功能,而智能结构主要由观察能力、思维能力、记忆能力、分析能力和实际操作能力等要素组成,这些能力的强化和提升对创造性思维的发育和智能结构的完善具有重要意义。三是美育借用感性材料和艺术作品为智育提供丰富的内容。人们借助对美的欣赏,拓展自身的自然和社会知识,获得对客观世界全面、正确的认识,求得真知。人们通过对自然美、社会美、艺术美的欣赏,在愉悦精神的同时,还能了解历史、自然、社会,获得各种自然科学和社会科学的知识,以美导真。

三、美育与体育

人的容貌是先天遗传的,而体型、肌肤、动作等却与后天的自我努力相关。体育以身体运动为手段,达到促进个体生长发育、增强体能、改善体质的目的,同时也达到健美的目的。因此,在中西方历史上人们都注重体育运动。

中国古人持有身心兼修的生命整体观,在体育上注重身心一体,体美合一。对古人而言,"体育"既是一种身体之"强体"活动,也是身体的"健美"之举,主张灵与肉、神与形、理性与感性、能动与受动、自然与人为的有机统一。中国古代"六艺"教育中的体育形式有射、御,此外还有蹴鞠、捶丸、马球、木射、角力、射箭等。唐代流行马球运动,不但有优美的运动器械,更展现了人与马的优美形体。唐代张祜的《观泗州李常侍打球》曰:

日出树烟红,开场画鼓雄。

骤骑鞍上月,轻拨镫前风。

斗转时乘势,旁捎乍迸空。

等来低背手,争得旋分鬃。

远射门斜入,深排马迥通。

遥知三殿下,长恨出征东。

陕西唐代章怀太子李贤墓中出土的《马球图》生动地展现了唐代打马球的场景(图 1-3-1):骏马体态丰满,打球者身穿窄袖长袍,头带幞巾,脚蹬长靴,左手执缰,右手执偃月形球杖,有手持鞠杖激烈击球者,有双手握杆作反身击球者,有手握缰绳直奔马球者,有驰骋腾空者,亦有注目等候者,场面竞争激烈,却又给人一种古朴、典雅的美感。

古希腊的城市会修建运动场,让青年接受系统的肌体与肌肉的锻炼,以达到强身健体的目的。古希腊的奥林匹克运动会就是人展现其健美体魄的活动。在竞技场上获得桂冠的运动员,格外受到人们的尊重,人们为他作诗、雕塑、歌唱。古希腊人在从事体育运动时,男子往往赤身裸体。他们认为完美、健康的人体是人的骄傲,是神性的体现。古代奥林匹克运动会源于向宙斯(Zeus)天神致敬,每四年举办一次,持续了一千多年,并成为现代竞技运动的灵感起源。

体育以身体的活动,通过直接、生动、鲜明的体态语言美激荡人的情感和产生感情共鸣。体育不是靠说理,而是靠实实在在的练,靠具体的体态形象感染人、打

图 1-3-1　唐代　章怀太子李贤墓出土的《马球图》　陕西历史博物馆藏

动人,特别是那种意境高远的体态语言,更容易令受教育者在不知不觉中获得美的享受及陶冶。体育偏重于感性的、生理的层面,还有诸多通向审美的渠道。人们在体育活动中,形体动作合乎既定规范,达到均衡、协调,身体在运动中通过奔跑、跳跃、旋转、翻腾、滚动、摇晃、碰撞、冲刺、滑行、升降等动作,强烈刺激着人的神经系统和感觉器官,引起运动感、肌肉感、节律感,产生对力量的震撼,对速度、灵敏的惊奇,对柔韧、协调、耐力的赞叹。与此同时,身体的各感官有可能获得最充分的刺激,获得一系列最基本的感受。这些感受是人的全面发展所必需的,也是通向审美境界的初步阶段。参加体育活动的人通过对运动的感知也能形成美的自我体验,通过愉快、满足、赞赏、舒畅等心理反应对身体运动进行充分肯定。此外,观众也能感受到美,如篮球、排球、足球、羽毛球、乒乓球等体育活动的竞技对抗,要求成员间默契配合,令观众体验到激烈对抗中的群体和谐。在体育运动中,运动者遵循既定规范完成形体动作,就能化被动为主动,求得形式美与动作精确性的高度一致,因而体育成为健身与审美兼备的活动。

体育能完善人的审美心理结构。调控结构就是完善动作技术和塑造体育美,具体地说,是消除动作的牵强、紧张现象,去掉多余与错误的动作,使动作准确、协调和轻快起来,使身体运动向对称、均衡、协调等方面演进,从而使身体结构、生理节律和肌体活动展现规律性,以显示体育美。此外,调控结构通过反馈,完善个体的体育审美心理结构。因此,体育不仅可以塑造形体美,还可以塑造心灵美和行为美,并使三者在运动实践中得到完美的结合。运动中的形体美、动作美、节奏美、服饰美以及行为举止美都将给人以强烈的美感体验,使人得到美的享受和情感的陶冶与升华。美育与智力教育存在互补效应。毫无疑问,体育与美育也存在互补效应。

总之,美育不同于智育、德育、体育等其他教育形式,美育的独特性在于它通过对人内在情感的直接感染,调动起人的各种心理能力并使之和谐运动,从而潜移默化地实现对人的塑造,以不断提升人的精神境界①。美育对德育、智育、体育都具有独特的渗透、协调作用,在整个教育体系中具有特殊的不可取代的地位。美育在教育体系中的特殊地位表现在以下两个方面:一方面,美育最充分地体现了全面发展教育,德育、智育、体育都侧重于发展和培养学生某一方面的能力和素质。美是真与善的统一。真与善是美的社会内容与美的形式两者的统一。美育包括美的内容与美的形式两方面。"真"作为合规律性的认识,本来属于智育的对象,"善"作为合目的性的认识,应当属于德育的对象,但美育却不能离开"真"与"善"。从这个意义上看,美育包含德育与智育的成分,而且特别有利于人的各种能力和素质的协调发展,因而表现出综合性或全面性。另一方面,德育、智育、体育可以利用美育的手段和方式来提高其教育的效果,如以情动人、寓教于乐等教学方法和手段的应用等。

---

① 朱立元主编《美学》,高等教育出版社,2002,第353-355页。

第二章

美育的历史与理论

　　虽然美育在中国有着源远流长的历史和博大精深的理论，但是美育这一概念产生于西方的历史进程和理论语境中。正是西方文化的土壤滋生出了美育的内涵和外延，与此同时中国文化的基因也深化拓展了美育的意义。新时代大学美育既是一种迫切的现实需求，又有着深厚的历史积淀。为了确定新时代大学美育的价值取向，我们不仅需要回顾美育在中国的历史面貌，而且需要溯源美育在西方的原生形态。

第一节　中国美育的历史与理论

一、中国美育的历史

孔子有言："兴于《诗》，立于礼，成于乐。"(《论语·泰伯》)学《诗》可以"兴情"，感发内在情志；学礼可以"立身"，树立行为规范；学乐可以"成性"，陶铸优良性格。孔子将诗教、礼教与乐教紧密结合，不但共同塑造了完满的人性，而且影响了中国美育的历史格局。此后，诗教、礼教与乐教构成了中国传统美育的主干。无论是诗教、礼教还是乐教，都旨在唤起人的审美感知，提升人的生命境界，以造就富于美感的中华民族。

（一）诗教

作为中国美育的基本形态，诗教源于孔子对《诗经》的功能性阐释，从此开辟了中国的诗歌教育传统，培养了中国的诗性文化精神。孔子曰："入其国，其教可知也。其为人也，温柔敦厚，《诗》教也。"(《礼记·经解》)在孔子看来，《诗经》具有塑造人性的教化功能，有助于建构"温柔敦厚"的君子人格。然而，《诗经》的功能是多方面的："《诗》，可以兴，可以观，可以群，可以怨。"(《论语·阳货》)它既对个体有作用，让人认识自然与社会，培养并丰富人的审美情感，又对社会产生着影响，协调群体之间的关系，维持家国的和谐、安定。由此可见，孔子所奠基的诗教是以诗歌为媒介、以情感为动力、以人格为旨归的审美教育。

西周时期，中央政府有专门的采诗官，其职责是采集民间歌谣以备天子体察民情，为其治国理政提供依据。正如《汉书·艺文志》记载："《书》曰：'诗言志，歌咏言。'故哀乐之心感，而歌咏之声发。诵其言谓之诗，咏其声谓之歌。故古有采诗之官，王者所以观风俗，知得失，自考正也。"诗歌因为传达了人们的真情实感，所以在很大程度上反映了社会的道德风尚和政治状况。经过采诗官下情上达，周朝君王便能据此省察和纠正自身的政令。在此背景下，孔子删减和修订了《诗经》文本。《史记·孔子世家》记载："古者诗三千余篇，及至孔子，去其重，取可施于礼义……

三百五篇孔子皆弦歌之,以求合韶武雅颂之音。"经过孔子的删订,《诗经》成为礼乐文化和仁义道德的典范,后来在儒家的阐释下被奉为诗教的圭臬。

《诗经》由风、雅、颂和赋、比、兴构成,风、雅、颂是诗的文体分类,赋、比、兴是诗的表现手法,汉代《毛诗序》将其提炼为"六义"。"六义"不仅是一个《诗经》分类学和修辞学的问题,还是人以诗歌的形式表达自己对世界的经验的手段。比如"风、雅、颂"中的"风"是十五方国之诗,构成一种空间的地域展开;"颂"是宗庙祭祀之歌,构成一种时间的历史追问;"雅"是西周王畿之乐,作为"正声"构成音乐的典范。"风、雅、颂"不仅仅为《诗经》的分类,它还涉及整个国家的构成要素,其中天子、诸侯、臣民都能找到自己的位置,以此获得精神的安顿。与之相似,"赋、比、兴"也不仅仅为《诗经》的修辞,它还涉及人与对象的关系,其中"赋"是人对自然对象的平铺直叙;"比"是人与对象之间一一对应的类比关系;"兴"是对象对人的情感的触动。从"赋"到"比"再到"兴",体现了外在经验的内化。正因为《诗经》构建了国家秩序和世界经验的整体框架,所以它才成为诗教的经典。

在中国美育史上,源于《诗经》的阐释传统逐渐延伸为一般诗歌的阐释传统,同时特指的《诗经》教育随之泛化为一般性的诗歌教育。随着文字的诞生,人类的情感便可通过诗歌表达。诗是心之声,无论出于浪漫抒情还是感慨现实,诗歌都在向天地证明:人者,天地之心也;诗者,人性之灵也。诗歌通过语言的节奏打开了人的精神世界,凭借优美的意象感染并引导着人性和人心。作为中国诗歌的两大源头,《诗经》和《楚辞》奠定了现实主义和浪漫主义的诗性传统,体现着人与自然的情感交融。在这之后,中国诗歌经历了汉赋、唐诗、宋词、元曲等形态的发展。其中,无数伟大的诗作唱响了中国传统文艺的乐章,道说了中国大地上的诗意栖居,拓展了中国艺术的意境空间,"表现的是主观的生命情调与客观的自然景象交融互渗,成就一个鸢飞鱼跃,活泼玲珑,渊然而深的灵境"①。

不难看出,萌芽于中华先民的诗教传统,在文明的演进之中,一直在不断地丰富和完善。诗教不仅贯穿于中国传统文化的发展历程,还深深地融入中国古人的生活世界。从这个意义上来说,诗教构筑了中国人的精神家园。在如今技术化的时代浪潮下,诗教在一定程度上能够拯救精神危机,让心灵在诗意的空间里怡然自得,复归生命的本真状态。

---

① 宗白华:《美学散步:插图本》,上海人民出版社,2005,第121页。

（二）礼教

礼乐文化源于上古，作为宗教祭祀的巫术仪式以乐舞歌诗的形态存在，导致巫术和艺术混融和交织在一起。因此，上古的礼教存在于"以舞降神"这个"混融性结构"的巫术仪式中。如在祭祀天神的活动中，用烧烤食物所冒出的青烟表示祭天，向地上洒酒或洒牲畜的血表示祭地，并用敲击器物发出的声响通报和召唤鬼神，以令鬼神满意，并寄托免除灾难、瘟疫的愿望。此类活动代代相传，形成固定的仪式，而后萌芽出礼仪。这种通过宗教祭祀实施的礼制固然包含着美育的成分，却仍处于不自觉的状态。

直到夏、商、周朝才有意识地实施礼教，即以典章制度为基准约束人们的行为，保证社会和谐、有序。"殷因于夏礼，所损益，可知也；周因于殷礼，所损益，可知也。其或继周者，虽百世，可知也。"（《论语·为政》）礼经过夏、商、周的传承虽然有所变化，但是最核心的部分仍保持不变，不然的话如何知道百世之后的礼乐变化。这一最核心的部分就是"和"，即礼通过区分和规范人的社会关系而使之达到和谐，从而建构一种和谐的家国秩序。

礼教之"礼"具有多层次的内涵。狭义的"礼"指向政治制度、伦理规范、文物典章、礼仪形式等，涉及礼制、礼器、礼容等方面，如礼器层面的玉器、陶器、青铜器以及宫殿陵墓、宗庙城市之类的礼仪空间中均蕴含美育的元素。广义的"礼"除了包含狭义的"礼"内容外，还融合了音乐、舞蹈、诗歌等其他艺术形式，其整体的审美意味更为强烈。就发生层面而言，"礼"是行礼之人以一定的礼容，执持着相应的礼器，在一个礼仪空间中以文雅的言行举止呈现出来的一种整体性的美，这是一种由时间率领空间呈现出来的动态的、综合性的美。礼给人的行为划分边界，礼的基本意义在于它是人类行为的艺术化、规范化的统一。尽管礼仪规定了人的行为方式，但是它也展现了行为中人的身体美。这样一种行为促进了人与人之间的和谐相处，这就是礼仪的价值所在。

礼教影响着中国人日常生活的各个方面，传统服饰的衣冠制度就是其突出的表现形式。当服饰成为礼教的载体时，它就具有了区分和规范的作用。从服饰纹样上看，最有影响力的当属十二章纹，即日、月、星辰、山、龙、华虫、宗彝、藻、火、粉米、黼、黻。出于礼仪正统性的需要，不同身份的人使用的章纹数有所差异，天子全备十二章，天子以下的公、侯、伯、子、男等爵位使用的章纹数依次递减。该服饰纹样自周代一直沿用至清代，赋予自然和器物的形象以道德寓意和神圣价值。在礼教的影响下,服饰由物的形态演变为礼的符号。

从礼器到礼仪、从礼制到礼教,礼的功能逐渐由外而内,从注重外在的规范到强调内心的认同,成为维系封建统治的重要教育方式。礼教的真正本质是为遵循社会秩序而制礼以教,从而创建与生活世界相适应的社会主体。"为礼以教人,使人以有礼,知自别于禽兽。"(《礼记·曲礼上》)这句话是说,礼教使人区别于动物,成就主体人格的完善。只有知礼和行礼,人才能自立于生活世界,而真正称其为一个主体。

荀子有言:"故人无礼则不生,事无礼则不成,国家无礼则不宁。"(《荀子·修身》)无论对于个人还是国家,礼都具有基础性的作用。作为社会主体的人及其所置身的生活世界不是现成的摆设,而是遵循以礼为规范的社会秩序建构起来的。中国的礼教将内在德性和外在礼仪以及乐舞和器物等元素融为一体,以感性形式呈现出来,从而达到涵养人心的目的,促进人格完善和社会和谐,因此成为中华美育的重要组成部分。

(三) 乐教

《礼记·经解》:"广博易良,《乐》教也。"音乐具有陶冶性情的教化作用。乐教不仅是道德的完善,还是情感的疏导。孔子对音乐的审美价值有着深刻的理解和感受:"子在齐闻《韶》,三月不知肉味。曰:'不图为乐之至于斯也。'"(《论语·述而》)孔子听到《韶》乐之后,竟然品尝不出肉的味道,由此可见音乐给孔子带来的精神愉悦超出了一般的物质享受。对于孔子而言,音乐美固然重要,但是也要表现人性的善。"子谓《韶》:'尽美矣,又尽善也';谓《武》:'尽美矣,未尽善也。'"(《论语·八佾》)无论是《韶》乐还是《武》乐,它们都是美善合一,不过《武》乐的善没有《韶》乐的那么完满。这是因为《韶》乐彰显的是文德,而《武》乐标榜的是武功。从这个意义上来说,乐教是审美与道德的完美统一。

孔子的乐教经由《乐记》和《乐论》得以继承和发展。"凡音者,生于人心者也。乐者,通伦理者也。""乐者,音之所由生也,其本在人心之感于物也。"(《礼记·乐记》)"乐"的存在基于"声"和"音",由"声"到"音"加入了变化和规律,由"音"到"乐"融入了仪式和规范。"声"和"音"分别通于感官和心灵,而"乐"则通于伦理。音乐既能划分人与动物的界限,又能体现社会的伦理道德。"乐者,圣人之所乐也,而可以善民心,其感人深,其移风易俗,故先王导之以礼乐而民和睦。"(《荀子·乐论》)先王之所以制作礼乐,不在于满足口腹耳目的欲望,而在于教导百姓节制自己的好恶之情,从而促进社会关系的和谐。如果说孔子的乐教是关乎个体人格境界的养成,那么荀子的乐教则落脚于社会的移风易俗。

"乐"具有三重相互关联的内涵。首先,广义的"乐"合诗、乐、舞为一体。无论是诗教还是礼教,都具有一定的音乐和节奏。在这个意义上,乐教是一种集大成的美育形式。其次,狭义的"乐"专指音乐。乐教对狭义的"乐"有"雅乐"与"邪音"、"和乐"与"淫乐"、"正声"与"奸声"之分。所谓"雅乐""和乐"或"正声",即符合儒家伦理道德和审美理想的音乐范式。乐教的核心就是用"雅乐""和乐"和"正声"来教化民心。最后,"乐"还指向一种愉悦的情感。乐教须以情感的共鸣为媒介,即建立在审美愉悦的基础上。如果说礼教是由外而内的伦理规范,那么乐教就是由内而外的情感陶冶。

乐教的最高境界是"大乐与天地同和"。天地首先指代自然界。音乐的节奏是对自然生物声音的模仿,音乐的器具直接取材于自然界。中国古代以金、石、丝、竹、匏、土、革、木这八种材质,制造了钟、磬、琴、箫、笙、埙、鼓、柷八类乐器。如编钟就是以青铜铸成钟的各种器型并组合在一起,通过富有节奏的打击演奏出清脆悠扬的音乐。天地其次表示自然变化的规律。音乐的演奏反映了天地阴阳之气此起彼伏的幻化灵动。中国传统乐教中的音乐结构以五声调式为主,注重横向旋律思维,表现了形散神聚、变幻无穷的韵味。天地最后意味着非同寻常的自然之道。天地不仅是音乐所从出的地方和所遵循的规律,还是音乐的最高境界。当乐教达到了"大乐与天地同和"的最高境界,它就能以自然而然的方式化人于无形,产生"春风化雨、润物无声"的教化效果。

中国的乐教形成了诗、礼、乐一体的美育路径,为新时代大学美育交叉融合式发展提供依据,同时它还强调音乐涵养美好情感与高尚人格的价值,启发我们将育人重点放在人心根部,激发人心灵深处的情感认同、价值认同,达成良好的育人效果。

二、中国美育的理论

虽然中国思想在漫长的历史时期衍生出众多的支流,但是它的主干是由先秦儒、道两家的互补关系演变而来的。一般而言,中国美育主张"天人合一"的理念,不过儒家美育观倾向于"以仁为本",强调美与善的关系,揭示社会美育对人性的道德价值;而道家美育观倾向于"道法自然",强调美与真的关系,揭示自然美育对人性的解放作用。

（一）"以仁为本"的儒家美育观

中国美育大多着眼于理想人格的塑造，而儒家的理想人格是君子型人格。在儒家看来，美育可以陶冶性情，塑造君子人格。君子成其为君子，除了仁德之外，还要有礼文。礼文就是礼乐的文饰，它建立了君子的外在形象。"质胜文则野，文胜质则史。文质彬彬，然后君子。"（《论语·雍也》）"质"是人内在纯朴的善性，在孔子这里特指仁德。"文"是人外在文饰的形象，在孔子这里特指礼文。"质胜文"的意思就是仁德的表现超出了礼文的边界，于是走向礼文的对立面，即粗野。"文胜质"的意思就是礼文的装饰脱离了仁德的基础，于是走向质朴的对立面，即浮夸。"文质彬彬"的意思就是礼文和仁德完美结合。而君子只有恰如其分地表现"文"和"质"，他才拥有一个完美的人格形象。

仁对于孔子而言，不但是一种美德，而且自身会生成美的形象。"仁的汉字的语意有多种，其中一种就是果仁。果仁是果核的内在部分，是种子的核心和本源。在此意义上，仁就和生命相关，而且是生命的完成和开端的聚集物。生命的开端和完成就是生成。"①一个人之所以成为仁人，是因为他让天地万物的生命生成出来。与此同时，他自身的生命也生成出来，显现出崇高的形象。由此可见，仁德就是生生之德，人格之美也就是生生之美。孔子对仁与美的关系有着明确的阐述："里仁为美"（《论语·里仁》）。在此阐述中，孔子不是要把美提炼为抽象的概念，而是要让美返回到仁爱的生活之中。"里仁为美"将美界定为人居住在仁爱之中。只有人从内到外都居住在仁爱之中，他的人格才能得到完满实现，即达到美善合一的境界。

面对"礼崩乐坏"的局面，孔子意识到礼乐的基础已经丧失，他必须对礼乐的基础做出新的解释，以便让人重新接受礼乐。因此，孔子把重心由礼文转向仁德，仁即人本有和应有的人性。"礼云礼云，玉帛云乎哉？乐云乐云，钟鼓云乎哉？"（《论语·阳货》）礼不只是玉帛之类的礼器，还是人的礼仪活动。乐不只是钟鼓之类的乐器，还是人的音乐活动。离开了人的使用，礼器和乐器就失去了存在的意义。在礼乐中，礼强调仪式对日常行为的规范，这种行为通过内心的投射间接获得情感力量；而乐则呈现为一种直接的情感效果。"子曰：'《关雎》，乐而不淫，哀而不伤。'"（《论语·八佾》）《关雎》的音乐节奏表现了情感的中和，具体为欢乐而不至于淫荡，

① 彭富春：《论孔子》，人民出版社，2016，第444页。

悲哀而不至于伤痛。音乐通过中和的情感中和了听者的情感,这就是审美之中善的表现。

"曾点之志"作为孔子赞同的人生志向,体现的既是与人共在的快乐,也是与自然共在的快乐。"莫春者,春服既成,冠者五六人,童子六七人,浴乎沂,风乎舞雩,咏而归。"(《论语·先进》)曾点的志向是和人一起游戏山水。游戏不是对山水的静观,而是在山水之间自由活动。这样的游戏具体表现为人在沂水中沐浴和在祭台上吹风。从游戏的群体性可见,相较于沉醉山水之中的快乐,曾点更注重与人同在的快乐。游戏不是一个人的单独活动,而是一群人的集体活动。在此集体活动中,人们共同感受游戏山水的快乐。最后的歌咏正是对快乐的艺术表达,所有的快乐凝聚于其中,也完成于其中,从而实现了最高的审美快乐。"曾点之志"作为人与自然以及人与人的共在和同乐,它生成出来的就是最高的人文之美和自然之美。乐是对美的一种确证,因为只有人乐于游戏之中,美才会显现出来。

孔子曰:"志于道,据于德,依于仁,游于艺。"(《论语·述而》)这个"游"固然有涉猎的意思,但更强调一种"从心所欲不逾矩"的自由状态,即个人意志与社会规矩的协调。孔子所理解的自由不是无目的的,而是合目的的。既然仁德成为人的本性,那么美自然要合乎善的目的。从这个意义上来说,儒家美育就是感性形式和道德意蕴的统一。在此统一之中,人必然感到审美的愉悦,而且是最高的愉悦。

(二)"道法自然"的道家美育观

出于对自然的推崇,道家反对儒家礼乐的教化,而关注如何使个体生命得到自由的发展,因而在美育方面倾向于超功利的审美体验。道家对于感官的美保持谨慎的态度:"五色令人目盲,五音令人耳聋,五味令人口爽。"(《老子·第十二章》)人对于感官愉悦的无节制追求,反而会导致感官的麻木和理智的丧失,从而使眼睛看不清事物,耳朵听不清声音。老子虽然认识到欲望的满足在一定程度上推动社会的发展,但是欲望的沉沦会使人成为欲望的奴隶。这不是对个体生命的肯定,而是一种否定。老子所谓的"无知无欲",不是说否定一切欲望,而是要去除那些于生命有害的、过度的、不合理的欲望,即"少私寡欲"。人性需要美,但不应该把美看作人的外在目的,使美成为反过来支配人的东西。

对于道家而言,美是天地给予的伟大存在。"天地有大美而不言,四时有明法而不议,万物有成理而不说。圣人者,原天地之美而达万物之理。"(《庄子·知北游》)对于天地之美,人如何去观察?虽然美具有可观性,但是肉眼无法透视天地。

除了肉眼之外，人还有心眼。不像肉眼进行外观，心眼是进行内观。只有以天地为心，人才能内观天地。当心能容纳天地的时候，天地之美就被尽收眼帘。于是，人在心中溯源了天地之美，以此通达万物生成的道理。在内观的意义上，审美归根结底是人心向天地的敞开。这就要求人能够自然无为，能够体察万物的生生之美。

道家美育强调受教育者在天地之美的深刻体验中，使自我的主体价值获得解放，从而达到"得至美而游乎至乐"（《庄子·至乐》）的人生境界。道家美育是一种无为而教的美育，从老子的"虚静""无为"到庄子的"忘物""丧我"，都主张自我超越尘世生活，摆脱心智欲求的羁绊，做到"见素抱朴"，以实现"复归于婴儿"的存在状态，即体悟自然天性。这样，自我才能化归于健动不息、流衍变化的宇宙运动中，从而达到"天地与我并生，而万物与我为一"的审美境界，从有限的一草一木一山一水中把握宇宙无限的生机。只有使天地万物与作为审美主体的人相交合一，才能发挥主体自身的最大创造力，进入与宇宙生命息息相通，主客、物我交融而协调的最高宇宙之境。以"濠梁之辩"的故事为例说明：

> 庄子与惠子游于濠梁之上。庄子曰："儵鱼出游从容，是鱼之乐也。"惠子曰："子非鱼，安知鱼之乐？"庄子曰："子非我，安知我不知鱼之乐？"惠子曰："我非子，固不知子矣；子固非鱼也，子之不知鱼之乐，全矣。"庄子曰："请循其本。子曰'汝安知鱼乐'云者，既已知吾知之而问我。我知之濠上也。"
>
> 《庄子·秋水》

"濠梁之辩"涉及两种观物方式。当庄子"以道观之"的时候，他就与鱼在进行审美的游戏，从而引起生命的共鸣。正是在这个意义上，他知觉到鱼的快乐。反之，当惠子"以差观之"的时候，他就与鱼相对而立，从而拘泥于概念的差异。正是在这个意义上，他质疑庄子的知觉。一旦庄子按照惠子的逻辑进行辩论，他就从"以道观之"转向了"以差观之"，必然面临失败。好在庄子及时返回原初的经验，他终于赢得了美学的胜利。面对"汝安知鱼乐"的问题，庄子没有回答观物的方式，而是回答观物的地方。从逻辑的角度来看，他似乎偷换了概念。但事实上，正是在濠梁之上，他的精神与鱼同游，直观了鱼的从容自在，从而获得美感经验。由此可见，道家的美育观追求人与自然的交互与共鸣。

中国美育理论的落脚点主要在于人生境界。无论是儒家的"孔颜乐处"，还是道家的"乘物游心"，都表现出一种珍惜生命、体味生命的审美意趣，其美育诉求都是心灵的超越和升华，以天人合一的审美境域为最终目标。这是中国美育的独特品质，即注重人格的陶铸和人生的体验。

第二节　西方美育的历史与理论

一、西方美育的历史

美育的发展跟随着文明的脚步。如同中国美育的历史孕育于先秦文明的摇篮,西方美育的历史孕育于希腊文明的摇篮。随着西方文明的演进,西方美育的发展经历了一个转变的过程:首先就形式而言,表现为从"缪斯"教育到博物馆教育;其次就内容而言,表现为从"自由七艺"到视觉艺术教育;最后就主体而言,表现为从精英教育到大众教育。

（一）从"缪斯"教育到博物馆教育

如果说希腊是西方人的精神家园,那么雅典就是希腊人的理想学校。作为文艺女神的统称,"缪斯"主宰着雅典的美育形式。在赫西俄德的《神谱》中,尽管九位缪斯女神分别司掌不同的艺术,但是她们都以歌唱而著称。因为古老的歌唱是诗、乐、舞一体,所以雅典的学校美育包括文法、琴弦和体操三种形式。其中,文法学校主要通过诗歌的诵读来涵养心灵,琴弦学校主要通过器乐的节奏来陶冶性情,体操学校主要通过身体的训练来锤炼品德。"缪斯"教育旨在促进身心的和谐发展,而不是培养艺术的职业技能。《荷马史诗》是"缪斯"教育的诗歌典范。它不仅在形式上富有优美的韵律,而且在内容上表现出崇高的道德,因此成为雅典美育的通用教材和希腊艺术的表现题材。

到了希腊化时代,虽然亚历山大的东征有利于希腊文明的传播,但是它使雅典的"缪斯"教育走向衰落。在希腊化的高等教育中,哲学和修辞学的地位日益高涨,而体育和音乐的地位日渐式微。当"缪斯"的歌声逐渐隐退,美育不再以身心的和谐发展为目的,而是朝着职业化和技术化的方向发展,即艺术成为谋生的手段。不过值得一提的是,托勒密在埃及建立了世界上第一座博物馆——亚历山大里亚博物馆。这是以"缪斯神庙"的名义收藏科学和艺术文献而具有图书馆功能的研究机构,奠定了博物馆的神圣地位。它虽然不是美育的场所,但是遗留了"缪斯"的守护。

古罗马不仅继承了古希腊的神谱,而且效法雅典的学校教育。在古罗马,拉丁文的《荷马史诗》仍然是中等学校的主要教材,戏剧和音乐也包含在课程之中,但体操和舞蹈的传统科目被拒绝。传闻恺撒大帝曾花费重金购买希腊画作供民众欣赏,君士坦丁大帝也聚集大量著名的绘画、雕刻于城堡之中。这虽然是权利地位的一种炫耀,但是却使艺术品的收藏蔚然成风。进入中世纪,科学和艺术成为神学的附庸,美育的目的是巩固美源于上帝这一信仰,因此美育的科目转向圣诗、圣歌和圣像等。此时,教皇所在的梵蒂冈成为保存历史文物和艺术珍品的最大收藏地。

直到文艺复兴时期,西方美育迎来了黎明的曙光。再现古希腊文化可见,美育从中世纪的神学目的论转向人文主义的道路。作为古典文化的反照,这一时期美育以"文学三杰"(但丁、彼得拉克、薄伽丘)为开端,以"美术三杰"(达·芬奇、米开朗基罗、拉斐尔)为顶峰。在文艺复兴的大背景下,人们对古物的收藏达到了极致。当时私人收藏的奇珍馆和皇家宫殿的画廊不仅是艺术作品的展陈空间,而且是贵族精英的交流场所。因为文艺复兴的人文主义教育主要围绕九位缪斯所守护的领域展开,所以作为"缪斯神庙"的博物馆自然成为美育活动的中心。

虽然博物馆的历史文化现象已经在文艺复兴时期流行开来,但是面向公众的现代博物馆是从启蒙运动才开始真正出现的。1683 年,牛津大学阿什莫林博物馆正式对外向大众开放,开启了私人收藏服务于公共目的的先河。1793 年,卢浮宫在法国大革命之后成为全民所有的国家博物馆,大量的私人珍藏被公之于世。于是,博物馆的职能发生了质变,从封闭的私人储藏空间转变成为开放的公共教育场所。随着社会分工愈演愈烈,专业性的博物馆逐渐替代了百科全书式的博物馆,以满足不同人群的教育需求。作为专业博物馆的普遍类型,美术馆一跃成为社会美育的主要场所,为观众营造了一个艺术体验的审美情境,因此提升了美育的效能。

对于新时代大学美育来说,馆校合作是不可或缺的教育方式。在博物馆的美育场域,大学生不仅唤醒了"缪斯"所承载的历史记忆,而且在超时空的对话中产生了情感的共鸣。从这个意义上来说,博物馆教育不仅在于由艺术形象所引起的感官刺激,还在于由文化记忆所带来的情感体验。凭借这一情感体验,博物馆教育同时具有认识、审美和道德的意义。

法国卢浮宫博物馆

卢浮宫博物馆位于法国巴黎塞纳河畔，它的建筑本身见证了法兰西王朝的历史变迁，"U"字形宫殿群里面每一件作品都是无价之宝，反映了不同时代的民族文化。宫殿前的金字塔形玻璃入口，是华人建筑大师贝聿铭设计的。宫内设有东方艺术馆、古希腊罗马艺术馆、古埃及艺术馆、珍宝馆、绘画馆及雕塑馆，收藏有40余万件来自全球各地的艺术珍品，积淀着人类历史文化的精粹，卢浮宫就是一部恢宏壮阔的艺术百科全书。卢浮宫有三件镇馆之宝，分别是达·芬奇的油画《蒙娜丽莎》、古希腊的雕塑《断臂的维纳斯》和《萨姆特拉斯的胜利女神》。卢浮宫也是电影《卢浮魅影》《达·芬奇密码》的取景地。

（二）从"自由七艺"到视觉艺术教育

"缪斯"教育的形式蕴含了"自由七艺"的内容。传说九位缪斯掌管的艺术门类包括："历史""喜剧与牧歌""爱情诗与独唱""抒情诗与音乐""英雄史诗""悲剧与哀歌""合唱与舞蹈""颂歌、修辞学与几何学""天文学与占星学"。由此可见，"缪斯"教育不仅涵盖诗歌、音乐、舞蹈等艺术领域，还涉及天文和几何等科学领域。与之相应，所谓的"自由七艺"，表示自由人需要掌握的七门人文学科，这是相对于职业化和技术性的课程而言的，包括文法、修辞、逻辑（合称"三艺"）以及算术、几何、天文和音乐（合称"四艺"）。

"自由七艺"不仅影响了西方对文科的设置，而且使美育归属于文科的范畴。作为古希腊学术的继承，古罗马教育不可避免被"自由艺术"或"人文学科"所统领，但是这类学科把视觉艺术排除在外。对于罗马人来说，视觉艺术不是有教养的公民所必备的知识技能，因而被划入无足轻重的艺术行列。罗马人把视觉艺术排除在自由艺术之外的传统又被中世纪欧洲所继承。与"自由七艺"相对，中世纪欧洲提出了"机械七艺"，包括制衣、农艺、建筑、军事技艺、商贸、烹调和冶金。它们虽然是维持人类社会运转所必需的技艺，但是由于职业性的体力劳动而一度被人文教育所轻视。

文艺复兴时期，视觉艺术由于应用了理性和科学的知识，因此超越了机械艺术而通向自由艺术。绘画、雕塑和建筑的蓬勃发展为提高视觉艺术的文化地位争取了有利的条件，由此视觉艺术教育开始把自由创造凌驾于机械制作之上。十八世纪既是现代艺术体系确立的时期，也是审美意识走向成熟的时期：一方面文艺复兴以来自由创造的艺术门类欣欣向荣，另一方面与艺术创造相关的美学理论也日臻完善。1746 年，法国学者夏尔·巴托以快感和效用为标准将"美的艺术"同"机械艺术"区分开来，并把音乐、诗歌、绘画、雕塑和舞蹈这五大门类归结为"美的艺术"。至此，"美的艺术"代替"自由七艺"成为美育的基本内容，而且视觉艺术教育也被纳入了现代美育体系。

在技术主导的图像时代，视觉艺术教育是新时代大学美育的主体。作为美的典型样式，视觉艺术不仅关乎审美表象的创造和欣赏，还能装饰和美化生活世界。因此，视觉艺术教育超越了审美表象的范畴，而能够改变人类的生活方式。当视觉艺术转化为技术图像时，它就使美育走向大众化。

（三）从精英教育到大众教育

无论从"缪斯"教育到博物馆教育，还是从"自由七艺"到视觉艺术教育，西方美育都沿袭神圣的精英教育传统。精英教育的神圣性表现在三个方面：首先，它以社会精英人士为活动主体；其次，它具有传承精英文化的伟大使命；最后，它选择符合精英理念的经典作品。"缪斯"的神圣光环不仅让诗歌富有神圣的魔力，以此感染人的心灵，而且让博物馆成为神圣的空间，以此造就经典作品。作为"缪斯"掌管的领域，"自由七艺"刻画着理性而自由的公民形象。虽然视觉艺术超出了"缪斯"掌管的领域，但是它凭借纯粹的审美属性自成一神圣王国。不管在"缪斯"领域还是在审美王国之中，精英教育自始至终拥有神圣性的膜拜价值。

然而，精英教育有着传统的边界。一方面，它的接受对象仅限于狭窄的精英圈子，而无法惠及社会大众；另一方面，它的传授内容仅限于精英文化，而难以实现雅俗共赏。作为美育的内容，精英文化一般指向神圣的艺术作品，和世俗的生活世界保持审美的距离。这就导致西方传统美育集中于学校的艺术教育，而在社会和生活领域无所作为。但是到了后现代，精英教育的边界被信息技术所催生的大众文化逐渐消解。信息技术的发展使文化传播超越了"缪斯"主导的神圣空间，而散在到世俗化的生活世界。时至今日，大众传媒已经在人们的精神生活中占有举足轻重的地位。正是在大众传媒的推动下，一种以广告、影视剧、通俗读物、流行音乐、网络文化等为主要内容的大众文化迅速崛起，对以学院派为代表的精英教育构成了强烈的冲击，使精英文化在审美教育中的权威地位发生了动摇。

从精英教育到大众教育，西方美育发生了显著的变化。首先是大众化的广泛参与。不像精英教育出于神圣的特权，大众教育让人们按照自身的意志选择审美的对象，因此成为一种主动参与的娱乐消遣。只要条件允许，人们可以在网络平台上观赏任意的文艺节目，或者可以在闲暇时光到任意的景观去旅游。对大众来说，美育不再是可望而不可即的奢侈品，反而成为一种随时随地接受的教益。其次是生活化的审美体验。不像精英教育禁锢于艺术的象牙塔，大众教育已经渗透到生活世界之中，与人们日常的饮食起居融为一体。例如作为大众时尚追求的美容美发、健身健美、家居装修、旅游休闲甚至包括超市购物，都是美育的生活化形式，对大众审美趣味有着潜移默化的影响。最后是社会化的公共服务。不像精英教育一般驻留于学校之内，大众教育是面向整个社会的公共服务。相较于学校美育，社会美育旨在建设公共文化与艺术空间，诸如公园、广场、展馆之类的审美场域，以此带来多元化的审美体验。

虽然大众教育比精英教育更接地气，但是它有着随波逐流的弊病。因为大众教育摆脱了精英主义的支配，所以它带有一种恣意妄为的盲目性。这就导致所谓的"赶时尚"或"追新潮"的现象，比如在服饰上热衷于穿着流行品牌，在聊天中偏爱于使用网络语言，这些看似凸显个性，实际上却抹平了个性化的差异。此外，由于大众教育离不开大众传媒的推波助澜，因此，大众传媒影响着大众教育的审美水平。在经济利益的驱动下，大众传媒不惜迎合和刺激人们的低级趣味以便吸引眼球。这势必造成大众审美水平的降低，甚至可能把美育变成丑育。如今在电视、网络和通俗读物中随处可见"暴力""色情"等庸俗、低俗和媚俗的文化，导致大众教育的商业性与审美性之间的矛盾。由此可见，大众教育所面临的最严峻问题在于如何应对和消除大众传媒的商业"炒作"所带来的恶劣影响。

在精英教育和大众教育平分秋色的格局之下，新时代大学美育不再限于学校的艺术教育，而是扩展到日常生活的方方面面。面对良莠不齐的大众文化，大学生应该发扬精英文化的批判精神，辨别真善美与假丑恶的界限，从而担负起新时代的文化使命，在历史进步中实现文化进步。

二、西方美育的理论

虽然美育的实践在西方古已有之，但是美育理论的自觉始于席勒。在席勒之前，西方美育以教化为目的，尚未从德育中脱离出来。直到席勒把游戏作为美育的本体，美育才成为一个独立自由的王国。席勒的美育理论一方面承接审美教化说，以游戏的形式实现人性的完满；另一方面开启审美解放说，通过游戏把人从异化的现实和矛盾的心理中解放出来。席勒之后，审美解放是西方马克思主义所追求的一条人类解放道路。至此，审美不再是道德教化的工具，而是为了人的自由而全面发展。

（一）审美教化说

作为教育的"磨刀石"，美育是人类的教化方式。教化的本义是构形、培育和陶冶，而人类的教化意味着人格的构形、灵魂的培育和性情的陶冶，以此将个体的存在纳入社会的共同体，故教化具有伦理和道德的意义。自古以来，虽然美育与德育一脉相通，但是二者的教化方式不同。如果说德育是一种理性的规训，那么美育就是一种感性的熏陶。简而言之，所谓的审美教化，亦即以美养德。

审美教化是古希腊美育的核心理念。在古希腊，由于模仿构成艺术的普遍本质，因此美育经由模仿的途径达到道德的境界。通过模仿自然美和社会美，艺术潜移默化地引人向善。然而，柏拉图之所以把诗人驱逐出理想国，是因为诗人的模仿倾向于哗众取宠。他以其师苏格拉底的口吻说道："如果有一位聪明人有本领摹仿任何事物，乔扮任何形状，如果他来到我们的城邦，提议向我们展览他的身子和他的诗，我们要把他当作一位神奇而愉快的人物看待，向他鞠躬敬礼；但是我们也要告诉他：我们的城邦里没有像他这样的一个人，法律也不准许有像他这样的一个人，然后把他涂上香水，戴上毛冠，请他到旁的城邦去。至于我们的城邦哩，我们只要一种诗人和故事作者：没有他那副悦人的本领而态度却比他严肃；他们的作品须对于我们有益；须只摹仿好人的话语，并且遵守我们原来替保卫者们设计教育时所定的那些规范。"①由此可见，柏拉图的理想国对于诗人的取舍标准在于是否有益教化。

亚里士多德在《诗学》中强调艺术不只是模仿现实的具体事物，而还要反映现实的普遍规律。他的审美教化说集中表现在悲剧产生的情感效果："悲剧摹仿的不仅是一个完整的行动，而且是能引发恐惧和怜悯的事件。"②借助事件引发的恐惧和怜悯，悲剧使人的情感得到疏泄和净化。由此，诗歌的功能在于娱乐还是教化成

---

① 柏拉图：《柏拉图文艺对话集》，朱光潜译，商务印书馆，2013，第54-55页。
② 亚里士多德：《诗学》，陈中梅译注，商务印书馆，1996，第82页。

为一个问题。古罗马的贺拉斯提出了"寓教于乐"的观点,即诗歌既能给人以快感,又能给人以教益。到了中世纪,基督教的禁欲主义否定了感官的享乐,而追求上帝的至美。在这个意义上,诗歌通过象征的寓意引导人的灵魂皈依上帝。这实际上把审美教化说发展到了极致,从而使道德的教化功能完全掩盖了审美的娱乐功能。到了文艺复兴时期,亚里士多德《诗学》的诠释者卡斯特尔维屈罗一反既往,认为诗歌的功能只在于娱乐而不在于教化,根本没有道德的目的,从而解构了"寓教于乐"的美育观。

为了落实"立德树人"的根本任务,新时代大学美育应该把审美教化作为基本目标,以美育人、以美化人、以美培元,从而引导大学生树立正确的审美观念,陶冶高尚的道德情操。正如 2014 年习近平总书记在文艺工作座谈会上的讲话中所指出的:"文艺是铸造灵魂的工程,文艺工作者是灵魂的工程师。好的文艺作品就应该像蓝天上的阳光、春季里的清风一样,能够启迪思想、温润心灵、陶冶人生,能够扫除颓废萎靡之风。"

(二) 审美游戏说

在德国启蒙运动中,鲍姆嘉通创立了研究感性认识的美学学科,以此区分于逻辑学和伦理学,这就为美育的独立奠定了理论的基础。因为美学与伦理学属于哲学的不同分支,所以美育不再附属于德育而开始自成体系,审美教化说也逐渐被审美游戏说取代。作为现代美育的奠基者,席勒把美界定为游戏的对象,认为审美的中介是感性通向理性的唯一道路。一般而言,感性冲动占据物质的领域,理性冲动占据精神的领域,它们总是相互分离的,因此导致人性的分裂。游戏冲动因为让感性冲动和理性冲动同时发挥作用,所以扬弃了它们的片面性和强制性,使人性走向完满和自由。

在现实与过去的对比中,席勒用希腊作为参照来衡量现代社会的异化。席勒把希腊社会比作"水螅状态",它从自身生长出完整的个体,达到了人性的理想状态;而把现代社会比作"精致的机械",个体只是其中的一个零部件,丧失了作为整体存在的可能性。现代人由于科学和劳动的分工,人性的内在结合被撕碎,从而成为一个个孤零零的小碎片。为此,席勒强调通过美的艺术来恢复被现代文明破坏的完整人性。美的艺术之所以能恢复人性的完整,是因为它凭借自身的理想超越了现实。美的艺术具有独立于时代的超越性,从而能够塑造高尚的人格。这就是席勒提出美育的现实意义。

作为审美游戏的对象,美的艺术在人性的土地上划出一片自由的区域,建立起审美王国。审美王国是自然王国通向道德王国的媒介,人在其中俨然是一个自由的形象。"那么,在美的交往范围之内,即在审美王国中,人与人只能作为形象彼此相见,人与人只能作为自由游戏的对象来相互对立。通过自由给予自由是这个国家的基本法则。"①审美王国让人与人的交往成为审美游戏,从而超越现实的利害,实现社会的和谐。这是席勒在对革命做出美学反思后提出的,其目的是用审美教育代替政治革命。不像政治革命是为了挣脱外在的统治那样,审美教育是为了解除内在的束缚。审美王国不是直接地改造现实,而是通过人性的解放来间接改造现实。如果按照理想,审美王国存在于任何一个美好的心灵之中。但是事实上,它只有在理想的精英团体之中才能出现。

审美游戏的自由意蕴是新时代大学美育的题中之义,与审美教化的道德旨趣构成互补的关系。审美游戏侧重于美育的过程和本体,而审美教化侧重于美育的结果和价值。作为人性的教化,美育不是强制的规训,而是自由的游戏。当游戏从人的本能冲动扩大到人的存在方式时,美育的根本目的不仅在于促进人格的完善,还在于创造美好的人生。

(三) 审美解放说

席勒美育的解放意义被马克思主义美育所继承和发展。马克思的审美解放说建基于现实的改造,而马克思所要改造的现实是私有制占主导地位的资本主义社会。正是资本主义的私有制导致了劳动的异化。劳动者虽然是美的创造者,但是被剥夺了享受美的权利。资本主义对劳动者的剥削导致生产关系的异化,与此同时导致人的感觉的异化。马克思举例说:"忧心忡忡的、贫穷的人对最美丽的景色都没有什么感觉;经营矿物的商人只看到矿物的商业价值,而看不到矿物的美和独特性;他没有矿物学的感觉。"②被私有制所异化的人感觉不到美的形象,在他的眼中只有物体的使用价值。当人的感觉异化为片面的占有时,他就会陷入绝对的贫困。

对于马克思来说,共产主义是对私有财产即人的异化的积极扬弃。作为对异化的扬弃,共产主义不但带来了感觉的彻底解放,而且促进了本质的全面丰富。虽

---

① 弗里德里希·席勒:《审美教育书简》,冯至、范大灿译,上海人民出版社,2003,第236页。
② 马克思:《1844年经济学哲学手稿》,中共中央马克思恩格斯列宁斯大林著作编译局编译,人民出版社,2014,第84页。

然共产主义作为人的解放还是崇高的未来理想,但是感觉的解放已经是迫切的现实问题。一个感性对象的审美内涵取决于人的美感。正如马克思所说:"对于没有音乐感的耳朵来说,最美的音乐也毫无意义。"①但是反过来说,音乐能够培育欣赏美的耳朵。推而广之,无论何种艺术教育,都是对感觉的丰富,唤起了审美的需求。这样一种审美需求激发了人实现本质力量的激情和热情,使肉体和精神的感觉处于和谐的状态,于是在从事劳动时就会更加精力充沛,从而在一定程度上缓解了异化现象。

审美作为感觉的解放,实现了人对自身及其对象的全面占有。在异化的感觉中,人与人相互疏远,人与对象彼此否定。也就是说,人所占有的只是私人和个别的存在。与之相反,审美不是私人的占有,而是普遍的共有,故人与人就不会因为相互排斥而关系疏远,反而凭借共同的美感而联系在一起。他人的美感可以成为我的美感,他人的美也可以成为我自己的占有。这样的话,人与对象世界就建立了全面的感性关系,从而产生真正意义上的占有感觉。由此可见,审美解放不仅是感觉世界的丰富,还是社会关系的和谐。

针对异化劳动导致的人的片面发展,马克思主义美育的最高价值是实现每个人自由而全面的发展。只有在共产主义社会,生产力水平极大提高,不合理的劳动分工也随之扬弃,人才能根据自己的意志发展各方面的能力。因此,提高生产力水平是实现审美解放的物质基础。正是在这个意义上,马克思没有把美育局限在艺术教育的范围内,而是拓展到社会生活的一切方面,特别是物质生产劳动。这是因为劳动创造了美,或者说人是在按照美的规律来构造世界。在人类实践的历史过程中,不仅自然界被改造成美的产品,而且人本身也养成了审美意识。随着生产力的发展,实践产生了新的意识形态、新的交往方式以及新的需要和新的语言,从而造就了新的美育方式。对于马克思来说,美育拥有实践的力量,改变着人和世界。

在学科专业分化与融合的新发展格局中,以人的解放为最高价值的美育是新时代大学生的基本需求,以避免成为马尔库塞眼中"单向度的人"。美育有助于大学生情感的陶冶和创造力的激发,使其获得感性的解放,最终促进个性的自由和人格的完善,从而和周边的人以及世界建立起美好、和谐的关系。当然,在高校教育中,只有美育和德、智、体、劳四育实现五育并举并且相互融合,才能够真正促进大学生的全面发展。

---

① 马克思:《1844 年经济学哲学手稿》,中共中央马克思恩格斯列宁斯大林著作编译局编译,人民出版社,2014,第 84 页。

第三章 新时代大学美育的目标

　　关于美育的目标历来众说纷纭，有说美育是美感教育，有说美育是情感教育，有说美育是人格教育，也有说美育服务于德育和智育。2020 年 10 月 15 日，中共中央办公厅、国务院办公厅印发了《关于全面加强和改进新时代学校美育工作的意见》，文件指出："美育是审美教育、情操教育、心灵教育，也是丰富想象力和培养创新意识的教育，能提升审美素养、陶冶情操、温润心灵、激发创新创造活力。"美育"以提高学生审美和人文素养为目标"，这一提法综合了历史上关于美育目标的各种观点，整合了各种说法之长，在今后相当长时期内构成了我国学校美育工作的行动指南，也是我们立论的基础。根据这个文件精神，我们将新时代大学美育的目标确定为四个方面：审美素养的提升、高尚情操的养成、健康心灵的塑造、创新意识的形成。

第一节　审美素养的提升

审美素养是审美人格与审美能力的综合，它包含相对静态的、隐蔽的审美素质与相对动态的、在审美活动中体现出来的审美能力，它是长期文化熏陶的产物，既有相对稳定性，又会在未来进一步发展和变化。审美素养的提升，是传统的美感教育的内容，也是新时代大学美育最直接的目标。

一、审美素养对于新时代大学生的重要意义

审美素养的提升是狭义的美育的内容。狭义的美育即美感教育，其目标是培养人的审美能力，即一般所说的感受美、发现美、欣赏美的能力。狭义美育的直接成果是受教育者能在生活中真切地感受到美的存在，能获得令人愉快的美感。审美素养是新时代大学生综合素养的重要组成部分，是其综合素养构成中必不可少的组成部分。具有一定的审美观、一定的审美鉴赏能力，是新时代大学生综合素质与能力的重要方面，是每个大学生都必须自觉养成的方面。

审美素养的提升不仅是审美能力与审美素质的获得，还是个体修养完成的标志。审美素养的提升是个体自我修养提升的重要途径。在我国传统儒家看来，理想的人格不仅需要现实的建功立业，还体现在高度的审美素养的获得上。孔子认为，"兴于《诗》，立于礼，成于乐"，他又说："志于道，据于德，依于仁，游于艺。"一个只会奋斗不会享受生活的人，在孔子看来不是一个完人，他所推崇的理想的圣贤，有的甚至在古代艺术的发展中有重要的贡献，而孔子自己就是一位杰出的音乐家。儒家严格区分了欲望满足之乐与精神性的审美之乐，认为审美之乐能通往精神性的得道之乐，因此它可以作为个体修养完成的标志。沿着儒家的这条路线，新时代大学生个体修养的完成，也应是以审美素养的获得为途径，且以其为标志的，因此审美素养的提升对于新时代大学生来说意义重大。

审美素养的提升还是文明进步的重要标志。个体的文明程度、社会的文明程度，当然会有各种各样的标准，但其中都会有一个与审美素养相关的标准。个体的成长，一般来说是文明程度越来越高，但这种文明程度的提升不是一个自然而然的过程，而是一个主动学习的结果，时间的积累只是文明程度得以提升的一个基础，

更重要的是个体的主动学习。审美素养需要个体不断学习、不断自我革命,它不是一种与生俱来的能力,它的文化性决定了它只有通过不断的学习才能获得。马克思曾说:"人的眼睛与野性的、非人的眼睛得到的享受不同,人的耳朵与野性的耳朵得到的享受不同","对于没有音乐感的耳朵来说,最美的音乐也毫无意义,不是对象,因为我的对象只能是我的一种本质力量的确证"。① 个体能欣赏的音乐之美、绘画之美,这些作品不仅是他自我享受的对象,作为自己本质力量的确证,也是其文明水准的直接体现。苏轼曾说:"论画以形似,见与儿童邻。赋诗必此诗,定知非诗人。"② 这里的"儿童"和"诗人"就代表了两种不同的审美鉴赏水平,也代表了两种不同的文明程度。在苏轼看来,仅以形似作为绘画评价的标准,这种审美素养水平不高;只有跳出"形似"的圈子,拥有更高的审美素养——直接表现为审美观或审美能力的提升,才能更准确地评价一幅画的价值。"儿童"在此并不一定是指年龄层次上的某个群体,但却肯定代表了较低的审美素养。当代大学生的审美素养不是抽象的存在,而是以具体的审美对象显现出来的审美能力,个体所欣赏的艺术作品类型,就直接"暴露"其审美素养。

一个社会的审美素养也是这个社会的文明程度的重要标志。社会文明既是物质的又是精神的,既是抽象的精神创造,又需要具体的物化成果。人类文明的发展成果,直接体现在确证其审美素养的对象范围的扩大上。自然对象从非审美对象到成为人的审美对象,自然美的发现和自然美范围的扩大,直接体现出人类文明的成果,也是人类文明程度的标志。自然对象如此,艺术对象更是如此,艺术的主导价值由实用逐渐转为审美,同样反映出人类文明的不断进步。艺术的审美价值作为其最重要的价值甚至是唯一价值,这是在近代才得到认可的,这正说明具有审美价值的艺术是人类文明的重要标志。日常生活物品和居住环境的美化,也是在人类的文明进程中逐渐发展出来的,当然也是人类文明程度的现实标志。审美素养首先是个体性的,而量的积累又使得个体性的审美素养发展为社会性的审美素养,这种审美素养代表了一个社会的整体性的文明高度。整个社会对音乐、美术都有审美性的需要,与一个只知有感官快感的社会相比,哪一个代表了更高的文明程度,当代大学生是不难做出回答的。

---

① 马克思:《1844年经济学哲学手稿》,中共中央马克思恩格斯列宁斯大林著作编译局编译,人民出版社,2000,第86-87页。
② 苏轼:《书鄢陵王主簿所画折枝二首(之一)》,载李来源、林木主编《中国古代画论发展史实》,上海人民美术出版社,1997,第99页。

五官感觉的形成是迄今为止全部世界历史的产物。囿于粗陋的实际需要的感觉，也只具有有限的意义。对于一个挨饿的人来说并不存在人的食物形式，而只有作为食物的抽象存在；食物同样也可能具有最粗糙的形式，而且不能说，这种进食活动与动物的进食活动有什么不同。

马克思《1844 年经济学哲学手稿》

　　一个有着较高的审美素养的人往往还是一个更容易融入社会的人，审美素养的提升对于一个人融入社会具有重要的促进作用。一个面容亲善、行为得体、谈吐幽默、服饰美观的人，在社交圈子中更受欢迎。而社交作为当代大学生必然要面对的一个活动，如何扩大自己的社交面、进行更有效的社交始终是一个迫切需要解决的问题。作为社交的一个常见话题，"审美"及相关的艺术、居住环境、日常用品、服饰、美容、旅游、运动、游戏等在当代生活中出现的频率越来越高，显然对这些话题的选择与参与度在很大程度上决定了人的社交圈子和社交活跃度。新时代大学生作为一个热爱学习、善于学习且有较多自由支配的时间的特殊群体，其很多与审美相关的特长或爱好会在大学阶段得到培养，而这些爱好的发展往往伴随着审美素养的发展。一个拥有一定审美技能和审美能力的当代大学生，在社交场合一般来说更受欢迎。事实上，我国古代文人所提的君子四德"琴棋书画"，不仅可用于自我欣赏，还有一个很重要的功能就是可作为交游的纽带。

二、新时代大学生提升审美素养的途径

　　途径之一是从日常生活态度发展为非功利态度。日常生活态度的常态是功利态度或欲望心态，我们总会优先关注某个对象或某个行为是否有用，或者从更底层的本能出发关注对象能否满足自己的本能欲望的需要。人类与其他动物相区别的一个重要标志是，动物只有本能，而人则在本能之外发展出了功利性思维。制造与使用工具作为人类文明进程中的关键步骤之一，就是这种功利性思维的结果。但光有这种功利性思维仍然不能说人类的文明程度有多高。文明还需要继续发展，由功利性思维发展出非功利性思维。非功利性思维包括非功利的思维定式及相应的思维方式，前者主要是指非功利态度，即不以功利之心看待对象，这是人类文明

在漫长的发展之后才有的能力。

德国哲学家康德在《判断力批判》中提出"非功利态度"这一概念。他认为,审美由四个相关的规定构成,其中第一个就是审美的非功利:"鉴赏是凭借完全无利害观念的快感和不快感对某一对象或其表现方法的一种判断力。"[1]常人的反应是因功利而愉快,或者是无功利而不引起情感上的波动,但对于具有较高审美素养的人来说,却能做到无功利而愉快。要由因功利而愉快或无功利不愉快走向无功利而愉快,需要我们不断提升自己的审美素养。我国古代哲学在这方面有相当多的阐释,要走向无功利而愉快,需要"忘",忘掉自己在世俗生活中的欲望或功利性打算;要"静",使自己蠢蠢欲动的心灵平静下来;要"慢",放慢自己的生活节奏,使自己能凝神观照日常生活中的某些对象,使其意义发生变化。

途径之二是从对内容性注意发展为对形式性注意。审美活动总是对具体对象的审美,这一活动是需要对象参与的,审美主体与审美对象的动态关系的构建是在审美所需非功利态度形成之后的必要步骤。人的常态是因功利或欲望而注意到对象的存在,或者因对象与自己的功利目的或欲望无关而不注意它的存在。而审美需要的是一种人生的变态:主体对功利或欲望不关注却仍能注意到对象的存在。因功利或欲望而注意到对象的存在,所关注的是对象符合人的功利目的或欲望的方面,这是内容(西方哲学称为"质料")性注意。审美素养的提升要求我们摆脱这种内容性注意,走向形式性注意。形式性注意只对对象表面的形态感兴趣,而对这种形态特征是否与某种功利目的、欲望追求有关不感兴趣,较高的审美素养意味着善于切断对象形式与它在生活常态中的功利目的或欲望内容之间的关系,使它具有不同于日常生活常态的新的意义。

途径之三是由概念化思维发展为非概念化思维。非功利思维不仅是指人自身的非功利态度,还指向对象,与思维有关。我们的功利态度决定了在日常生活中我们总是从功利角度去展开自己的思维,因此要使自己回到非功利态度,很重要的一点就是在思维习惯上使自己发展出与功利无关的思维。基于功利态度的思维的典型特点是以概念为中介,形成新的概念,对概念与概念间的关系做出判断,并最终将这种认识成果与人的功利目的挂钩。而非功利思维则是直觉性的,与概念无关。康德在对审美所做的第二、第四个基本规定中,都提到了美与概念无关,他所提的关于美的第二个命题是"美是那不凭借概念而普遍令人愉快的",第四个命题是"美是那不依赖概念而被当作必然的愉快的对象。"[2]我们日常的认知活动几乎都与功

---

① 康德:《判断力批判》(上卷),宗白华译,商务印书馆,1964,第47页。
② 康德:《判断力批判》(上卷),宗白华译,商务印书馆,1964,第56、79页。

利有关,因此功利、概念性认知、快与不快之间具有必然联系,审美素养则需要切断这种联系,将愉快建立在非功利、无概念参与的直觉基础之上。这就要求我们在日常生活中为无概念参与的认知留下余地,不要面对任何对象都展开概念化的思维。

途径之四是从现实的自我实现发展为虚幻的自我确证。人生在世,只要有可能就会产生对自我实现的需要。现实的自我实现对于一个有自我意识的人来说是必然产生的一个愿望,但这也是一个并不容易实现的愿望。这个愿望同生活中其他欲望一样,欲望或愿望得到实现能给我们带来快乐,而自我实现给人带来的快乐无疑是最高级别的;但自我实现无法达成时给人带来的痛苦或压抑也是我们不得不面对的。当我们在现实世界无法获得自我实现时引入虚幻的自我确证这一维度,通过想象展开一个虚幻的世界,并从中获得自我确证,也是自我实现愿望得到落实的一个途径。自我确证是来自马克思《1844年经济学哲学手稿》里的一个概念,他认为人类文明在共产主义之前始终面临的一个问题是异化与自我确证之间的矛盾:人有对自我确证的追求,但现实造成的却是异化。所谓异化,是人所创造出来的对象反过来对人自身形成一种否定。我们身处社会主义初级阶段,马克思所说的异化与自我确证之间的矛盾仍然存在。马克思所展望的"人和自然界之间、人和人之间的矛盾斗争的真正解决""存在和本质、对象化和自我确证、自由和必然、个体和类之间的斗争的真正解决"①是未来的共产主义的特征,也是理想的人生的特征。生活中的自我实现愿望受挫也可以说是一种异化,消除异化的办法有实践层面的,但那往往难以实现;相对来说,使异化得以消除的较容易的手段是借助想象,通过想象我们获得一个虚幻的对象,这个虚幻的对象能让自我得到确证,如果这时的主体没有功利性打算或欲望,那么这种虚幻的自我确证就是审美。作为一个哲学概念,自我确证是指主体在对象形式中以直觉的方式发现了自我的存在。它是自我意识的一个特殊类型,但与一般的自我意识具有概念化、重点关注"我是什么"不同,审美中的自我确证与概念无关,作为一种特殊的判断,它不再关注"我是什么",而只关注"我是否在对象中存在",或者更浅表的"我与对象的形态是否一致",以及更深刻的"我是否是对象形式的成因"。自我确证作为一种特殊的价值判断,由于自我价值得到实现,因此一定会产生一种与自我实现相似的快乐,审美性自我确证虽然是非现实层面、非功利性的,但其所带来的快乐并不逊色于现实的、功利性的自我实现所带来的。

在美学中有一个非常著名的概念与自我确证有关,它就是德国美学家里普斯

① 马克思:《1844年经济学哲学手稿》,中共中央马克思恩格斯列宁斯大林著作编译局编译,人民出版社,2000,第81页。

所说的"移情"。移情是对审美过程中的一种错觉现象的概括：审美对象似乎带上了我的情感。但实际上，审美移情的本质是对象确证了审美主体自我的存在，审美情感产生的秘密在于对象的形式对自我的某种契合关系。里普斯在《论移情作用》中解释古希腊多立克柱式之美时说："这个道芮式（今译'多立克式'）石柱凝成整体和耸立上腾的充满力量的姿态对于我是可喜的，正如我所回想起的自己或旁人在类似情况下的类似姿态对于我是可喜的一样。我对于这个道芮式石柱的这种镇定自持或发挥一种内在生气的模样起同情，因为我在这模样里再认识到自己的一种符号自然的使我愉快的仪表。所以一切来自空间形式的喜悦——我们还可以补充说，一切审美的喜悦——都是一种令人愉快的同情感。"[①]这里的"同情"并非一般生活意义上的，而是美学意义上的，指对自我的认同之情。对象能引起我们"同情"的原因是"审美欣赏的原因就在我自己"，这个自己是化到对象中的自己，也是能让审美主体真切感受到的自己，这种同情的关键是自我确证。由于审美主体的能动投射，在自己面对的对象中他能看到一个"强壮的、自豪的、自由的人体形状"[②]，因此他感到特别快乐。里普斯虽然没有明确说自己的"移情说"与马克思的"自我确证"之间的关系，但他与马克思都受到黑格尔的"人的本质是自我意识"这一观点的影响，因而在对审美价值的本质的认识上，二人的观点有相通之处。

虚幻的自我确证要求我们要善于从现实世界中的各种利益之网、欲望的诱惑中摆脱出来，进入一个虚幻的理想状态。这里的"虚幻"主要是通过想象来实现的，但审美所需的想象有一个日常想象不具有的特征，我们把它概括为"我向性"，即被想象出来的对象或多或少要与想象者自我在形态上具有相似性，或者它能让想象者清晰地意识到这个想象出来的对象是自己所创造出来的。这种我向性想象将有助于自我确证的实现，而日常生活中的白日梦式的想象由于不具有这种我向性，因而往往不能发展为审美。

作为审美素养的重要内容，虚幻的自我确证要求我们在现实生活中要善于展开想象，将自己与不那么理想的日常生活世界隔离开来，从而使自己所面对的对象是一个有着自己烙印的理想的对象、与自己形态有高度相似性的对象，并最终获得自我确证。但是仅仅想象力很发达未必与较高的审美素养有关。

途径之五是将对欲望或功利之乐的追求转化为对精神性快乐的追求。人生有很多快乐，有的是欲望得到满足的生理性快乐，有的则是现实的功利价值得到实现

---

① 里普斯：《论移情作用》，载北京大学哲学系美学教研室编《西方美学家论美和美感》，商务印书馆，1980，第 272 页。

② 同上书，第 273 页。

的功利之乐,还有的是人的精神追求得到实现的精神之乐。审美之乐不是前面这两种,因此审美素养的提升要求我们要从对前面这两种快乐的追求中摆脱出来。精神性快乐往往与自我实现有关,但不是所有精神性快乐都是审美性的,只有基于非功利态度的虚幻的自我确证所致之乐才是审美带来的精神性快乐。

　　对快乐的追求是人之本性,既有本能层面,也有文化层面,但只有很小一部分才属于审美快乐,也只有对这种快乐的追求才与审美素养有关。因此,要提升我们的审美素养,就需要我们不断反思日常生活中自己对快乐的追求的类型,在对生理本能之乐、功利价值之乐不断否定之后,再将客观真理获得之乐、理想情感交流之乐、伦理人格完成之乐、信仰目标实现之乐等从精神性快乐中排除掉,所剩下的就是非功利主体的虚幻的自我确证之乐。审美素养的提升必须要将较低级的快乐予以否定,又要将对其他高级的精神性快乐的追求暂时遗忘才能得以实现。需要强调的是,精神性快乐本来就是人生追求的目标,它们与日常生活中的低级的本能满足之乐、功利价值之乐不同,后者是要被否定或超越的。而在精神性快乐中我们之所以特别强调还有一种审美性快乐的存在,不是说要以审美性快乐去取代其他精神性快乐,而是提醒我们在其他精神性快乐的追求得不到实现之时,我们还可以追求审美性快乐。从这个角度看,我们认为审美素养其实可能并不如儒家所理解的那样是修养的完成,而更像是修养的一个组成部分。

　　与其他快乐相比,审美性快乐最突出的特点是点缀性、稀缺性。虽然日常生活中我们并不总是能获得快乐,但与这些日常生活中的其他快乐出现的频率相比,审美性快乐的出现更加困难。也正因如此,它才在我们的价值评价系统中得到推崇。审美素养之所以会被儒家当作修养的完成,很可能是因为审美性快乐本身具有最强的超越性,它对日常生活中的欲望与功利目的的否定是最彻底的,虽然它以肉体快感的形式体现出它与感官之乐表面上的联系,以无用之用体现出它与日常生活中的功利目的之间的疏远,但在对一般的本能性快感和世俗功利价值的否定上,它超越了其他精神性快乐的追求。《论语》所载的"子在齐闻《韶》,三月不知肉味"之所以让人津津乐道,就因为《韶》乐所致的审美之乐远远超出了世俗之乐,它具有高度的纯粹性,同时必然具有稀缺性和点缀性,其价值也正因为这种稀缺性而体现。一个人不可能总是享受艺术或自然之美,而正是在紧张的劳作之余,对艺术与自然之美的偶尔欣赏所致的这种快乐,才是最强烈的,也是最有价值的。审美素养的提升不可能从根本上改变审美快乐的点缀性和稀缺性,但会使得这种特殊快乐的发生频率在日常生活中有所增加。

三、新时代大学生审美素养提升应重点努力的方向

新时代大学生作为思维最活跃、即将完成学业进入社会的特殊群体,在审美素养提升方面应着重注意从以下几个方向努力。

一是适当淡化自己的功利心和欲望。关注具有功利性价值或满足自己欲望的对象,是人之常态,也是生存与生活的基础。但如果把这两类对象当作注意的全部就不妥了。我们不仅要注意功利或欲望的对象,更要学会注意与功利或欲望无关的对象,能停下来、静下心来持续地关注某一对象的外在形态,而不关注其功利性或欲望性内容。前人曾分析过面对一棵树的三种不同态度:一种是木材商人的,他只看到树的商业价值;一种是植物学家的,他只从植物学角度去研究树的习性与特征;另一种是画家的,不同于前面两种人,他只关注树的形态,他慢慢地围着这棵树转,最终选取一个最好的角度,选取树的最动人的姿态进入其画面。当代大学生不能只有前两种态度,还要在前两种态度的基础上产生类似于画家的态度,不以功利之心去看待对象。

二是学会在日常生活中发现美的存在。审美素养的缺乏往往表现为对日常生活中的美的忽视,甚至认为日常生活中不存在美,认为仅仅在艺术或远离日常生活世界的旅游景点才存在美。这其实是一种极为偏颇的观点。法国艺术家罗丹曾说:"所谓大师,就是这样的人:他们用自己的眼睛去看别人见过的东西,在别人司空见惯的东西上能够发现出美来。"[①]与常人相比,艺术大师更善于发现生活中的美。我国古代美学更是将能在日常生活中发现美当作理想的审美主体应有的基本素质,如东晋大诗人陶渊明笔下的"采菊东篱下,悠然见南山","南山"就是陶渊明每天都要面对的生活世界的组成部分,但他却能"悠然"面对,对其产生审美态度,所体现的就是极高的审美修养。

三是注意区分感官刺激和审美愉悦。当代多媒体技术的发展,声、光、色的表现手段远远超过四十年前,与平淡的甚至是灰色的生活世界相比,这些刺激性因素更容易引起当代大学生的注意,有的甚至将这类感官刺激当作美。美需要对象具有反常性,也需要引起人们的充分注意,但光能引起注意并不是美,美的对象更多的是在注意或刺激之后能让心灵沉静下来。感官刺激所激发的可能正是心灵沉静的对立面——内心躁动。因此在审美素养的提升中,要深入理解感官刺激作为审美过程中的一个有限的作用因素,因势利导使其向审美方面发展而不是将其当作

---

① 罗丹口述、葛塞尔记《罗丹艺术论》,沈琪译,吴作人校,人民美术出版社,1978,第5页。

审美本身,这是我们应该努力的方向。

四是注意强化审美想象的自主性。当代传播媒介已经进入虚拟现实、增强现实的时代,这也是当代大学生最感兴趣的一类媒体。这类媒体为受众提供最逼真的对象,提供了一种从未有过的审美类型。但是这类对象仍然有很大可能仅仅停留在感官刺激层面,其沉浸效应也并非都是审美性的,而往往是审美所否定的功利性或诱惑性的。另外,过于逼真的虚拟现实对审美所起的作用往往也不是正面的,因为审美所需想象是自主性的,而虚拟现实则用客观的幻象取代了审美主体自己的想象,审美主体的自主性未能得到充分体现。

五是注意正视审美素养的现实基础。西方美育之父席勒认为,人只有在满足基本的生存需要之后才能进入对美的追求,审美是建立在一般的生活问题已经得到解决的基础之上的。当代大学生一般因为有家庭作为经济支撑,所以能在专业学习的同时致力于审美素养的提升。我们在走向社会后必然要面对自主谋生的问题,对于绝大多数人来说,审美素养的提升是解决不了这个问题的。因此无论是在大学就读期间还是在未来的工作中,正确处理审美素养的提升与世俗谋生能力的养成之间的关系,对于很多大学生来说都是极为严肃的问题。审美素养是人格的完成,也是生活主体的尊严与价值的充分显现,但离开基本的谋生能力,它什么也不是。

第二节　高尚情操的养成

情操是情感与操守的统称,是道德评价中个体的心理素质与行为的统称。高尚情操是伦理学中被高度认可的高出一般道德水准的心理素质与相应的行为。高尚情操的养成本是德育的目标,却也是美育的一个外围的目标。

一、高尚情操对于新时代大学生的重要意义

高尚情操对于新时代大学生的重要意义主要表现为以下几方面。

一是对于个体的事业而言,高尚情操可以使个体更坚定地投入自己所选择的事业当中去,而不以个人得失作为自己行动的依据。这种献身精神是古往今来为人类做出伟大贡献的杰出人物的一个共同品格。对个体的物质奖励可以在一定程度上激发人的行为动机,但持久而深入的动机则来自行为主体的自觉的献身精神。这种献身精神表现为对个人名利的淡泊以及更宏大的抱负和使命担当。如我国著

名科学家钱学森先生在得知中华人民共和国成立后，立即意识到自己的事业不在美国而在中国，选择回到当时几乎一穷二白的中国。回国后他全身心投入中国的国防科技事业，对于世俗的名利毫不动心。他将多次获得的奖金都捐赠出去，并且一直住在他回国初期国家给他安排的老房子里。

二是对于个体的生活而言，高尚情操能够净化我们的心灵，使我们在面对名利的诱惑时保持一种不动心的状态，极大提升我们的幸福指数。当我们的个体利益与群体利益发生冲突时，我们能选择群体利益优先。在个体利益受到损害时，我们能够从大局出发，迅速平复自己的心灵，从而在功利性的生活世界中总体上保持一种平静的心态。这种平静的心态对于个体人生幸福的获得是极为重要的，因为幸福其实就是一种特殊的心态，它不是在与他人比较中见出的，而是自己主动选择、自主判断的结果，最终往往以对自己所选择的价值目标的自信而显现出来。我国传统修养论强调的"不动心"状态，就是高尚情操的重要组成部分，也是古人在面对个体利益与群体或他人利益相冲突时的一种自主选择。所以不难理解古代的一些高尚之士在生活条件非常简陋、个体遭遇非常困难之时，仍然能获得内心的平静甚至幸福的归宿。

三是对于群体的价值而言，如果群体中的每个个体都有高尚情操，那么群体的价值目标就更容易达成。人类是群体性存在，我们在不同层级的组织中存在。每一个组织都有其群体性目标，但群体性目标并不总能与个体目标达成一致。如果只追求个体目标的实现，则最后结果很可能是个体目标未能实现，群体目标也未能实现。我国传统谚语"大河有水小河满"，就生动地概括了群体利益与个体利益之间的这种关系。高尚情操可以使我们远离自私自利，在让渡出自己的一部分利益时，使群体利益最大化。而当群体利益实现后，个体利益相应地也能得以实现。

四是对于人际关系而言，如果每个人都有高尚情操，则和谐的人际关系就很容易建立，我们所处的社群就不是功能性的，而是能让我们有归属感的。一个和谐的社群关系的形成需要群体内各成员的共同努力，规则与秩序可以使一个群体在功能层面正常运作，但却不能保证一个具有归属感的社群的形成。当个体的生存目标实现后，基于和谐人际关系的具有归属感的社群就成为个体的重要选择。而和谐的社群需要每一个成员都有较高的道德修养，古人强调"君子之交淡如水"，揭示了理想的社群中的每一个行为主体都应有高尚的情操，这样才能使得这个群体不仅仅是功能性的，而是有归属感和亲和力的。每个人都渴望在一个和谐的群体内工作、生活，而要达成这个目标，作为不同层级的群体中的一员，我们需要不断提升自己的道德修养。

美育与德育有着密切联系，大学生活作为道德人格养成的关键阶段，德育是这一阶段教育中极为重要的内容。广义的德育目标是包含美育的,这也是一些人认为美育的目标是人格教育的理由。从这个角度看,德育所追求的理想人格的养成,不仅是对伦理规范的接受,以及将这套规范内化为生活的行动指南,并外化为合乎规范的言行举止,还要在生活中达到感受不到这套行为规范的束缚的自由境界。这种自由境界是很多哲学家都追求的人格的最高层次,我国古代儒家所追求的"君子""大丈夫",道家所追求的"真人"都有这方面的内容。西方哲学中康德所追求的有"自由意志"的行为主体,也对应于这一境界。值得注意的是,这一境界与我们正在"修行"的行为主体所感受到的处处有规范、时时受束缚不同,理想的人格不仅是道德修养的完成,还是审美人格的加持。具有理想人格的人感受不到束缚的存在,"从心所欲,而不逾矩"①,甚至能从这种人格修养的完成中获得极大的快乐。由于这种人格修养的典范性及所得快乐的重要性,前人往往将审美修养作为通往这种理想的人格修养的途径,也将审美修养所得到的快乐加诸人格修养之中,从而使得二者互融互通。

善与美作为人类社会普遍认可的两种最高价值,前人曾设想二者有同向互动关系。在我国古代,这种同向互动关系直接体现在"美"这个词同时具有"善"与今天狭义上的"美"的双重含义上,如孟子说:"可欲之谓善,有诸己之谓信,充实之谓美,充实而有光辉之谓大,大而化之之谓圣,圣而不可知之之谓神。"②这里所讲的是人格修养的六个层次,第一个层次是最低的"善",指对象满足自己的需要的程度,也可指某人满足他人需要的程度;第三个层次是"美",这里的"美"其实还是"善",只是它由对象满足人的需要这种客观的"善"变成了主观人格修养到达一定境界("充实")的"善",这里的"美"其实与今天美学中的"美"没有直接关系;真正包含有审美内容的是第四个层次"大",它揭示了达到很高人格修养的人的言行举止所具有的双重价值——美与善,内有相对完善的道德修养,外有相应的言行举止,前者是善,后者是美,二者的结合就是"大",这其实就是我们今天常说的人格美,也是作为美学范畴的崇高的重要内容。对于常人来说,他不可能达到"神"的层次,顶多能达到"圣",其突出特点是不仅能完成自我修养,还能感化众人,成为他人学习的榜样。在孟子看来,普通人人格修养的一个关键步骤是"大",他所倡导的"大丈夫"人格就对应于这一层次。这一人格不仅具有无私、坚韧的特点,其外在的言行风范还有迷人的审美魅力,"光辉"其实就是今天心理学上所讲的"光环效应"。在孟子及整个先秦儒家的人格建构理论中,审美人格都是理想人格的重要组成部分。

---

① 杨伯峻编著《论语译注》,中华书局,1958,第13页。
② 杨伯峻编著《孟子译注(下册)》,中华书局,1960,第334页。

在《论语》著名的"子路、曾皙、冉有、公西华侍坐"一节中，孔子更是毫不掩饰地表达了他对将审美人格作为自己修养的完成形态的曾皙的欣赏。

拓　展　阅　读

（子路、曾皙、冉有、公西华侍坐）子曰："以吾一日长乎尔，毋吾以也。居则曰：'不吾知也！'如或知尔，则何以哉？"子路率尔而对曰："千乘之国，摄乎大国之间，加之以师旅，因之以饥馑；由也为之，比及三年，可使有勇，且知方也。"夫子哂之。"求，尔何如？"对曰："方六七十，如五六十，求也为之，比及三年，可使足民；如其礼乐，以俟君子。""赤，尔何如？"对曰："非曰能之，愿学焉。宗庙之事，如会同，端章甫，愿为小相焉。""点，尔何如？"鼓瑟希，铿尔，舍瑟而作，对曰："异乎三子者之撰。"子曰："何伤乎？亦各言其志也。"曰："莫（通'暮'）春者，春服既成，冠者五六人，童子六七人，浴乎沂，风乎舞雩，咏而归。"夫子喟然叹曰："吾与点也。"

《论语·先进》

需要注意的是，美育与德育不仅有同向互动关系，二者还有差异，只有理解了其中的差异才能更好地推进美育与德育。它们最重要的区别是美育所达成的审美人格在平时的日常生活中往往是隐而不现的，而德育所达成的伦理人格则在日常的言行举止中不断得到体现。更具体地说，日常生活中我们应追求时时刻刻都合乎伦理规范的要求，做一个"好人"或"良好道德主体"是我们的终生追求。而在日常生活中，我们只会偶尔出现审美行为，现实的"审美主体"只会偶尔产生。实际上，带有一定距离感甚至神秘感的领袖或英雄更容易产生"充实而有光辉"的价值判断，从而产生伦理与审美双重判断；而作为这种人身边的人，则大概率因为距离的丧失而感受不到他的这种"光辉"。

高尚情操的养成不仅是伦理层面的，还是审美性的，它要求行为主体不仅言行要合乎道德规范，体现出全社会共同认可的行为准则，还要求行为主体言行要让人感到舒服甚至愉快。古人强调的言辞雅正、行为得体、情感亲善、氛围和谐，都不仅是伦理性的，也具有审美性。前人相信理想的人格是美与善的统一，而不仅仅停留在善。这是因为善得以实现的伦理规范对人来说具有强制性，所导致的不是理想的人际关系，理想的人际关系的本质是"和"，它基于规范而又超越了规范，体现出更自由的、更高层级的人格修养，这其中往往是有审美人格的。如在日常的交流中,双方都比较拘谨,虽然合乎道德规范,但大家都感到紧张,便想尽快结束这种交流。而当交流的一方用亲善的行动或幽默的语言让另一方消除了紧张,双方很快转为和谐的关系,那么时间就会不知不觉流逝,这其中就包含有审美关系对日常人际关系的软化作用。具有亲善行为或幽默语言的人,其言行在另一方看来就是让他感到愉快,这种愉快不仅是对对方伦理人格的正面肯定,也是对对方作为审美对象的审美价值的高度认可。日常生活中营造理想的人际关系,首先需要我们有较高的道德人格作为基础,但双方都有较高的道德修养却并不能保证和谐关系的建立,只有审美人格出场才能化规矩为和谐。一个在伦理人格基础上具有审美人格的人,显然更容易在人际交往中得到认同。

二、新时代大学生养成高尚情操的途径

途径之一是从生理快感发展为审美快感。我们要学会严格区分生理快感和审美快感,前者是身体某个部位感知的快乐,而后者仅仅在大脑得到的反应。生理快感是本能性的,是人为了生存与繁衍而在长期进化中形成的快感,如甜食导致的味觉快乐、合适的温度导致的皮肤触觉上的舒服、适当运动后感到全身舒畅等。生理快感体现的是人的生理层次,与人的文化性、精神性没有直接联系。审美所致的快感则是人类文明发展的结果,是一种高级的精神性快乐。在生活中我们会说一个沉迷于生理快感的人是低级趣味,而走出低级趣味并获得高尚情操,就要使自己对快感的追求由生理本能性走向精神文化性。这种转变首先是人类自身宏观的历史进化与文明发展的结果,从动物的享受发展为人的享受,从本能性的快乐发展为悦目、悦耳、悦心。在人类获得这种审美快感的同时,其中一些个体率先走出纯粹的动物状态,而产生出对这种精神性快乐的追求。当审美现象逐渐由个体存在发展为社会性存在,个体必然受他人的影响,同时也要考虑他人的感受,或多或少产生从众行为,更多的人对审美快感的追求就逐渐蔓延而成风气。审美快感具有强烈的社交性,一个完全脱离社会成长起来的人是否具有审美快感是值得怀疑的,但一个身处社群中的人只要有可能就会生发出对审美的追求。

个体在成长过程中逐渐获得审美能力,其快感的来源也逐渐由单一的本能发展出既有本能又有审美。具有亲和力的他人——往往最先是我们身边的人——很可能就是我们最初的审美对象,他们让我们感到安全、舒服,这种感觉在我们是婴儿时就产生了,他们就是我们"悦目"的对象,这种关系既有本能性,也有文化性,不过我们限于自己幼时的经验,还无法准确判断它是否属于审美关系。但显然这是一种与其他动物不同的特殊关系,相似成长阶段的其他高等动物仅仅通过嗅觉来

与自己的上一辈建立起联系，气味是他们的联系纽带，这当然不会派生出审美关系，它与自己上一代的关系是纯粹的本能关系。在进一步的发展中，人通过水中倒影或镜中影像发现了自己的存在，由此获得一个原始的自我确证的对象，这另一个自我的存在是能给人带来快乐的，而这种快乐显然与本能的满足无关。其他高等动物几乎都没有识别水中倒影的能力，更谈不上由此获得快乐。只有人不仅能识别水中倒影或镜中影像，还能由此获得快乐，这种快乐是文化性的，也是审美性的。当然，个体需要成长，仅仅满足于对直接的自我影像的欣赏仍然会在社群中受到指责，这种简单、直接的美被认为是"臭美"，它与成熟的、需要经过复杂转化的美不同。人若仅仅满足于"臭美"，虽然不至于被认为是低级趣味，但至少会被认为是不成熟的。在个体的进一步发展中，与审美有关的一个关键阶段是青春期，在这个时期，朦胧的情愫使得"情人眼里出西施"，也使得美的复杂转化机制第一次在个体这里得到体现。"情人"眼中的"西施"是通过复杂的想象转化出来的，它并非一种客观存在，客观存在的是我爱的这个人或我准备追求的这个人体现了我的价值取向、意愿以及对方对我的善意与亲和力，这些关系属性使得客观上在他人眼中并不一定是美的对象，但在我的眼中却因其可爱而变成了美的。"人并不是因为美丽而可爱，而是因为可爱而美丽。"这一谚语具有普适性，因为对象直接体现出我与他（她）之间的正面的关系属性，对象才是美的。这种美与两人之外的他人无关，也与本能快感无关，具有高度的精神性。

　　途径之二是从功利价值导向发展为更全面的价值导向。人不同于动物，其中一个重要方面是人具有价值感，他能对对象满足自己需要的程度进行判断。人类文明的发展，是从单一的功利性价值逐渐发展为更复杂的价值体系，相对应的是从单一的功利性需要向多层级需要发展。美国心理学家马斯洛的需要层次论为我们揭示了人的不同需要层次：生理、安全、社交、爱和归属、自我实现。生理与安全这两个层次的需要是本能性的，基本的生理与安全需要与严格意义上的人的价值没有直接关系，但在生理、安全需要的满足过程中，人创造出满足这些需要的环境与工具，与动物仅仅利用自然来满足这两方面的需要拉开差距，人的需要逐渐产生，这就派生出功利价值。在人类文明的低级阶段，功利价值几乎是价值追求的全部，而随着文明的充分发展，功利价值在整个价值体系中所占的比重越来越低。恩格尔系数就具有这样的标志意义，它指的是食品支出总额在个人消费支出中所占比重，比重在 59% 以上为贫困，在 50%～59% 为温饱，在 40%～49% 为小康，在 30%～39% 为富裕，在 30% 以下为最富裕。这个指标虽然在今天经常用来评价同一时期不同国家的文明程度，但其实也反映出文明内部的不同历史发展水平，虽然文明的发展并非一帆风顺，但总体趋势仍是恩格尔系数由 59% 以上发展为 30% 以下，即基本的功利价值在整个价值体系所占比重由多数逐渐发展为少数。

　　个体的发展也是如此，虽然同时代的个体生存状况不尽相同，但大多数人的发展状况都是从单一的功利价值导向发展为多元价值并重的。当代大学生在走出校园进入社会后，成为独立的生存个体，这时要面临的首要问题是自己的生存问题，在自己的职业定位中要有一个清晰的底线思维：自己靠这份收入能生存下去。随着个体的能力的增长，个体将更多地关注就业岗位的其他情况，如舒适的人际关系与工作环境、温暖而具归属感的企业文化，甚至自我实现的可能性也可纳入自己的评估目标。个体的这种发展，不仅反映出个人经济能力的提升，也反映出个人文明程度的发展，甚至与我们现在所说的高尚情操的养成有关。"仓廪实而知礼节，衣食足而知荣辱"①，高尚情操不是凭空出现的，它需要坚实的物质基础。从个体发展的角度看，"礼节荣辱"在个体生存问题得到解决后更容易形成自觉，这其实是因为他的价值追求由单一的功利价值发展为更丰富、更高级的精神价值。美育在"礼节荣辱"观的形成中的重要作用在于：它能淡化经济基础及功利价值的作用，使得一个即使在经济上未必富足的人仍然能产生出强烈的"礼节荣辱"观，从而使得个体表现出更具震撼性的高尚情操。典型的例子是孔子的得意弟子颜回，孔子曾称赞颜回："贤哉，回也！ 一箪食，一瓢饮，在陋巷，人不堪其忧，回也不改其乐。"②颜回在艰苦的条件下仍然能保持乐观的心态，其所乐者一方面是他对自己人格操守的自信，另一方面则是审美人格的融入。他能在淡化功利观念的基础上展开对日常生活世界的欣赏，这与上文所谈到的孔子所欣赏的曾皙的人生选择具有一致性。后人屡屡称道的"孔颜乐处"就是审美融入个人的道德修养，以审美来冲淡现实物质条件给人带来的束缚，从而体现出更高的人格境界。

　　途径之三是从个体生存的欲望发展为兼济天下的宏愿。每个人都有生存的欲望，对于一个完全停留在生存问题的人，他很难产生出人格境界的自觉，毕竟如颜回这样的人在整个中国历史上也是凤毛麟角，但他仍然应该有基本的向善的愿望及合乎道德规范的言行举止。当个体已经解决了基本的生存问题却仍然停留在谋生层次的道德水准时，他可能是一个守法循规的公民，却未必有很高的人格境界，这不是一种理想的人生状态。我们在走向社会后，经过一段时间的发展大概率会解决个体的生存问题，此时就应该追求某种超越性价值了，其中很重要的方面是兼济天下的宏大抱负。孟子说："穷则独善其身，达则兼善天下。"③他所说的"独善其

　　① 黎翔凤撰、梁运华整理《管子校注（上册）》，中华书局，2004，第2页。
　　② 杨伯峻编著《论语译注》，中华书局，1958，第63页。
　　③ 杨伯峻编著《孟子译注（下册）》，中华书局，1960，第304页。

身"，是对处于解决生存问题阶段的个体的要求，即使是为了生存，也应该自为其善，至少行为要合乎道德。当然孟子基于人性本善这一前提，认为即使是处于生存困境的个体也应有较高的人格境界，他所讲的善比我们今天一般所理解的善在层次上更高。当个体发展到"达"——完全不再为生存问题担忧时，就不能再停留在自我的善良人格的养成上，而是要进一步影响社会，使社会都能向善。美育在这一转化中所起的作用主要有三方面：一是使行为主体忘掉自己的功利追求，使主体的精神境界得以开显；二是使自己虚幻的自我实现与现实的自我实现融为一体，将个体的审美之乐与修养之乐结合起来，达成理想的个体生活；三是将具体的自我转化为相对抽象的大我，借助雅正得体的言行使自己的人格境界成为他人学习的榜样，从而使得他人也能逐渐进入这种超功利的快乐状态。

美育在高尚情操养成中的作用，是从远离低级趣味开始的，从而展开对本能欲望和功利观念的批判，并将人生幸福作为自己的目标，由自己的幸福扩展为社会的幸福。美育对成功人生的最终评价标准与客观功利无关，而只与整个社会的幸福有关。美育并不能必然导致高尚情操的养成，但却可以作为高尚情操养成的重要推手，通过对欲望的淡化、对功利态度的否定、对人生幸福的全面认识而促成高尚情操的养成。

三、新时代大学生高尚情操养成应重点努力的方向

当代社会充满了机会，也充满了诱惑，新生事物层出不穷。这些都会影响新时代大学生高尚情操的养成，使美育与德育的结合出现各种问题，因此我们在高尚情操的养成中应着重注意从下几个方向努力。

一是适当回到崇高这一价值。崇高是德育与美育结合得极为紧密的一个概念，它既可以在德育与道德评价中存在，如崇高的人格，也可以在美育与审美评价中存在，如崇高的自然景观、崇高的艺术风格。改革开放以来，我国将工作重心由政治上的阶级斗争转为社会经济的发展，在理论上有人提出"告别革命"，相应地，有人也提出在审美领域要淡化崇高。而这种淡化崇高的意图不仅有我国自身的政治经济基础，也有来自西方美学和艺术领域的影响。二十世纪初意大利美学家克罗齐、英国美学家克莱夫·贝尔都认为美与政治、伦理、历史等无关，实际上也就剥离了广义的美中的特殊类型——崇高的存在基础，而只承认优美的存在价值，但实际结果却是在纯艺术中美的缺席及丑和荒诞的泛滥。到了二十世纪六十年代，西方艺术出现了后现代主义观念，戏仿、娱乐成为艺术的主流，艺术美中越发不见崇高的身影。自二十世纪八十年代以来，我国在美学与艺术理论以及实际的艺术创

作中深受现代西方的影响,现代主义与后现代主义艺术观念几乎同时涌入,相应地,艺术美也越来越远离崇高,在当代表现最为突出的是大量以娱乐为特征的综艺节目以及各种大众化的喜剧艺术的出现。这种艺术导向对世俗生活的反作用是使受众失去深度追求,不愿承担责任,不愿艰辛付出,只求轻松获得,其极致则是当代颇为流行的"躺平"潮流。实际上我们如果对西方艺术有更全面的了解,会发现西方当代艺术的主体不是传统意义上的美术,而是高度大众化的影视与流行音乐,这些艺术并没有像西方美术那样远离民众而不知所云,或毫无深度一味游戏,它们仍然保持对深度内涵与崇高的追求,最典型的是一些好莱坞的影片,很多都有英雄形象,也往往以崇高为典型风格特征。目前我国的商业性艺术创作有片面的经济利益追求导向,喜剧的低投入高回报是资本的必然选择,由此导致的是艺术上崇高的缺失,也相应地影响了我们的审美选择,以为只有在好莱坞电影中才能看到有崇高追求的作品,而中国艺术只能呈现轻松的喜剧。这种倾向的责任当然主要应由我国娱乐业的资本来承担,但毋庸讳言,我们在自己的审美选择中也不是毫无问题的。一方面,时代呼唤具有真正的崇高风格的中国艺术;另一方面,时代也需要我们能更多地关注这类中国艺术。最近上映的国产电影《流浪地球2》就是一个充满崇高追求的作品,作品中的一句"中国航天飞行中队,五十岁以上的,出列!"让很多观众泪目,其所反映出的慷慨赴死的大无畏精神对于我们人格的养成无疑具有潜移默化的净化作用,这类作品是我们不应回避的。

二是要注意营造审美所需的仪式感。当代数字技术的迅猛发展,使得以游戏和娱乐为特征的艺术以前所未有的速度与广度得以传播,但这些新媒体艺术除了上面所讲的没有深度这一问题外,还有两个较为突出的问题:一是没有传统艺术欣赏所需的仪式感,生活与艺术完全融为一体,从而导致审美欣赏所需要的距离不再存在,因而其审美价值受到影响;二是这类艺术数量极多,让人无法选择,从而导致我们处于一种"刷"的当代欣赏态势,这是一种从未有过的艺术欣赏态势,艺术的稀缺性在当代完全消失,传统艺术的稀缺性导致的艺术与美的直接同一在当代不再存在。美仍然是具有稀缺性的,但艺术却不再具有稀缺性。因此,这就导致我们经常在欣赏艺术,但却很少真正获得对艺术美的欣赏。偶尔获得的艺术美也不具有传统艺术欣赏的那种审美效应的持久性。相反,即使人们从某个艺术作品中获得了审美感受,但已经形成的"刷"的惯性会使人们迅速滑向另一个作品,从而使得这种在传统艺术欣赏中能延长的审美效应在当代会迅速中断。这种碎片式的审美感受,使得艺术只具有游戏与娱乐的价值,很难具有人格修养方面的正向价值。在当代新媒体艺术的欣赏中,我们感受到的往往不是振奋,更多的是应接不暇之后的疲劳,有时甚至还伴随有空虚无聊之感。我们并不是完全否定当代新媒体艺术的价值,但我们能做的应该是像传统艺术欣赏那样,适当地与艺术保持一定的距离,使艺术欣赏具有一定的仪式感。只有这样,一些作品的审美价值才能真正得到显现,这些作品具有的人格塑造的功用也才能实现。

三是注意延长伦理情感的时效。在西方当代艺术确立起审美情感的最高地位后,传统艺术所追求的伦理情感的地位迅速下降。但这种理论倾向导致的一个严重后果是以审美为目的的艺术往往难以达成审美这一目的,即使达成了这一目的,这种艺术在感人的强度上也远远不如传统艺术。实际上,当代最流行的电影、电视剧、流行歌曲在很多前卫艺术理论家看来,是不能被称为艺术的,如电影是否是一种艺术在西方仍然是有争议的。我们的审美经验也非常清楚地告诉我们:与那些没有伦理情感的"纯艺术"相比,具有伦理情感的艺术更能让人感动,也正是在这种感动发生的同时,我们才能找到审美情感,而在那些仅仅以审美情感为诉求的艺术中,我们恰恰难以找到这种久违的审美情感。意欲彰显艺术的审美价值的理论导致了伦理情感从艺术中被清除,而清除了伦理情感的艺术虽有审美情感的自觉,却并不能导致真正的审美情感。这背后的一个真正的事实可能是:离开伦理情感,艺术的审美情感几乎无法独立生存。美学可以分析纯粹的审美情感,但艺术创作却不能将伦理情感从审美性艺术中分离出来,离开伦理情感,审美情感难以发生,即使偶尔发生,这种独立的审美情感也难以持久。

当代中国新媒体艺术的一个有价值的发展方向是借鉴电影、电视剧、流行歌曲的成功经验,在作品中置入了大量的伦理情感。点击量、点赞量、评分最高的新媒体艺术,不外乎几个特定的题材:高尚的伦理品格、值得铭记的领袖与英雄、普通人所具有的高超的技艺、生活中不具功利性的情感等。新媒体艺术抓住了伦理情感这个点,使得它的生命力有了最基本的保障。但这类艺术如上文所说,由于其载体特点、接受特点,无法做到有距离的持久的欣赏,从而使得其所包含的伦理情感如同审美情感一样,稍纵即逝。像孔子欣赏《韶》乐那样的"三月不知肉味"的理想情形,在当代新媒体艺术的欣赏中很难出现。这也就导致我们在获得一种伦理情感的暗示后,往往还没有充分展开反思,将这种情感与自己的人格修养结合起来,我们就"滑"向了下一个作品。此时,我们不妨引入我国古代的"慢生活"观念,不只是日常生活要适当放慢自己的节奏,在艺术欣赏中更应如此。只有在新媒体艺术的欣赏中放慢节奏,不以量的积累为目的,而以质的震撼为追求,遇到一个真正让自己感动的作品不妨多看几遍,看完之后不妨暂时远离电子媒体,那么由伦理情感所导致的感动及个体的反思体验才能深入展开,审美欣赏才能通往养成高尚情操的美育。

第三节　健康心灵的塑造

新时代大学生培养的一个重要方面是有健康的心灵，这同时也是美育的重要目标。

一、健康心灵对于新时代大学生的重要意义

教育首先是人格教育，塑造具有独立性的、能被社会所接受的、健康的人格。我国古代所推行的教育主要是人格教育，而非技能教育。这样做的好处是有利于健康的、合乎伦理的人格的形成。其不足之处也非常明显：没有催生出现代科学技术。近代以来，随着我国现代化进程的展开，现代化所需要的科学技术逐渐成为教育的主要内容，人格教育这方面被极大弱化，由此导致的问题在当代越来越突出。突出人格教育，塑造健康心灵，是教育的主导方向，也是新时代大学生在大学学习阶段应该自觉努力的目标。人格具有各种不同的层次，上文中的高尚情操属于人格中的伦理层次。审美人格、心理人格是人格的另外两个层次。伦理人格主要着眼于社会，是从社会性的善着眼的。审美人格兼顾社会与个体，既有强烈的个体性，又与社会性的交流有关，它不仅影响个体的审美享受，也影响社会对审美人格的外化形态的评价。心理人格与审美人格、伦理人格具有交叉性，从伦理、审美中都能分析出心理的存在，但同时心理人格又有与狭义的美、善价值无关的内容。当然它看似与个体的具体的价值追求无关，但却与最重要的价值——人首先要作为一个心理健康的人存在——有关。离开健康心灵，其他方面的价值的实现都是成问题的，病态心理是我们每个人都要避免的。心理人格既具个体性，又具社会性。个体性主要由个体的先天条件所决定，一般称之为先天气质，这种气质可以归于不同的大的类型，如常见的多血质、胆汁质、黏液质、抑郁质等。社会性主要体现在先天的气质在后天的社会环境中的发展，不同的环境会影响先天的气质的发展方向，除了生活境况会直接影响一个人的后天人格外，人际交流中的社会评价也会直接影响人格的发展。

健康心灵的核心是善于调整自己内心的不平状态，使之重新归于平静。喜、怒、哀、怨等是人生常见的不平状态，人不可能不产生这些心理状态，但健康心灵却能设法将这种不平状态恢复回平静。健康心灵反映出一个人面对挫折的能力，学业、事业、生活、情感等方面的挫折随时有可能发生，是被这些挫折击垮，还是将这

些挫折击退,这是评价一个人心灵健康的基本标尺。

心灵不健康则是指人持久地处于心灵的失衡状态,如持久地生气动怒、长时间的悲哀、总是处于一种莫名的兴奋中、在众人感到和谐的人际关系中感到孤独等。

心灵不健康的本质是需要得不到满足而又无法排解这种不满足所致的不快。根据需要层次论,所有层次都有可能产生对需要的否定。但真正能引起心灵失衡的主要是那些精神性的需要,毕竟生理的需要或安全的需要更容易得到满足,其引起的伤害主要是生理上的而非心理上的。从社交的需要开始,当这种需要得不到满足时,就有可能产生内心的不平状态。一个人渴望与他人交流,渴望倾诉并获得他人的倾听,但却找不到能认真听取自己诉说的人,这时他就会产生挫折感,如果他在生活世界中总找不到合适的倾诉对象,他大概率会发展为心灵不健康状态。爱和归属的需要是更高层次的需要,它涉及情感的互动与认同。每个人都渴望爱,渴望找到归属,但现实却未必尽如人意。当一个人无法找到爱的对象或归属之所,他又不能积极地自我调适的话,心灵不健康问题随之发生。自我实现看似只与自己有关,但实际上却完全基于人的社会性,自我实现不是具体的功利性目的的实现,而是社群对一个人的价值与贡献的认可。自我实现作为最高的需要层次,并不经常在个体那里出现,因而这个层次的需要得不到满足的情形相对较少,但当这个需要真实发生,那么其得不到满足所致的心灵失衡问题仍然存在,若不加以调适,一样会导致心灵的不健康。事实上,很多人在自我实现的宏愿得不到满足之后,会回归到爱和归属这一需要层次,并从中获得满足,从而成功地排解上一层次需要得不到满足的不快。类似地,在爱和归属的需要得不到满足时也可以向下调适,在相对理想的社交中获得排解。可见,心灵失衡往往与过高的期望有关,也可以看作由需要层次的错位所致。故针对由精神需要不能满足导致的心灵失衡,较为有效的排解途径是降低自己的需要层次,安于这较低需要层次的收获。

健康心灵是通往人生幸福的最重要的主体条件。需要层次论并不是一个完美的模型,将自我实现当作最高的需要层次本身就有问题,事实上我们可以将人生幸福作为每个人的最终追求,而且它具有更广泛的普适性。同样的客观条件,在有着健康心灵的人看来是足够幸福的,而在心灵不健康的人看来却是不幸福的。因此,塑造健康心灵对于人生意义重大。

二、新时代大学生塑造健康心灵的途径

途径之一是从单一的智力导向发展为心智的多元并举。大学学习的直接成果是专业知识与专门技能的提高,即智育成果。在评价标准体系中,智力仍然是最重

要的标准。这种评价体系,很可能导致一种错觉,即我在大学学习阶段,只要学习成绩好、专业能力强就可以了。这就有可能导致大学生在大学学习中只注意智力方面,而忽视了其他方面,如德育、美育、体育、劳动教育等。仅仅将智育成果作为自己的唯一导向,功利化地看待专业学习,将使得自己对专业学习的乐趣大大降低,同时由于学习过程中的挫折与挑战必然存在,大学生便会怀疑自己的能力,对专业学习缺乏持久的兴趣,甚至产生厌学情绪。只有适当淡化智育及专业学习,将这种学习当作综合素养提升的重要方面,把综合素养的提升作为自己大学学习的主要目标,才能在整个大学生活与学习中找到自己应该努力的方向,从不同方面培养并确证自己的能力,在未来的竞争中使自己更具竞争力,也使自己在未来的生活中具有更丰富的快乐的来源。强健的身体、有趣的心灵,既能从劳动中找到乐趣,也能从审美中获得持久的感动,这些比单一的智力提升更重要,因为走上社会后,我们的目的是生活得更幸福。实际上,某些大学学习阶段只注意专业学习而忽视其他方面素养或能力提升的大学生,在走上社会后,如果不能很快调适自己,当社会需求与自己所能提供的能力之间有较大隔阂之时,往往会产生强烈的挫折感,大学时代的志得意满在步入社会后就可能烟消云散,心灵失衡则会不断增强,有的甚至一蹶不振。因此在大学学习阶段,大学生要对学习进行全面的理解:学习是全面的素养与能力的学习,是合理的价值观的培养,是对自我实现的各种可能途径的探索,要将专业学习当作获得人生乐趣的一种途径。这其中,当然离不开美育,通过美育塑造出一个身心健康、言语幽默、行为大方、形象得体的被社群所欢迎的存在,不仅有欣赏自然与艺术之美的审美能力,还有优化和美化自我形象与自己生活环境的审美素养,这个发展方面的重要性与通过专业学习获得专业技能相比一点也不逊色。

途径之二是从心灵的冲突发展为心灵的和谐。心灵的冲突对于常人来说会不断出现,一个人在面临着新的机遇、压力、挑战、选择时,必然会出现心灵的冲突。只有如死水般的生活才没有冲突,而只要生活在向前发展,就必然面临各种冲突,只是有的冲突是极端对抗性的,而有的冲突则相对容易调适,有的甚至感觉不到其存在。因此,心灵的冲突并不可怕,毕竟没有冲突的心灵是不存在的,真正的问题是如何化冲突为和谐,使激荡起来的心灵重新恢复平衡。德育的一个重要目标就是化心灵的冲突为心灵的和谐,如欲望不能实现会导致痛苦,德育就会强调"无欲则刚";当自己的操守与诱惑作斗争时,要"富贵不能淫,贫贱不能移,威武不能屈"①。美育也是重要的化心灵的冲突为心灵的和谐的手段,美育强调要有平静的心态,人应该以无功利、无欲望之心去看待周围事物,它在这点上与德育具有同向

---

① 杨伯峻编著《孟子译注(下册)》,中华书局,1960,第 141 页。

性。美育还强调自我实现的途径不止一条,审美也是一条很重要的可能途径。审美并不只是艺术创造,也是在非功利态度下的我向性想象的展开,以及最终虚幻的自我确证的实现,这一过程是包含有自我实现的。美育强调每个审美主体都具有独立的审美个性,为个体差异留下了空间,因而与德育所追求的标准化人格拉开了差距,也弥补了德育的强制性、标准化给个体造成的心灵创伤。"谈到趣味无争辩""情人眼里出西施",这些中西方的谚语都反映出审美的高度的个体性、主观性,而德育则有强烈的标准化意图,二者的结合意味着一个健康的人格,是既能接受普遍的德育目标与伦理规范体系,又有不能被他人所取代的独特审美倾向或审美个性。当代大学生作为追求个性的一个群体,通过德育获得做人的基本规范,"立于礼";同时要通过美育完成独特人格的塑造,使日常的价值判断所致的伦理冲突在审美中得到缓解,"成于乐"。人生在世,总有不同的需要,需要不能得到满足,就会产生各种痛苦,心灵的冲突就产生了。德育会告诉我们哪些是我们应得的,哪些是我们不应得的,那些合理的需要应该在哪些规范的约束下得到满足。德育的这些内容构成了我们的行为规范,既有可能使我们心安理得,也有可能使我们在"要"与"应不应该要""怎样要"之间形成冲突。正因如此,我们也经常说道德感是一种束缚感、压迫感。美育并不关注具体的规范,却能促成德育的目的,并且没有德育的强制性,这是因为作为美育手段的审美本身是自由的、愉快的。美育让人忘掉世俗性的具体的"要",而只关注一种特殊的"要"——虚幻的自我确证,这种特殊的"要"虽有规律,但却没有确定的规范,虽受客观条件的限制,但更强调主观能动性。能从世俗的"要"发展出审美性的"要",是心灵健康的重要表现。

拓　展　阅　读

月下独酌(其一)

李白

花间一壶酒,独酌无相亲。

举杯邀明月,对影成三人。

月既不解饮,影徒随我身。

暂伴月将影,行乐须及春。

我歌月徘徊,我舞影零乱。

醒时同交欢,醉后各分散。

永结无情游,相期邈云汉。

途径之三是从执着于一个世界发展为自由出入两个世界。美育为我们展开了正常人应该有的"两个世界"：现实世界、虚幻的自我实现的世界。奥地利心理学家弗洛伊德认为："一个幸福的人从来不会去幻想，只有那些愿望难以满足的人才去幻想。幻想的动力是尚未满足的愿望，每一个幻想都是一个愿望的满足，都是对令人不满足的现实的补偿。"① 说"幸福的人从来不会去幻想"未必合乎事实，从来不幻想的人严格来说是不存在的，但幸福的人在现实生活中就能自我实现因而较少展开幻想的世界并在其中获得虚幻的自我实现却是事实。弗洛伊德所说的"那些愿望难以满足的人"其实正是我们日常生活中的人，也就是你、我、他，即几乎所有人。"愿望难以满足的人"一般来说都是正常人，他有两个世界：一个是愿望得不到满足的现实世界，另一个则是愿望得到间接满足的想象的虚幻世界。正常人是能够自由出入这两个世界的。但也有极少数人只有一个世界，或者执着于现实世界，或者沉迷于虚幻世界，这两种人都不是我们所理解的正常人，他们也不能融入世俗社会。在我们绝大多数人看来，这些极少数人心灵是不健康的，行为是怪异的。美育虽然不具有对病态心灵的治疗作用，却可以使接受美育的心智正常之人强化这两个世界的观念，将审美的虚幻世界、现实世界这两个不同的世界作为范本提供给接受美育的人。接受美育的人能够在平时更加自由地展开这两个不同的世界，并能自由地出入于其间，从而既能从现实的不太理想的世界中逃逸出去，又能从想象的虚幻世界返回到现实世界。

途径之四是从现实的自我实现发展为二维的自我实现。当代社会随着基本生存问题的普遍解决，越来越多的人有了自我实现的愿望，但其难度非常之大，正因如此，美国心理学家马斯洛将自我实现放在需要层次的最高一层次② 。马斯洛后来将审美需要也列入需要层次中，并在自我实现之上增加了超越需要。这些变化说明他意识到审美需要与自我实现需要这两者并不完全相同。他所做的这种改变可能受到康德的影响，康德将审美所体现出的自由作为通往自由意志的中介，而自由意志可以理解为道德人格的自我实现。但马斯洛的这种排序未必是最合理的，因为康德将审美作为知性（认知理性）与理性（实践理性）之间的桥梁本身就未必合理，审美是虚幻的，而认知与实践是现实的，这三个领域更像是平行展开的关系而非梯级结构。我们认为，自我实现有现实与虚幻之分，审美活动中的自我实现是虚幻的，而马斯洛所说的自我实现则是现实的，二者不构成梯级关系，应是平行关系。与上文所提到的正常人应该能自由出入两个世界相应，心灵健康之人也应该能在

---

① 弗洛伊德：《作家与白日梦》，载车文博主编《达·芬奇的童年回忆》，九州出版社，2014，第88页。
② 马斯洛：《动机与人格》，许金声、程朝翔译，华夏出版社，1987，第53页。

现实的自我实现与虚幻的自我实现之间切换,而且由于现实的自我实现难以产生,因此通往心灵健康的重点就是从现实的自我实现发展为虚幻的自我实现。马斯洛意义上的"自我实现"的一个合理之处是它具有中国哲学的"境界"含义,在"爱和归属"基础上发展出来的"自我实现"显然不是功利性的、欲望性的,而是非功利的、无欲望的,同时它也意味着人格修养的完成,即道德人格与心理人格的完成,当自我实现的需要在虚幻层面被满足时,这种虚幻的自我实现又标志着审美人格的完成。健康心灵不仅能在两个世界自由切换,还应在两个世界都能获得自我实现的快乐,只在一个世界获得自我实现很难说是心灵健康的。审美强调对现实的超越,但同时也要求回到现实,在世俗生活中获得人生乐趣,这可能是它与宗教信仰的最大区别。

三、新时代大学生健康心灵塑造应重点努力的方向

新时代大学生在塑造健康心灵时应着重注意从以下几个方向努力。

一是注意价值追求的多元化。我们在知识学习时往往只关注认知价值及智力与专业技术能力的提高,而忽视了全面修养的重要性。同时在德育方面,我们可能会缺乏底线思维,对基本的行为规范缺乏敬畏之心,欲望过于强烈,从而导致生活中的挫折与压抑过多。在体育方面,我们可能不注意爱惜身体,没有意识到身体衰病的不可逆转性,没有意识到身心的相互影响。在美育方面,我们或许没有将美育当作自觉的需要,而仅仅将其当作被动的知识接受,缺乏在日常生活中自主美育的能动性,未能形成相对合理的审美观,也不能从对自然、艺术、生活环境的审美中获得对不太理想的现实的逃逸与虚幻的自我确证,缺乏积极的自我恢复手段。在劳动教育方面,我们也许会缺乏以劳动为荣的基本价值观,也缺乏自觉的劳动技能训练,在日常生活中"一尘不拒",将本来应该是自主劳动的场合都转化为强迫劳动的牢笼,从而丧失劳动的乐趣。所有这些将导致价值追求的单一,进而导致日常生活中价值实现的缺失,无法获得足够的价值实现之乐,从而在生活世界中更多地感受到各种不快或无聊。综上,我们的价值追求应该是多元并举的,要德、智、体、美、劳等方面齐头并进,避免以某个单一的目标为唯一努力方向。

二是注意在两个世界之间自由切换。我们可能会执着或沉迷于一个世界,而不愿或不能在两个世界之间自由出入。作为新时代大学生的我们,面临的挑战主要不是从现实世界逃逸到虚幻世界,而是从虚幻世界回到现实世界。当代大学生都有玩电子游戏的经验,从积极方面看,它构成了社交的媒介与话题,促成了亚文

化群体的产生,有利于人际交流;从消极方面看,它影响了我们的身体、学业,也影响了我们的审美能力,它将游戏重新变成了劳动,它所导致的愉快是强烈的,但同时具有强烈的功利性,这是传统美学较少涉及的一种虚幻的功利性——在虚幻世界中过关斩将、建功立业。正因为它具有这种虚幻的功利性,所以它并不具有真正意义上的审美价值,其愉快虽然是沉浸式的,但却不具有美感。而正是这种强烈的功利性快乐使得一些大学生沉迷于电子游戏而不能自拔,有的甚至无法从虚幻世界回到现实世界。这种心理疾病如同生理疾病一样,很难逆转,其对个体、家庭及社会的危害是非常严重的,需要引起我们的高度注意。即使作为一种社交媒介,我们也要注意网络交流不能取代现实交流。电影《头号玩家》所传达的一个观念是被大家高度认同的:真实世界的交流比虚拟世界的交流要重要得多。

三是注意追求含蕴丰富的意义世界。人与动物的一个重要区别是,人在生命世界之外还有意义世界,而动物则只有本能性的生存世界。人生在世,都要创造一个属于自己的意义世界。这个意义世界折射出多重意义追求,其核心准则是有利于自己安静、平和地度过一生。人生的幸福、心灵的健康都不只有一个作为客观标准的意义维度,整个社会也不应只有一种意义维度作为评价多元意义世界的标准。作为新时代大学生的我们,更不应该被某种意义或价值导向轻易左右自己的选择,如当代弥漫着的拜金主义,就是以赚钱多少作为衡量个人价值高低的唯一标准,但我们看到的却是富裕阶层的幸福指数并不高。拥有多元意义世界的我们,在复杂的社会中才能做到进退有据。当我们在事业上能够看到成功的希望时,我们可以将人生的意义在于进取有为作为自己的主导;而当我们事业受挫时,我们不妨看看自己周围的人际关系,尤其是自己的亲人,自己是不是他们爱的对象,自己是不是也深爱着他们,这样我们就可以将亲人间的爱作为自己意义世界的主导;当现实的人际关系不那么理想,自己与人相处进退失据时,我们不妨将生活世界中的山水树石、鸟兽禽鱼作为自己的交流对象,将它们转化成类人化的存在,以获得心灵的慰藉;当自己收入不如他人时,在别人都在攀比收入的绝对数额时,不妨多看看自己工作有利或有价值的方面,前者如离家很近、不用加班、可以兼顾家庭等,后者如这个工作离不开我、工作岗位虽然平凡但有成就感和归属感、同事间关系非常和谐等。大学生活既是单调的,又是丰富的,我们需要将单调转化为单纯,将其丰富转化为意义世界的多元,这样在未来走向社会时,才能更快地适应复杂的社会生活。美育在塑造我们健康心灵方面的贡献是让我们能在其他常见的意义世界之外,找到属于自己的诗意的世界,这个诗意的世界,就像陶渊明笔下的桃花源、王维的终南山、倪瓒的容膝斋一样,让我们从中找到生活的依据。

第四节 创新意识的形成

创新意识是整个大学教育的重要目标,具有创新意识是社会对我们的重要要求。具有创新意识的大学生在走向社会后更具竞争力,更容易获得社会的认可。几乎所有大学课程都与创新意识的培养有关,都参与到创新意识的培养,美育在创新意识的培养方面有其特殊的重要性。

一、创新意识对于新时代大学生的重要意义

创新意识是智育的首要目标,知识与能力不仅需要传承,更需要发展,发展则基于创新意识的产生。我国明、清两代社会经济处于相对停滞状态,一个很重要的原因是社会的创新意识不足,整个社会不以创新意识为重要的价值标准,以伦理为主的教育也不强调现代意义上的智育的重要性。新时代大学生作为智育的对象,其未来的工作能力直接受限于智育的成果,我们不仅要掌握本专业领域的基本原理、基础知识、基础技能,还要掌握科学研究的基本方法。原理、知识使创新得以可能,这是创新的依据;方法和技能则使创新得以实现,它们构成了创新的途径。在掌握了基本原理与知识的基础上,方法与技能更加重要。智育中一个常见的误区是混淆了知识、原理与方法、技能在创新意识培养中的不同作用,将原理只当作教条,而不是方法的依据;仅仅在识记层面掌握方法、技能,却不能将方法、技能当作行动指南。只有充分强调方法和技能的重要性,将原理变成行动的指南,而不是将知识的接受作为首要目标,创新意识才能逐渐形成。这几个方面的不同地位,也构成了高等教育与基础教育的重要区别。

创新意识是个体实现社会价值的重要途径,创新意识必然外化为创新性成果,创新性成果是衡量评价人才的最重要的标准之一。创新意识是评价个体价值的重要方面。我们所熟知的那些科学家、发明家、艺术家、设计师等无不具有高度的创新意识,具有强烈的求异思维,而非满足于对过去的知识、原理、方法或现成物品的传承。社会生活中的所有具有专业知识与能力要求的职业,都需要有创新意识,我们日常生活中的细微变化,也都与创新意识有关。当代经济法学中的知识产权保护观念,其目的就是保护各个领域的创新意识,使创新得以延续。当代主要有两类人配得上广泛的赞誉:一类是有着崇高道德的人,另一类则是有着创新意识的人。

因此,想要在这个社会获得普遍的价值认同,要么具有崇高道德,要么有强烈的创新意识,否则就只能建构起属于自己的意义世界。

在这个生活艺术化的时代,创新意识的培养对于丰富我们的生活、建立属于自己的美好世界具有重要作用。当代生活有着越来越多的艺术性物品,我们不仅是艺术品的欣赏者,也应在一定程度上成为生活中的艺术的创作者。我们或多或少是艺术家或设计师,早在一百年前,意大利美学家克罗齐就说过:"我们每个人实在都有一点诗人、雕刻家、音乐家、画家、散文家的本领"①。在生活艺术化的今天,我们更应该有"我自己就是艺术家或设计师"的自觉。我们不仅欣赏他人的艺术创造,还要自主创造属于自己的艺术品。因此,对于新时代大学生来说,作为艺术创造的重要条件,创新意识不仅属于艺术类学生,也属于其他专业学生。拥有创新意识并将这种创新意识导入日常生活的艺术创造中,是新时代对大学生的必然要求。

二、新时代大学生形成创新意识的途径

途径之一是从局限于现实王国发展为自由的想象。美育特别珍视我们的想象力,认为想象力是创造力的重要表现,也是创造得以实现的重要途径。想象具有高度的主观差异性,"同一事物对于千万人即现出千万种形象。"②想象的最终结果与客观对象之间可能根本看不出联系,它的发展方向具有随机性。主观性和随机性使得想象本身是自由的。

除了生活中漫无目的的白日梦式想象外,想象的主要类型还有审美想象与认知想象,二者都与创新意识的培养有关。审美想象是我向性想象,有其并不明说的方向性,这种方向性仅仅是事后分析的结果。因此即使是看似有方向的审美想象,它的展开本身也是高度自由的。审美想象是否具有审美性既取决于想象是否自由、大胆、新奇,也取决于主体最终能不能在想象的对象中找到自己的存在。审美想象与创新意识建立联系还需要一个社会化的转化过程,能让最初的审美主体产生我向性想象的对象是否也能让他人获得类似的我向性想象,这是审美对象或创造这个对象的主体是否具有创新意识的关键。认知想象也有两方面的规定:一是想象的自由,敢于大胆假设,在看似没有联系的两个对象间建立联系;二是这种看似不可能的联系有原理上的支持,有方法上的可行途径。因此,自由的想象最终产

---

① 克罗齐:《美学原理　美学纲要》,朱光潜译,外国文学出版社,1983,第18页。
② 朱光潜:《文艺心理学》,载《朱光潜美学文集(第一卷)》,上海文艺出版社,1982,第74页。

生价值不仅取决于想象的新奇与大胆,还取决于它合乎特定的规范或原则。审美想象所依据的不是具体的规范,而是一个大的我向性方向;认知想象则要依据明确的规范性原理。

美育对于自由的想象的贡献在于,提醒人们这种自由的想象的重要价值,同时也强调想象的自由本质并不只体现在过程本身的随意与漫无目的,相反,方向(在审美想象中)与规范(在认知想象中)使得想象有了更高的自由本质,使得想象在人类心智活动中不是因为其过程本身的特征而是因为其价值性来获得自由这一标志。想象的自由因其价值实现而获得了升华,也使得它与创新意识紧密地连接在一起。

审美想象与认知想象在自由本质的实现中,都是自我实现性的,且都具有社会性。这两种想象的区别很明显:认知想象使现实中的无联系之物变得有联系,使现实中的不可能变成可能,使现实中的不存在转化为存在;审美想象则使现实中不美之物变成美的存在,其本质是使与“我”无关的存在转化为因“我”而存在、为“我”而存在,从而具有强烈的“我”的烙印。但是二者有一个相通之处:审美想象与认知想象都有人类中心主义的导向在起作用。我向性是审美想象的最重要特征,认知想象则受知识规范的约束,其我向性不明显。在审美想象中,这种人类中心主义转化为审美主体的自我中心以及相关社群的自我确证;在认知想象中,看似漫无边际的想象,要么与人类始终追求的以人类为中心的“和谐”建立联系,要么与现实的人的需求建立起联系,与审美相比,它所对应的中心是更广大的人群甚至整个人类。

审美想象和认知想象在充分展开、“自由”地超出现实世界的束缚后,还会有一个最终落地的要求。想象总是从现实中来,其最终价值则体现在多大程度上回到现实中去。想象最终总要实体化,唯有实体化的想象才能获得传播,才能产生广泛的社会价值。这也使得创新意识本身在想象之外还有一个很重要的内容:创新意识的物化。不同人的创新意识的区别,都是通过物化的形态得以显现的,因此物化的重要性不言而喻。合理的物化策略与传达手段,一直就是创新意识的重要组成部分,抽象的自由想象只对个体的超越现实的束缚有意义,而不具有广泛的社会意义。

途径之二是从规范的接受发展为对规范的突破。人生在世,要接受各种规范。认知规范体现为各种公理、定理、方法与方法论;行为规范体现为各种伦理规则,告诉我们应该做什么,不应该做什么,应该怎么做;审美相对来说没有显性的规范,但有内在的依据,如以非功利态度为基础,以我向性想象为中介,以自我确证为目标,以精神性快乐为表征,等等。与审美相关的艺术活动则有明确的规范,艺术创作首先要体现出对规范的接受,艺术欣赏也将是否体现出对规范的尊重作为一个重要标准。人类发展到今天,伦理行为与认知活动中的规范已经相对稳定,较难产生新的突破。当代认知活动中的新规范表现为新的定理及新的知识范式的产生,伦理行为的新规范则只有在文化的交流中受到外来文化的影响而产生,如中国传统的男女授受不亲这一规范在现代受到西方文化的影响后就有所松动,异性在公共场所的握手礼逐渐得到认可。审美领域的隐性依据是高度稳定的,很难有大的变化,但与之相关的艺术领域中的规范却是最容易发生变化的,这种变化集中体现在时尚文化的与时俱进中。人类文明既是旧规范的传承过程,也是旧规范不断被突破、新规范不断产生的过程。旧规范的突破与新规范的产生背后都有创新意识在起作用,文明的进步离不开创新意识。美育通过艺术史与艺术理论知识的传授、艺术欣赏与批评的引导、艺术创作活动的亲身实践等方式引导我们提升审美素养,同时也让我们知晓在艺术的历史长河中"唯变不变",一切都在变化中。所谓大师,则是那些突破旧规范、建立新规范、让人追随模仿之人。艺术的这种评价标准有助于我们深刻理解创新意识的重要性,从而在日常认知与实践中逐渐将旧规范的接受、突破与新规范的建立结合起来。

途径之三是从个体的创造发展为被广泛认同的创新。创新意识是高度个体化的,这点与审美意识一致。但高度个体化的创新意识在发展过程中必然面临着被他人接受的问题。有些创新意识在创新者生前没有得到认可,但在后来的历史发展中得到承认。但是我们更强调创新意识被同时代人所接受。作为拥有创新意识的人,对于创新本身应该有这样一个基本追求:得到同时代人的认同。我们甚至还要树立一个这样的观点:创新本身有一定的难度,但更有难度的是这种创新能被人接受。能被他人所接受尤其是能被同时代人所接受的创新是更加值得推崇的创新。

创新而能被人接受有几个关键条件:一是创新者充分消化和理解既有规范,掌握了规范的核心秘密;二是对这种规范有足够的尊重,不是简单的否定,而是在既有规范基础上寻求发展的空间,新的知识形态或实践成果与旧规范之间有一种历史的继承性;三是创新性成果本身有足够的合理性依据,不至于被人认为是简单的个人臆想,而是经创新者深思熟虑的、合情合理的结果。美育帮助我们树立起全面的创新意识。审美活动最重要的对象是艺术,艺术史就是创新意识的发展史,通过对艺术史的了解、对作品价值的评价,我们要获得这样一个基本观念:艺术家存在的独特价值是因为他的创新意识。但艺术史的辉煌篇章与艺术史不断上演的悲剧事件也提醒我们,如果我们在意在世时的价值认定,那么创新而被同时代人认同比单纯的创新更重要。美育通过合理的创新意识的塑造让我们在审美之外的专业领域的创造活动中，时刻提醒自己不仅要有创新意识，更要兼顾他人的接受。近年来，在管理学和设计学中不断得到强调的"用户体验"，就是基于这种更全面的创新意识所提出的，它强调能被同时代的人（用户）所接受的创新、发明与设计的价值。相对而言，传统的艺术理论则缺乏这种全面的创新观，只讲艺术家的主观创造与主观情感的抒发，而不注重欣赏者的接受，这可以作为一种自娱自乐的艺术创作观，但不能作为一种社会化尤其是商业化的艺术创作观。二十世纪以来，电影、电视的出现，传统的艺术创作的单兵作战模式逐渐发展为群体性、商业化的艺术生产，艺术生产者从商业利益出发，不得不考虑受众的接受问题，较为全面的创新意识才得以形成。在一个强调交流与认同的社会，即使不追求商业效益，个体的创新也要考虑他人的感受，这是社会对创新是否成功的基本评价态势，需要引起我们的充分注意。

途径之四是从平淡的生活发展为生活中的诗意。我们身处于一个充满变化、富含艺术气息的当代社会，前人所设想的"人人都是艺术家"的状态在当代社会得到一定程度的实现，出现了几乎没有门槛的艺术创作方式，如摄影、小视频。这是体现我们创新意识的重要领域。但更能体现我们创新意识的可能还不是这种纯艺术领域的创作，而是日常生活的诗意化。与"人人都是艺术家"相比，"人人都是设计师"更能影响我们的日常生活。从美化生活这一基本目标出发，对我们周围的居住环境、日常生活物品、自我形象进行精心的规划、选择、布置、打扮，使我们的生活世界变得更加具有诗意，为自己及社群呈现一个既有变化又相对稳定、既让人感到有些陌生又让人感到亲切的小环境或自我形象，这是我们日常生活中创新意识最重要的体现，也是美育要达成的重要目标。仅仅将美育与艺术活动画等号的观念是偏颇的，日常生活中的美育和审美活动比孤立的艺术活动可能更重要，因为我们只是偶尔参与纯粹的艺术活动，但日常的生活世界却是我们时刻打交道的对象。

三、新时代大学生创新意识形成应重点努力的方向

新时代大学生创新意识形成应着重注意从以下几个方向努力。

一是注意在传承的基础上进行创新。我们不应总想着零的突破，而不能意识到绝大多数创新是接近从 1 到 2、从 2 到 3 的。我们应不断提醒自己，创新总是在传承基础上实现的，是对既有规范的充分接受，只有充分消化既有规范，才能在此

基础上有所突破。不注重对规范的传承与接受将会导致:一是创新本身难以成立,二是创新无法被公众所接受。人类文明的进程总体上是渐进式的,创新也是在继承传统与接受规范基础上得以展开的。人类历史上只有极少数大师能突破旧规范、建立新规范,使得某个专业领域发生突变而进入一个新的历史阶段。这类伟大的创造给我们的启示:一是伟大的创新仍然是建立在对旧规范的充分吸收基础上的;二是这种创新只属于极少数顶级大师,对于绝大多数人来说不可复制,我们大概率属于这绝大多数,因此一般来说只能老老实实地在传承旧规范基础上慢慢向前推进创新。如果说科学技术上突破性的发明与创造因为其坚实的学理基础而总能被人所接受,那么艺术领域的创新要被人接受应更强调传承。深厚的传统功底是评价艺术创新的一个重要标准,离开传统的创新是无法被人所接受的,这种创新也是不成立的。

二是注意在创新的同时求得广泛的认同。认同是个体价值实现的基本途径,是我们在创新时必须面临的问题,创新的价值高度最终会通过社会认同的广度得以体现。科学技术领域的创新由于具有充分的学理依据,因此其创新一旦产生,往往就能获得他人的认同,它的难处主要在于创新本身而不在于创新被他人接受。艺术创新则涉及文化价值的传承及情感的认同问题,它所依据的不是客观的理性的标准,而是共性的主观的标准,即社群的价值共识。在这类大的创新中,创新而能被人接受显得特别重要。这类创新主要是形式上的,不存在所谓的合理依据,但有价值与情感上的依据。其真正面临的问题不是如科学技术那样在于创新难以出现,相反形式上的创新其实并不困难。艺术领域创新的主要难处在于创新而被人接受。如果将自我形象的优化与设计(化妆、美容、服饰选择与搭配等)也算作一种艺术性设计,那它也面临着创新而能被人接受的问题。夺人眼球的妆容可能让自己很开心,但却未必会被他人所欣赏,美之为美的关键不仅在于自我欣赏,更在于他人的认同。引人注目的未必就是美,它有很大概率成为怪和丑。如何让自己形式上的创新不至于沦为丑和怪,这是检验我们创新意识的试金石,也是我们创造活动的社会价值实现的基础。艺术领域的创新要获得广泛的认同,必须回到渐进式的发展思路,一些有较大突破的艺术创新之所以能获得广泛的认可,是因为可以从社会历史环境的巨大变化中找到解释的依据,而仔细分析后仍然能从中找到传统的印记。如以徐悲鸿先生为代表的现代中国人物画的变革带有突变性,与所处的时代相互呼应,但徐先生的人物画仍然能从中国古代人物画中找到印记:唐、宋两代充分发展的写实人物画。

拓　展　阅　读

MAYA 原则是决定一个设计产品最具商业利益审美标准的方法。

MAYA 英文全称是 most advanced yet acceptable，是指"极度先进却为人所接受"。这一原则由工业设计之父雷蒙德·洛威（ Raymond Loewy ）首次提出。

MAYA 原则认为，所谓美感就是独特和熟悉之间达到平衡后产生的效果，也就是说，一件自多具有独特的典型性的产品首先还要具备同类产品的属性。

这一原则在实践中得到了广泛的验证，得出的结论显示：新颖的、人们还有些熟悉的设计形式最具美学吸引力。

从事大众化的产品设计要考虑到 MAYA 原则，但是，如果单纯从设计的角度出发，或者设计产品的审美效果由专家来评判，设计师就可以忽略 MAYA 原则，因为在这种情况下，标新立异才是设计的关键。

《设计的法则》

三是正确评估不同类型创新的难度。有人认为创新很难，对创新缺乏自信，或者没有创新的锐气；有人则认为创新很容易，以为创新可以轻而易举完成。这两种极端的观点都是有问题的，不是全面的创新意识的体现。一方面，我们应该对创新心怀崇敬，认为创新是有难度的；而另一方面，我们也不要将其神秘化，以为创新仅属于少数天才。形式上的创新是容易的，但形式创新却能被人接受却是困难的。在科学技术领域，列一个未曾有过的方程式，从纯粹形式上看，可以算是创新，但如果它毫无学理上的依据，这种创新就不能被人认可，因此严格说来，这种创新是不成立的。在艺术领域，构建出一个前所未有的形式也没有太大困难，但这一形式要能与时代变化相呼应，能与特定的艺术传统相联系，才能获得普遍的认可，否则它就是没有意义或价值的空洞形式，这种创新同样是不成立的。专业领域的创新总是具有挑战性和难度的，否则就不会有各领域的专家。前人在总结文学创作的经验时说："方其搦翰，气倍辞前，暨乎篇成，半折心始"。① 这是深谙此中三昧之谈，

---

① 刘勰:《文心雕龙注》(下册)，范文澜注，人民文学出版社，1958，第 494 页。

并非堆砌文字成篇就是一个文学作品,作品要有创新性就更加不易。所有的创新都是在持久的、艰辛的掌握规范的基础上产生的,它不可能唾手可得、一蹴而就,更不是"平躺"就能获得创新灵感。在专业领域,我们应该对创新的难度有基本的估计,不要将其看得轻而易举。但日常生活中,我们却有大量机会进行各种创新,我们就是生活的设计师,甚至还是日常生活中的发明家,这个层级上的创新既是普遍的客观存在,难度相对也不大。不能因为专业领域的创新难度大而忘掉我们还可在日常生活中施展自己的创新能力,更不要把前者的难度与后者混为一谈。日常生活中的小发明、小改造、新规划可以说无处不在,对我们居住环境的优化、自我形象的美化都是创新意识的体现,其难度并不大,但却能实实在在地改变我们的生活,提升我们的生活品质,营造诗意化的生活氛围。据文献介绍,著名文学家、画家丰子恺先生隔一段时间就要将家里的家具重新摆放位置,这种几乎不增加花费的设计行为对于我们所有人来说都是可以效仿的,但要达到丰子恺先生在文学和绘画上的造诣却是我们绝大多数人无法做到的。专业领域的创新意识导致的是现实的自我实现,日常生活的创新意识导致的则是幸福感的提升,前者很难,我们不要轻以为易;后者很易,我们不要轻易放弃。但不管是哪种创新,都需要我们有最基本的勤劳品质和独立的思考能力。

美育提升我们的审美素养、养成我们的高尚情操、塑造我们的健康心灵、形成我们的创新意识,其核心目标是审美素养,这也是狭义美育的内容。审美素养的非功利态度的养成、虚幻的自我确证的暗示不仅对审美本身有重要意义,对高尚情操和健康心灵的养成都有重要意义,也构成了高尚情操和健康心灵的重要组成部分,值得我们高度重视。虽然我们经常强调"美"的作用是"无用之用",但通过美育我们除了达成人格的完成这一伦理与心理上的实际目标外,还能以创新意识的培养在专业技能领域和日常生活领域间接发挥美育的实际功用,使"美"由"无用之用"走向"有用之用"。

新时代大学美育的
实践路径

第四章

艺术美育

　　歌德说："成功的艺术处理的最高成就是美。"[1]在一定意义上，美是艺术的最高价值和本质特征。自然、社会、科学、艺术等之中都蕴藏着美，但是艺术中的美更典型、更强烈，更具有普遍性和感染力，这也是艺术与其他学科最显著的区别。新时代的大学生，应通过对优秀艺术作品的欣赏，来提高自己发现美、感受美、理解美的能力，从而培养健康向上的审美趣味，不断提高审美鉴赏力，不断提升人格情操，树立正确的人生观和价值观。苏联教育家巴拉诺夫说："美育一般当作艺术教育的同义语，因为美育主要是通过艺术的手段来进行的。"[2]可见，艺术美育是大学美育最重要的方式之一。

　　① 黑格尔：《美学（第一卷）》，朱光潜译，商务印书馆，1979，第 24 页。
　　② 巴拉诺夫、包洛季娜：《教育学》，人民教育出版社，1979，第 389 页。

第一节　艺术的美育功能

德国剧作家莱辛曾说："剧院应当是道德世界的大课堂。"①在艺术所具有的诸多功能中,审美教育功能是其主要的方面。艺术的美育功能具有其特殊性,它通过感性的形象、审美的情感以及超越的世界来完善人格、打动人心、启迪人们的思想。

一、艺术以形象的塑造完善人格

马克思认为,人掌握世界的方式包括理论的方式、宗教的方式、实践的方式和艺术的方式,它们分别对应科学、宗教、道德以及艺术等不同领域。其中,艺术的方式不同于前三者,它不是通过概念和逻辑来掌握世界,而是通过感性、形象的方式来掌握世界。马克思的这一论断启示我们,通过艺术掌握世界的关键之处在于形象性。艺术家将审美形象呈现在人们眼前,人们不是通过对概念的抽象理解或逻辑推理,而是通过对形象的感受,在对美的艺术形象的欣赏过程中,自愿地、潜移默化地认同和接受艺术形象所传达的价值观,使自身的精神得到陶冶和升华。车尔尼雪夫斯基说："美的事物在人心中所唤起的感觉,是类似我们当着亲爱的人面前时洋溢于我们心中的那种愉悦。"②席勒认为,美能够协调感性和理性的矛盾,从而形成完善的人格,获得完全的自由,因此席勒说："只有美才能使全世界幸福。谁要是受到美的魔力的诱惑,他就会忘掉自己的局限。"③作为美的集中体现形式的艺术,采用的是"寓美于教"的方法,通过形象的方式发挥艺术的审美教育功能。恩格斯也强调："艺术倾向应当从场面和情节中自然而然地流露出来,而不应当特别把它指点出来。"④恩格斯的这一观点清晰地表明,艺术的美育作用是通过形象和直观的方式自然地表现出来的,而不是如概念般直接加以解释。黑格尔也强调艺术的感性形象:"艺术并不是一种单纯的娱乐、效用或游戏的勾当,而是要把精神从有限世界的内容和形式的束缚中解放出来,要使绝对真理显现和寄托于感性现象,总

---

① 莱辛:《汉堡剧评》,张黎译,上海译文出版社,1982,第 10 页。
② 车尔尼雪夫斯基:《生活与美学》,周扬译,人民文学出版社,1957,第 6 页。
③ 席勒:《美育书简》,徐恒醇译,中国文联出版公司,1984,第 146 页。
④ 马克思、恩格斯:《马克思恩格斯全集(第三十六卷)》,人民出版社,1957,第 386 页。

之,要展现真理。"①可以说,艺术以形象的方式表现和掌握世界,具有十分显著的审美教育功能,人们正是透过审美形象来完成审美体验、审美感受、审美理解,并在完整的审美过程中领悟美的理想、美的品格和美的情操,形成完满、和谐的人性。也就是说,艺术的审美教育功能是通过熔铸有情感价值的艺术形象来感染人、打动人,并不具有外在的强制性,人们在欣赏艺术作品的过程中,自身的情感得到审美化的提升。比如在观看戏剧的过程中,观众为英雄人物的悲剧命运潸然泪下,对他们所遭受的艰难困苦感同身受,进而对这些人物形象所承载的社会价值观加以认同,于是艺术的美育功能就实现了。

　　伟大的作品往往都是以塑造不朽的艺术形象而得到广泛的认可,诸多艺术作品所呈现的经典艺术形象以其独特的魅力影响着一代又一代人。莎士比亚的悲剧《哈姆雷特》塑造的戏剧史上的典型形象哈姆雷特,数百年来不断引发人们的思索,哈姆雷特是一个复杂的人物形象:他既是一个人文主义者,充满理想,具有智慧,但其性格又存在重大缺陷,他内心充满仇恨,处事犹豫,优柔寡断,最后酿成不可挽回的悲剧。同时,哈姆雷特的势单力孤与社会环境的黑暗和强大形成对照,让我们感受到他的悲剧也是时代的悲剧。《哈姆雷特》让读者和观众透过对人物形象及其命运的发展,加深了对人性善与恶的理解以及命运的关注,读者不但对哈姆雷特这个人物形象和人性本身都产生了深深的思考,而且对哈姆雷特所处的时代也产生了深深的思考。俄国巡回展览画派著名画家列宾创作的经典名画《伏尔加河上的纤夫》(图4-1-1),生动刻画了十九世纪处在俄国社会底层的普通劳动民众的群像。列宾以现实主义的手法,将视野投向普通劳动民众,用真实的笔触表现生活。画面之中,一队衣着破烂、憔悴不堪的纤夫迈着沉重的步伐,在烈日炙烤的河岸,艰难地拉纤。纤夫中有老人也有少年,领头的老者头发花白,眼窝深陷,饱经风霜的脸上显露出愁苦的表情。队伍中间的一位少年皱着眉头,用手缓解肩头上纤绳的压迫感,似乎不愿忍受拉纤的痛苦。更多的纤夫则低头弯腰,显得疲惫不堪。此外,画面上还有宽阔的河岸、宁静的天空,这些单纯的背景与形象丰富的纤夫队伍形成鲜明对照,进一步强化了人物形象的内涵。通过这幅作品,列宾将当时社会中苦难深重的劳动民众的形象刻画得淋漓尽致。直到今天,我们在欣赏这件作品的时候,也会对画中的劳动群众产生深切的同情。

―――――――――――――――

　　①　黑格尔:《美学(第三卷·下)》,朱光潜译,商务印书馆,1979,第335页。

图 4-1-1　俄国　列宾《伏尔加河上的纤夫》　圣彼得堡俄罗斯国家博物馆藏

二、艺术以情感的力量净化心灵

　　艺术之所以承担起审美教育的职责,是因为其具有情感性的特征。艺术不是以理性的、逻辑的方式"认识"世界,而是以感性的、形象的方式来"体验"世界,这种感性与形象的方式势必包含着情感的因素。艺术美也依靠情感来传递和体验,无论是创作者还是接受者,都需要调动自身的情感因素参与到作品当中去。康德认为,审美的情感已经超出个体的局限,是普遍有效的情感。正如美国美学家苏珊·朗格所说:"艺术家所要表现的不是他个人的实际情感,而是他所了解的人类情感。"①也就是说,艺术所承载的情感能够穿越时空,超越民族和地域,是普遍性的情感,能引起人们的广泛共鸣。艺术以情动人、以情感人,情感是对人的主体冲动的肯定,没有情感就没有艺术,艺术的美离不开情感活动的参与。古希腊哲学家亚里士多德提出了著名的"净化"说,他认为悲剧的功用在于引起怜悯与恐惧的感情,使这种感情得到宣泄或净化,人的心理就恢复了健康。也就是说,艺术因为能够净化人的心灵,所以对社会道德可以起到良好的作用,而且这种净化功能也是在自然而然的过程中形成的。荀子在《乐论》中就谈到了艺术独特的美育功能:"夫声乐之入人也深,其化人也速。"②朱光潜在《谈美》中说:"我坚信情感比理智重要,要洗刷人心,并非几句道德家言所可了事,一定要从'怡情养性'做起,一定要于饱食暖衣、

---

① 苏珊·朗格:《艺术问题》,滕守尧、朱疆源译,中国社会科学出版社,1983,第 134 页。
② 楼宇烈主撰《荀子新注》,中华书局,2018,第 408 页。

高官厚禄等等之外,别有较高尚、较纯洁的企求。要求人心净化,先要求人生美化。"①艺术以情感打动人心,艺术所传达的情感不是日常的、一般性的情感,也不是无序的、混乱的情感,而是审美的情感,这种情感以和谐的、优美的、高雅的方式呈现在艺术作品之中,因此,艺术情感的这种高雅与和谐的美也将影响人们的情感世界,使得人们的情感世界得到审美化的提升,而不会走向狭隘、偏执甚至粗暴。同样,也只有具备这种审美情感的作品才能震撼人的心灵,净化人的灵魂。荀子在《乐论》中说:"夫乐者,乐也,人情之所必不免也,故人不能无乐。乐则必发于声音,形于动静;而人之道,声音动静,性术之变尽是矣。故人不能不乐,乐则不能无形,形而不为道,则不能无乱。"②在所有的艺术形式中,音乐是最擅长抒发情感、最能拨动人心弦的艺术形式,它借助声音这个媒介来真实地传达、表现和感受审美情感。音乐在传达和表现情感上优于其他艺术形式,是因为它所采用的感性材料和审美形式——声音最合乎情感的本性,最适宜表达情感。音乐或庄严肃穆,或热烈兴奋,或悲痛激愤,或缠绵细腻,或如泣如诉。我们欣赏音乐,首先从细节开始,从局部开始,直到全曲奏(唱)完,我们才能留下整体印象。只听音乐作品中的个别片段,不可能获得完整的音乐意象。所以,音乐艺术又是一种时间艺术。

作为听觉艺术的音乐意象是在时间中展开的,是随着时间的延续在运动中呈现、发展、结束。所谓"音乐意象",指的是整个音乐作品所表现出的艺术家的思想感情并在欣赏者的思想感情中所唤起的意象或意境。元代朱德润的《林下鸣琴图》(图 4-1-2)展现了古代文人于老树乔松下凝神谛听琴声的场景,画中抚琴者态度萧散,左右听琴之人表情神注,一渔翁轻舟孤棹,似闻声而来。静观这件作品,恍惚中似有清越的琴音缭绕耳际,引发观者心灵的回响共鸣。此时于琴声中拓宽胸襟、涵养气象,形成"听之不闻其声,视之不见其形,充满天地,苞裹六极"之境。

古今中外的许多优秀艺术作品无不是以情感性来打动人心。法国浪漫主义雕塑家吕德的著名作品《马赛曲》,持剑的胜利女神衣裙飞动,指引着革命群众奋勇向前,女神的动势加强了浮雕形象的前进感,具有召唤性的内在激情和奔放的革命热情。所有这些人物组成一个整体,显示出一种汹涌澎湃、不可遏止的磅礴气势,这股战斗的洪流将从墙上冲出,给人以巨大的感染力。毕加索的《格尔尼卡》(图 4-1-3),画面中怀抱死去孩子的母亲、高举双手仰天呼叫的人、张臂倒地的士兵、受伤挣扎的马、一只惊恐又孤独的眼睛、燃烧的火焰,这些充满动感与刺激的夸张、变形的形

---

① 朱光潜:《谈美》,东方出版中心,2016,第 2 页。
② 楼宇烈主撰《荀子新注》,中华书局,2018,第 405 页。

图 4-1-2 （元）朱德润《林下鸣琴图》 台北故宫博物院藏

象,营造出紧张与恐怖的氛围,让观者感受到战争对人民造成的伤害,体会到战争的残酷以及人们渴望和平的愿望。

图 4-1-3 西班牙 毕加索《格尔尼卡》 马德里国家索菲亚王妃美术馆藏

三、艺术以超越的世界启迪思想

艺术的魅力还在于,它所呈现的世界往往会超出个人经验。艺术的世界不仅仅是对一时一地、一人一事的展现,更是对人类共通的感受的集中体现,甚至是对时空交错的场景的再现,以及对超越现存世界的理想世界的追求。正如西晋文学家陆机在《文赋》中所说:"精骛八极,心游万仞。"①"观古今于须臾,抚四海于一瞬。"②作者自由驰骋于八极之远、万仞之高,安然浮荡于天地之间,将时跨古今、地越四海的生活材料归结起来,融汇在活生生的形象中,聚合在审美中。正因为艺术表现的深度、广度和复杂性、想象性超出了具体的个体或是特定的群体,所以艺术能够给人们的思想以极大的启发。如我国四大名著之一的《西游记》,作品创造出众多神仙与妖魔鬼怪组成的神魔世界,构思奇特,想象丰富,情节离奇曲折。虽然读者面对的是光怪陆离的神魔世界和荒诞不经的故事情节,但是透过这些表面现象,却能获得更为丰富的信息,进行更为深邃的思考。孙悟空刚开始任性妄为,遇到唐僧后皈依佛祖,后来忠心保护唐僧,终于修成正果。这一过程其实隐含着儒家自我心性修养的内涵,孙悟空心性的转变就是其心性修养不断提升的过程。同时,从《西游记》的故事中,读者还能领悟到深刻的寓意,天上的神仙数千年无所作为,尸位素餐;下界为妖者几乎都是神仙菩萨的仆从或坐骑,虽然触犯天条,但最后却只是返回天界了事,暗喻了当时世道的不公。在中国戏剧艺术中,演员手中的马鞭暗示马的存在,且角上马动作幅度小,演员一抬腿、一转身就是上马,没有必要一定得高抬腿、跃起身上马。可是观众都能看懂,这是接近联想的作用。在京剧《三岔口》中,舞台上灯光耀眼,然而搏斗的双方只能感受自己的动作,不能感受到对方的动作。他们表演暗中摸索,由于经验上接近,给观众营造黑夜的感觉。观众不仅能看清楚黑夜里双方在战斗过程中的一切表现,而且能清楚地通过演员细微的面部表情传达出来的瞬间心理活动,体会到非凡的艺术效果。

美国哲学家杜威曾就艺术所呈现的广度与深度作过这样的论述:"我们仿佛是被领进了一个现实世界以外的世界,这个世界不过是我们以日常经验生活于其中的现实世界的更深的现实。我们被带到自我以外去发现自我。"③英国艺术理论家

---

① 郭绍虞主编《中国历代文论选(第1册)》,上海古籍出版社,2001,第170页。
② 同上。
③ 杜威:《艺术即经验》,高建平译,商务印书馆,2005,第214页。

科林伍德也说:"社会所以需要艺术家,是因为没有哪个社会完全了解自己的内心;并且社会由于没有对自己内心的这种认识,它就会在这一点上欺骗自己,而对于这一点的无知意味着死亡。"①也就是说,艺术所呈现出的超越性的世界,将真、善、美有机地结合起来,引导人们去思考人生社会以及作为人本身的社会责任。正如黑格尔所说:"我的最后一个愿望就是美与真这种较高的,不可磨灭的理想的联系,把我们永远牢固地结合在一起。"②又如文艺复兴时期著名画家博斯的代表作《人间乐园》,作品是三联画,分"伊甸园""欢乐园""地狱之景"三个部分。作者采用夸张的手法、奇特的想象,以漫画的方式,创造了包含天堂和地狱的异样艺术世界,充满着人性欲望的享乐、奇幻的怪物以及惊惧的地狱之景。画中,既有巨大诱人的水果,骑着野兽、头顶大鱼的人群,也有身着华丽服饰的青蛙、吹号角的兔子猎人,此外还有各种奇形怪状的人、兽、花草。虽然作品的主题具有宗教的意味,但其劝善戒恶的倾向也是十分明显的,而且其更深层次的关于人性的思考也有待人们继续去发掘和研究。

第二节　艺术美的本质与特征

艺术与美的融合是一个逐渐演变的历史过程,"艺术"最开始作为"技术""技艺"对待,与美无缘。十八世纪上半叶,神父夏尔·巴托在《归结为单一原理的美的艺术》中将美与艺术的关系进行了理论上的确认,明确将"美"与"艺术"结合起来,并且将绘画、音乐、雕塑和舞蹈等都归入"美的艺术"领域。自此,"美"作为艺术的本质特征被广泛认可。

一、艺术美的本质

1. 艺术美是人的本质力量的感性呈现

马克思在《1844年经济学哲学手稿》中指出"美"来自人的实践活动,国内学者在此基础上认为美是人的本质力量的对象化。所谓"对象化",其实就是人类有意

---

① 罗宾·乔治·科林伍德:《艺术原理》,王至元、陈华中译,中国社会科学出版社,1985,第343页。
② 黑格尔:《美学(第三卷·下)》,朱光潜译,商务印书馆,1979,第335页。

识的、具备主观能动性的人的本质力量的"物化"。人类不但通过劳动生产出物质产品和精神产品，而且在劳动的过程中，人从自然界中分化出来，成为改造自然的对立面，因此，人具有了区别于自然的本质力量，这种力量渗透着人的创造性、目的性。人的本质力量通过人的创造活动在"人化自然"中显现出来，被人改造过的自然留下人的本质力量的印记，于是，客观世界成为人的本质力量的对象世界。同时，这种对象世界又能够被人自身加以观照，人类的各种实践活动包括物质生产、精神生产等都是这种本质力量的体现。

艺术活动作为一种创造性活动，也是体现人的本质力量的对象化活动。由于对象化的世界凝结了人的本质力量，而人的本质力量的对象化实质是人与世界的统一、主观与客观的统一，因而，人与对象化的世界之间形成了审美关系，人在自己所创造世界中直观到自身的本质力量而产生了美感，对象化的世界具有了美的属性，因而，艺术创造之中必然包含有美的因素。

古埃及金字塔和狮身人面像等巨型建筑和雕塑，体积巨大，气势恢宏，给人一种敬畏感，体现了埃及人民改造自然和创造自然的伟大能力。秦始皇陵兵马俑是中国古代雕塑的代表，数量之多、气势之大空前绝后，数千陶俑极为写实，个性鲜明，各具特点，虽然时隔数千年，但我们仍然能感受到中华民族的强大艺术创造力。

2. 艺术美是人对自由精神的永恒追求

超越客观世界的限制，按照人自身的愿望达到一种不受拘束的自由状态，是人类一直以来的梦想与追求，这种渴望在真实世界之中往往难以实现，但艺术却为实现自由提供了契机。康德说："我们出于正当的理由只应把通过自由而生产，也就是把通过以理性为其行动的基础的某种任意性而进行的生产，称之为艺术。"[1] 可见，康德高度肯定自由在艺术之中的价值。席勒提出的"审美游戏"说进一步论述了关于美的自由性问题。人在游戏的过程中会形成审美意识，于是，人成为"自由的人"，而艺术正是这种游戏冲动的体现形式。对自由精神的追求是艺术的永恒话题，艺术家所创造的艺术世界，人可以超越生死，时空可以转换。二十世纪西班牙超现实主义画家米罗的作品充满纯朴的诗意和丰富的想象力，其代表作《哈里昆的狂欢》，画面围绕着各种小动物和有机物，它们由抽象的线条构成，形象十分简化，但充满童真，富有想象力，给人一种梦幻般的感觉。

---

① 　康德：《判断力批判》，邓晓芒译，杨祖陶校，人民出版社，2002，第 146 页。

二、艺术美的特征

（一）不同艺术门类的审美特征

1. 造型艺术的审美特征

造型艺术是指使用一定的物质材料（如颜料、绢、布、纸张、石、金属、木、竹等），通过塑造可视的静态形象来表现社会生活和艺术家情感的艺术形式。它包括建筑、雕塑、绘画、摄影、工艺美术等具体的艺术形式。

建筑本身虽然是静止的、不动的，但由于形体变化而呈现出流动感，因此建筑被称为"凝固的音乐"。贝多芬创作《英雄交响曲》时，曾从建筑中汲取音乐形象养料，他说建筑艺术像我们的音乐一样，如果说音乐是流动的建筑，那么建筑可以说是凝固的音乐。因为建筑和音乐一样，有内在的有机联系，都需要节奏、变化与和谐。建筑空间往往是一个空间序列，是一个需要在运动中逐步铺陈开来的、置于时间推移序列中才能领略其全部魅力的一个空间序列。空间序列的展开既通过空间的连续和重复，体现出单纯而明确的节奏，也通过高低、起伏、浓淡、疏密、虚实、进退、间隔等有规律的变化，体现出抑扬顿挫的律动，这就如音乐中的序曲、扩展、渐强、高潮、重复、休止等，能给人一种激动人心的旋律感。因此，建筑是一种空间造型艺术，但它也有时间艺术的某些特点。

雕塑又称雕刻，是雕、刻、塑三种创制方法的总称。雕塑是指用各种可塑材料（如石膏、树脂、黏土等）或可雕、可刻的硬质材料（如木材、石头、金属、玉块、玛瑙、铝、玻璃钢、砂岩、铜等），创造出一种静态的、可视的、可触的三维实体，借以反映社会生活和表达艺术家的审美感受、审美情感、审美理想的艺术形式。雕塑始于对"神"的信仰，它以独特的静止表现"神"的强大和无所不在。"神"是理想化了的人的形体塑造，对这种神性的追求就是对美的追求。人们把一切与雕塑有关的知识都用到了对神的形象的塑造上，雕塑不只是现实的，更是理想的。雕塑在表达思想情感、叙述故事时，还要具有概括性、凝练性和普遍性。如《拉奥孔》这件雕塑作品表现的是拉奥孔与他的两儿子被巨蟒缠死的场景，作品呈金字塔型，稳定而富于变化，三个人物的动作、姿态和表情相互呼应，层次分明，构思缜密，充分体现了扭曲和美的协调，显示了当时雕塑家们非凡的构图想象力。作品中人物的刻画非常逼真,表现了雕塑家对人体解剖学的精通和对自然的精确观察,以及纯熟的艺术表现力和雕塑技巧。雕塑家要在既定身体苦痛的情况下表现出最高度的美。莱辛认为,身体极度苦痛情况下的扭曲变形同高度的美是不相容的。所以雕塑家不得不把身体的苦痛冲淡,把哀号化为轻微的叹息,因为哀号会使面孔扭曲变丑。希腊雕塑在形式表现上力求化丑为美,显示出"静穆的光辉"。

拓 展 阅 读

　　希腊杰作的主要特征是高贵的单纯与静穆的伟大,姿势、神情皆然。犹如海面无论何其波涛汹涌,海水深处依然平静,希腊人像无论内心如何激情动荡,都永远流露一种伟大而均衡的精神。这样的精神,在最残忍的折磨之下,不只跃然于拉奥孔脸上而已。他的痛苦显现于他身体的每一块肌肉,每一条筋腱,而且不必费心考虑他的脸或其他部分,单看那扭曲紧缩的腹部即可见得,使我们感同身受。这痛苦,我说,完全不是靠脸上之愤,也不是靠姿势之痛苦来传达。这个拉奥孔没有像维吉尔诗里那样惧怖狂叫:他的嘴形无法那样叫;如萨多里托所说,从那里浮现出来的,只有痛楚而压抑的太息。肉体的痛苦与精神的伟大均匀分布于整个身体,似乎在维持彼此的平衡。拉奥孔在受苦,不过,是像索福克勒斯笔下的费洛提特斯那样受苦;他所受的折磨点燃我们的心,我们但愿自己也能像这个崇高的人这样承受痛苦。

温克尔曼《古代艺术史》

　　绘画中的线条作为画面重要的视觉元素,遵循对比调和的规律,线条的音乐性对于画面的视觉美具有重要的作用。线条是对物体的轮廓或物体不同的面相交加以概括和提炼的结果,它在绘画中有两种不同的表现:一是以线造型,以线定形;二是以线作为绘画表现的主要手段,以线传情达意。东西方原始绘画均用线条作画,如西班牙阿尔塔米拉洞窟壁画中的野牛图,线条一直都发挥着重要的作用。达·芬奇之前,线条一直是绘画的主要表现手段。中国绘画是线条的艺术,线条的品格,即画家的笔墨情趣,也即他的品格。对中国画家而言,线条有软硬坚柔、轻重缓急、光滑滞涩等品格,有长短、粗细、疏密、干湿、曲直、快慢等节奏变化,都可表现出无限丰富的感情层次。观者凭借移情或想象,从富有弹性的线条中领略一种韵味和节奏。南朝谢赫提出了"纵横逸笔,力遒韵雅""一点一拂,动笔皆奇"。[①]顾恺之的线条简约娴静,反映了画家内向、深思的性格。吴道子的线条豪放潇洒,用力不已,迟速不一,反映了画家奔放、雄浑的气质。

造型艺术(这里仅指建筑、雕塑、绘画和摄影)主要的审美特征表现在:一是直观具象性。造型艺术具有运用物质媒介在空间展示具体艺术形象的特性。造型艺术以物质为媒介创造艺术形象,它直接诉诸人的视觉感官。它将具体的形象以可视或可触的形象呈现在观者面前,引发观者的审美感受。它也可以把现实生活中难以直观感受的事物转化为可直观的对象。二是瞬间永恒性。造型艺术具有选取特定瞬间以表现永恒的特点。造型艺术是静态艺术,它不能全面展现事物发展变化的过程,但它却可以捕捉、选择、提炼、固定事物发展过程中最具表现力和富于意蕴的瞬间,化"瞬间"为"永恒"。三是凝聚的形式美。造型艺术具有在艺术形象中凝结和聚合形式美的特性。形式美法则对于造型艺术各门类都具普遍性,因而可运用形式美法则对物质媒介进行加工,更可以整合出凝聚着形式美的艺术符号。

另外,书法是独具中国民族特色的艺术形态。书法以汉字作为基本的表现对象,以笔墨为艺术媒介,通过点线及结构形态变化产生无穷的美感,并传达作者的思想情感和性格特质,由此成为独立的艺术门类。书法源自书写行为,但不是写字这种单一的视觉形式。宗白华先生说:"中国书法在创造伊始,就在实用之外同时走上了艺术美的方向,使中国书法不像其他民族的文字,停留在作为符号的阶段,而成为表达民族美感的工具。"[②]书法的审美特征表现在以下几个方面:一是线条之美。书法的直接对象是汉字,而线条是构成汉字的基本元素,因此,线是书法的灵魂和精髓。书法之中的线条有长短、曲直、粗细、方圆等不同的变化形态。美学家李泽厚说:"中国书法一线的艺术……运笔的轻重、疾涩、虚实、强弱、转折顿挫、节奏韵律……净化了的线条,如同音乐旋律一般,它们竟成了中国各类造型艺术和表现艺术的灵魂。"[③]线条之美既表现在力度上,也表现在节奏上。蔡邕在《九势》中极为重视书法的力度:"藏头护尾,力在字中,下笔用力,肌肤之丽。故曰,势来不可止,势去不可遏,惟笔软则奇怪生焉。"[④]孙过庭在《书谱》中谈到书法的节奏感:

---

① 谢赫:《古画品录》,载叶朗主编《中国历代美学文库·魏晋南北朝卷(下)》,高等教育出版社,2003,第357-358页。

② 宗白华:《美从何处寻:宗白华美学文选》,山东文艺出版社,2020,第250页。

③ 李泽厚:《美的历程》,文物出版社,1981,第43页。

④ 上海书画出版社编《历代书法论文选》,上海书画出版社,1979,第6页。

"一画之间，变起伏于峰杪；一点之内，殊衄挫于豪芒。"[1]如颜真卿的楷书作品《麻姑仙坛记》(图 4-2-1)，笔力遒劲，骨力挺拔，刚毅端庄，风格雄浑俊秀。二是章法之美。书法中的章法类似于中国古代绘画的"经营位置"，也就是点画线条的结构布置以及虚实关系，如"计白当黑"的留白手法，字与字、行与行之间的布局之美。如王羲之的《兰亭序》(图 4-2-2)，字体笔法如行云流水，结体动静结合，连带自然，行与行的长短变化错落有致。

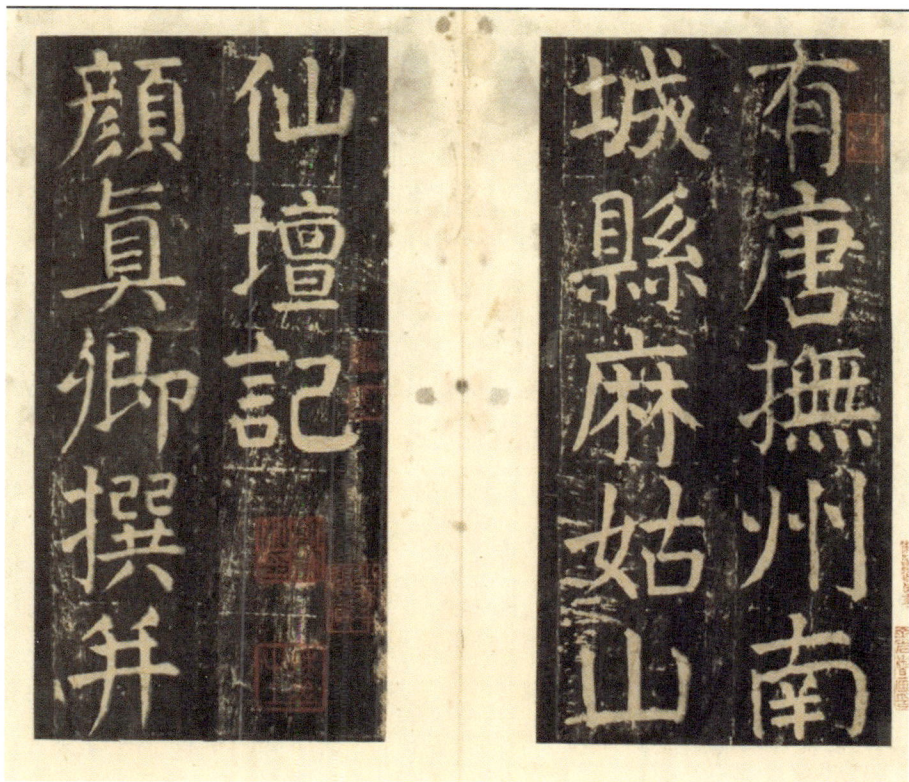

图 4-2-1　颜真卿《麻姑仙坛记》　戴熙跋本(大字本)　上海博物馆藏

2. 表演艺术的审美特征

表演艺术是以人工符号(乐音)或表情姿态符号(人体动作)通过表演来塑造形象和传达情绪、情感从而表现生活的艺术。表演艺术通常包括舞蹈、音乐、话剧、曲艺、杂技、魔术等，代表性的门类通常是音乐和舞蹈。

音乐是以音响为载体，诉诸听觉来传达情感和表现思想的一种艺术形式。它

---

① 上海书画出版社编《历代书法论文选》，上海书画出版社，1979，第 125 页。

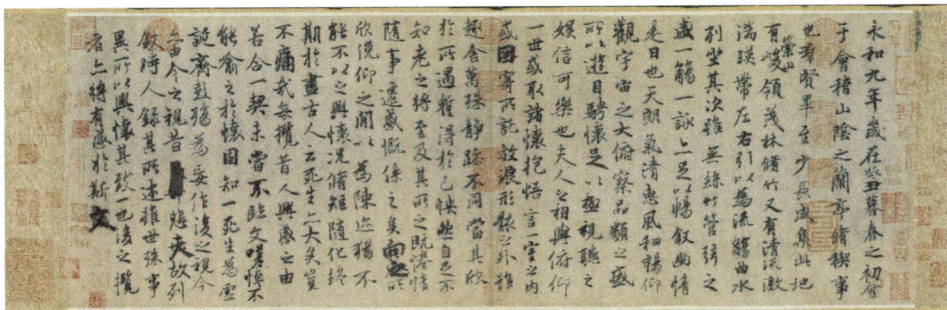

图 4-2-2　王羲之《兰亭序》　冯承素摹本　北京故宫博物院藏

以旋律、节奏、速度、力度以及音色等不同元素的组织变化,在一定的时间流动中塑造艺术形象。音乐的审美特征,首先是节奏性。节奏和旋律是音乐产生、发展的基础,音乐通过乐音的长短、高低、强弱的变化形成节奏的变化,进而形成旋律。其次是抒情性。黑格尔指出:"音乐所特有的因素是单纯的内心方面的因素,即本身无形的情感。"[1]创作主体把自身的情感灌注于音符、节奏和旋律的变化中,与欣赏者产生共鸣,情感是音乐的灵魂。最后是表演性。波兰音乐理论家卓菲娅·丽莎认为:"属于音乐的特殊性的,还有作品与听众之间的中心环节,即表演。"[2]音乐作品最终要通过演奏得以呈现出来。如大型合唱声乐套曲《黄河大合唱》,由光未然和冼星海共同完成,作品以"黄河"为主题,气势宏大,奏响了时代的抗日主旋律,又富有浓厚的生活气息,其中第一乐章《黄河船夫曲》,以劳动号子为载体,表现了在惊涛骇浪的险恶环境下,船夫不畏艰险、拼搏向前的景象,展现了中华儿女不屈不挠的斗争精神;第四乐章《黄水谣》则是女声三部合唱,这一部分以叙事性的手法和细腻的笔触,从黄河两岸人们祥和宁静的生活开始,继而刻画了日本帝国主义侵略下,人们流离失所的悲惨境遇,曲调缓慢,如泣如诉,具有强烈的情感力量。1939年 4 月 13 日,《黄河大合唱》在延安陕北公学大礼堂首演,轰动整个延安。60 多年来,《黄河大合唱》在各种场合演出,成为不朽的民族艺术经典。

舞蹈以有韵律的、组织化的人体动作为艺术媒介,在一定的时空中塑造动态、直观的艺术形象,以表达情感和反映社会生活。舞蹈的审美特征,首先是动态性和表演性。舞蹈以人体动作的造型与变化为基本手段,它将人的形体动作加以组织和美化,形成韵律和美感。其次是形象性与可视性。舞蹈以人体形体动作形成舞

---

① 黑格尔:《美学(第三卷·上)》,朱光潜译,商务印书馆,1979,第 19 页。
② 卓菲娅·丽莎:《论音乐的狂》,文化艺术出版社,1984,第 349 页。

蹈语言,以韵律化、节奏感和力量感的动作变化塑造艺术形象,并将艺术形象呈现于观众面前,观众需通过视觉感官来欣赏舞蹈艺术。最后是抒情性。东汉时期傅毅在《舞赋》一文中说:"歌以咏言,舞以尽意。是以论其诗,不如听其声,听其声,不如察其形。"①舞蹈通过人体动作抒发感情,使观众从中感受到或激烈或宁静、或豪迈或哀婉的情感。舞蹈诗剧《只此青绿》以古典文学的叙事方式、传统艺术的当代表达、意念的流动构建起全剧的精神世界,通过人物的虚实交错、情感的古今交融,将悠远绵长的传统文化意象,赋予了无限的生命力和想象力。

表演艺术的审美特征表现在:一是抒情性和表演性,表演艺术长于表现写意,而拙于写实,可以直接抒发和揭示人类的内心情感,具有强大的情感震撼力。表演性是指音乐、舞蹈借以抒情的艺术形象,必须通过艺术家现场表演的二度创作来呈现,诉诸欣赏者的视听感官才能最终完成。二是过程性和流动性,音乐作为时间艺术,舞蹈作为时空艺术,其形象构成是在时间流动中展现出来的。音乐、舞蹈展现其形象的时间是虚幻的,而表达的情感是真实的。三是节奏感和韵律美,音乐、舞蹈都以节奏为重要表现手段,通过乐音、动作的有规律反复来表达感情。节奏是形式美的重要法则之一,对于音乐和舞蹈来说,节奏更是其最重要的基本要素和表现手段。艺术节奏的内涵是情感的变化,不同的节奏可以有不同的表情作用,从而使旋律、舞蹈具有鲜明的个性。

3.语言艺术的审美特征

语言艺术是借助语言塑造典型的艺术形象或意境,深刻反映生活或丰富的情感。文学大体上可分为两类:一类是诗歌、散文等,偏重于抒情性的表现艺术;一类是小说,偏重于叙事性的再现艺术。这两类艺术都是以语言为表现手段,塑造艺术形象,反映生活,表达作者的思想情感和对生活的评价。

文学语言的优点在于,它能同时诉诸听觉和视觉,并通过它们唤起生动的形象,作用于欣赏者的再创造。它永远是一种心领神会,只有充分发挥欣赏者的主观能动性,才能得到意味无穷的审美享受。文学具有描写现实、表达思想的广阔可能性,在内容上较之仅局限于视觉或听觉的艺术有较大的优越性。它既可以描写现实,表达感情,也可以概括时空范围很广的事物、人内心细微的变化;既可以运用象征、暗示、含蓄等手法,又可以运用情节,在情节的发展中流露出思想倾向。文学在所有艺术中既是自由的,又是富于思想性的。

---

① 蔡仲德注译《中国音乐美学史资料注译(增订版)》,人民音乐出版社,2004,第79页。

　　语言艺术的意蕴带有多义性,带有某种程度的宽泛性、不确定性和无限性。读东晋简文帝司马昱的《春江曲》:"客行只念路,相争渡京口,谁知堤上人,拭泪空摇手。"从第一个层面来看,这是一首送别诗。清晨人们纷纷忙于竞渡,他们或遵循着自己既定的人生路,或奋力开拓新途,将注意力集中在即将要做的事上,而忘了在岸边送行的友人、亲人。从第二个层面看,王夫之对《春江曲》评道:"情真事真,斯可博譬广引。古今名利场中一往迷情,俱以此当清夜钟声也。"人们竞渡在名利场,竞相奔走在官场、商场中,将亲情、友情、爱情抛之脑后,甚至将自己的心灵也搁置下来,丢弃这一切障碍和负累,最终都是为了在竞渡中立于不败之地。从第三个层面看,诗人虽然身为皇族并最终登上帝位,但是在心性禀赋上仍具有中国文人的文化精神和群体气质。中国文人一直处于一种两难的焦虑当中:是进还是退,是仕还是隐,是兼济天下还是独善其身,是大隐隐于朝还是小隐隐于野。伴随着他们对生命存在意义的彻悟,最后他们还是选择中隐隐于叠石理水、心中林泉。文人们一直在放弃,可又不能完全割舍。此种精神气质的外在表现是一派愁云惨雾,充溢着幻灭、死寂之感,也就是我们平常无数次听到的所谓消极避世的情绪,正所谓"万事付空烟"。可见,同样的文字在不同的读者那里会有不同的意蕴,这是语言艺术的魅力所在。

　　表现性的文学,特别是诗歌,其语言具有音乐美的特性。诗歌和音乐有着类似的美学规律。在古代,诗歌和音乐本来就是统一的,诗歌最早的作用是唱和,这就与音乐密不可分。古体诗的平仄、四声、叠韵等手段,以及现代诗歌在语言上的长短、高低、快慢、轻重等,一方面服务于情感,另一方面也具有音乐的节奏性和旋律感。

　　语言艺术的审美特征主要包括三方面:一是语言修辞性。这是指文学中的语言,通过语言中蕴含的审美因素,如语音、文法、辞格等,不但创造出文学作品,而且本身就构成文学作品美的组成部分。文学语言的美是通过语言修辞性体现出来的,它包括语音美、文法美和辞格美。二是形象间接性。这是指语言艺术所塑造的形象,不直接诉诸读者的感官,而是要靠读者以语言符号为中介,通过想象间接地体味、把握和理解,然后作品的形象才能转化为读者头脑中的形象。三是含蓄蕴藉性。这是对文学活动的特殊的语言与意义状况的概括,指文学作为社会性语言符号实践,其语言组织内部包含着丰富的意义生成可能性。文学含蓄蕴藉的特点常常更充分地体现在两种典范性形态中,即含蓄和含混。含蓄是把似乎无限的意味隐含或蕴蓄在有限的语言中,真实的意义被字面意义掩隐,使读者从有限中体味无限。含混也称歧义、复义或多义等,是指看似单义而确定的语言却蕴含着多重而不确定的意味,令读者回味无穷。含混使读者在阅读文学作品时,感到其中蕴含着多重意义。

4. 综合艺术的审美特征

综合艺术吸取了文学、绘画、音乐、舞蹈等各门艺术的长处,利用多种艺术表现手段和方式,形成自己独特的审美特征。这些艺术形式主要有戏剧、电影等。

戏剧是指通过演员的角色扮演,运用多种艺术手段,在舞台上为观众现场表演的综合艺术。戏剧的审美特征:一是剧场性。戏剧既具有时间艺术的过程性,也具有空间艺术的造型性,而戏剧表演都是在一定的舞台上完成的,并且面向台下的观众,与之形成交流的空间。二是戏剧性。戏剧是在特定的剧场环境中进行的,因此,戏剧的叙事和表演结构必须能够引导和激发观众的观赏兴趣。其戏剧性就是指演员通过动作、台词、表情将其内心的情感变化诉诸外在形态,使观众能够深受感染。三是综合性。戏剧涉及表演、舞台设计、灯光、道具、服装以及舞蹈、音乐等不同领域,涵盖文学、美术、音乐等不同艺术门类。

电影艺术是利用现代摄影技术手段,以戏剧和绘画艺术为基础,综合和吸取了各门类艺术的一些表现方式和方法而发展起来的一门新的艺术种类。电影艺术是通过画面、声音和蒙太奇等电影语言,在银幕上创造出感性直观形象的艺术。其因诞生在音乐、舞蹈、绘画、雕塑、戏剧、建筑之后,又常被人们称作"第七艺术"。电影作为一门综合艺术,它把绘画与戏剧、音乐与雕塑、建筑与舞蹈、风景与人物、视觉形象与语言联结成统一体。

电影与戏剧不但有历史渊源上的关系,而且故事影片本身也具有戏剧性。电影一定要有戏剧冲突性,要遵循开端、发展、高潮、结尾等戏剧法则。然而,电影毕竟不是戏剧。电影由于可以通过拍摄和剪接等技巧加以处理,从而形成了电影独特而巨大的表现能力。电影对时间、空间的反映比戏剧自由得多,它在对人物所处的环境,以及人物心理状态的细致变化的刻画等方面,比戏剧所受的限制小得多。它的能动性的表现之一,是特写的画面。不过,电影观众对于对象的某些组成部分有意识的选择上,远不及戏剧观众那样自由。但是,如果是审美价值高的优秀影片,经导演、摄影师的高明处理,以及剪接所带来的逻辑性、节奏感的作用下,观众会觉得自己的审美活动是在合乎需要的诱导之中进行的,从而感到愉悦。

现代电影的创意已经远远超出人类有限的视点。奇观与现实交融的电影美学观念拓展了电影的表现方式,这种拓展的一个必要条件是技术的发展。一百多年来,电影艺术家和技术家一直在致力于让电影更加接近"真实",尽管电影制造了大量虚拟的影像,但是观众对影像真实感的要求却一如既往,观众的观赏习惯使得他们期待电影中的一切与他们对真实世界的记忆与经验达成统一。视觉表现能力的增强使电影更加依赖于画面,这也促使编剧、导演、摄像师等电影各个环节的创作者需重新思考新的表现方法。

数字媒体艺术是计算机图形图像数字化技术与传统艺术的融合,传统的影视媒体、广播电视媒体等技术快速地向数字电影、数字音视频方向发展,与日益普及的计算机动画技术、虚拟现实技术等构成了新一代的数字媒体技术。数字媒体艺术也是一种动态艺术,包含视觉与听觉上的感受。数字媒体艺术的审美主体所承载的内容要比传统艺术多,它涉及角色形象、三维虚拟场景、动态构图、灯光照明、运动规律、音效等多方面。其本身的形态构成完全拓展与颠覆了传统艺术的表现形式,已经超越了传统艺术而发生了质的变化。在一定意义上,以计算机为代表的数字媒体艺术,对当今艺术审美产生着深远的影响。数字媒体艺术广泛融合了传统影视、音乐、美术、建筑及现代科技等诸多元素,具有虚拟性、奇幻性、交互性、可变性和融合性的特点。其审美特征主要表现为数字化的技术、视听语言艺术、动态化的影像、虚拟世界及互动等多方面。

综合艺术的审美特征主要有三方面:一是高度的综合性,指综合艺术吸取了其他艺术的多种艺术成分,并有机融于自己的艺术符号体系之中,使其艺术表现力和艺术感染力更为丰富。同时,电影、数字媒体艺术的综合性建立在科学技术基础上,使其成为新型现代艺术。二是情节的丰富性,关于这一点应从艺术表现和艺术接受两方面来理解。综合艺术以人物和事件组成的故事情节来展开矛盾冲突、塑造人物形象和体现创作风格;同时,作为观赏艺术,综合艺术要为观众提供精彩生动的故事情节,以吸引观众注意力,满足观众审美需求。三是表演的多样性,指综合艺术的戏剧表演与影视表演,因各门艺术美学特性不同,从而形成各自不同的表演风格。它们共同的美学要求是,表演要达到演员与角色的统一、体验与体现的统一。

(二) 不同时期艺术的审美特征

1. 原始艺术的审美特征

第一,象征性。法国人类学家列维-布留尔认为,原始思维是一种"前逻辑思维",当时的人们认为人和世界处在整体的混沌状态,无所谓主体与客体之分,因此,人们会将不同事物联系起来,将某种事物视作另一种事物的象征符号。黑格尔曾说："'象征'无论就它的概念来说，还是就它在历史上出现的次第来说，都是艺术的开始。"①如河姆渡文化，其代表性的工艺品双鸟朝阳纹象牙雕、双鸟连体骨、鸟形象牙圆雕等，这些物品上面都刻有鸟纹和太阳纹，而且以耐久的神圣性的象牙作为载体，显示出鸟和太阳两种物象在当时人们心中的崇高地位，寓意飞鸟与太阳对氏族部落的农业生产具有不可替代的作用，成为人们的原始图腾、崇拜符号。又如仰韶文化、马家窑文化的彩陶纹饰中，经常出现鱼纹、蛙纹，正是因为其生殖力强而受到人们的膜拜。

第二，神秘性。美国美学家托马斯·门罗曾指出："我们现在称之为艺术的形式，被作为一种巫术的工具用之于视觉或听觉的动物形象、人的形象以及自然现象（下雨或天晴）的再现，经常是用图画、偶像、假面和模仿性舞蹈来加以表现，这些都被称为交感巫术。"②因为原始时期的生产力十分低下，人们对超自然的力量产生信仰，原始宗教和巫术活动便产生，艺术即是一种巫术活动或宗教仪式。如原始时期的艺术作品《持角杯的维纳斯》，被认为表现了对野牛等动物崇拜仪式的活动。而在欧洲多地的洞窟遗址中，发现绘有大量动物形象的壁画，学者们认为这些洞窟绝大多数是作为宗教仪式的场所。另有一些具有类似含义的作品往往让人们费解，很难理解其中的确切内涵，如马家窑文化遗址出土的彩陶漩涡纹尖底瓶，其瓶外壁以流畅的黑色线绘成漩涡纹以及圆点纹，点线交错，而其图案所蕴含的寓意也十分晦涩，众说纷纭，有的认为这一图案为水波纹，有的认为这一图案为鸟的眼睛，未有定论，这也体现了原始艺术的神秘性。

第三，稚拙性。处在人类早期的原始艺术，还没有形成成熟的审美观念，因此也无法产生具有纯粹欣赏性和审美意义的艺术作品，这些古老的艺术往往实用性和审美性兼具，因此，其形式就显得单纯、粗朴。如雕塑作品《维伦多夫的维纳斯》，作品以夸张的手法塑造了女性膨胀的肚子和硕大丰满的乳房，而头部则雕刻得十分简略，造型为椭圆形的球体，并且与肩部和胸部直接连在一起，几乎没有细节，整个身体显得滑稽、笨拙。

2. 古典艺术的审美特征

第一，和谐之美。在先秦时期，儒家提倡和谐美，艺术应"以理节情"，讲求中和之美。孔子认为诗歌应该"乐而不淫，哀而不伤"。老子提出人与万物的统一，做到

---

① 黑格尔：《美学（第二卷）》，朱光潜译，商务印书馆，1979，第 9 页。
② 托马斯·门罗：《艺术的发展及其文化史理论》，转引自朱狄《艺术的起源》，中国社会科学出版社，1982，第 136 页。

"心"与"物"的和谐。在此影响下,中国古代绘画强调人与自然、人与社会、人与自我的和谐统一,很少有激烈的冲突、尖锐的矛盾,画面呈现的是和谐宁静、含蓄平和。北宋画家范宽的《溪山行旅图》(图 4-2-3)以全景式山水的构图,将天、地、人完美地融合于画面之中,山水与人境浑然一体。北宋画家崔白的《双喜图》(图 4-2-4)将植物与动物、枯树与翠竹、山雀与野兔、寒风与劲草等物象有机组合起来,其中既有枯树的静态,也有竹叶和野草的动态,喜鹊有静有动。画面既体现了秋冬时节的肃杀,也展现了寒境中生机勃勃的生命,不同的艺术元素和谐地统一于画面之中。

西方古典艺术同样具有和谐美,古希腊早期哲学流派毕达哥拉斯学派认为美就是"数的和谐",数的和谐之美可转化为形式的和谐之美,包括事物长短、大小、比例、平衡、对称的和谐性。亚里士多德认为:"美的主要形式是秩序、对称和比例,这些只有数理诸学优于为之作证。"[①]正是在这一美学观的影响下,古希腊的建筑和雕塑都讲求精确的比例与形式的和谐,宁静、均衡、和谐的维纳斯雕像成为艺术创造的楷模。文艺复兴时期延续了古希腊的这种和谐美学观,如达·芬奇的《最后的晚

图 4-2-3 (宋)范宽《溪山行旅图》
台北故宫博物院藏

图 4-2-4 (宋)崔白《双喜图》
台北故宫博物院藏

----

① 亚里士多德:《形而上学》,吴寿彭译,商务印书馆,1959,第 266 页。

餐》堪称构图学的教科书，作品使用了平行辐射线式的构图，以几何图形为根底来散布画面，耶稣处于画面中央，呈现了几何式的对称美感。

第二，典雅之美。传统艺术追求真、善、美的统一，强调感性与理性的统一、内容与形式的统一，艺术之美应是典雅的。中国古代艺术十分重视典雅美，古代的"雅"与"夏"相通，夏声为雅声。梁启超在《释四诗名义》中说："雅音即夏音，犹言中原正声云尔。"①《诗经》分为风、雅、颂，"雅"即正，指朝廷正乐，西周王畿的乐调。雅乐、雅舞是帝王在祭祀、朝贺、宴乐时所采用的音乐和舞蹈，这些典雅纯正的作品被奉为典范。温柔敦厚、不激不厉是理想的典雅之境。典雅体现了"中和"之美的审美尺度，突出理性化的法度。南朝文学理论家刘勰在《文心雕龙•体性》云："典雅者，熔式经诰，方轨儒门者也。"②刘勰的观点强调了儒家的雅正思想。周昉的《簪花仕女图》中，女性仪态万方、典雅含蓄、流动多姿，画中人物相互呼应，设色上沉着和明快相结合，形成矛盾的统一。北宋画家李公麟善作白描，不用浓墨重彩，以简淡的笔墨表现对象的神韵，其代表作《五马图》只在马的少数位置加以渲染，身体以笔墨的浓淡、干湿、转折、提按来表现，富有韵律，形神兼备。

黑格尔认为古典艺术的理想类型是理念与感性的高度统一，因而具有无与伦比的典雅美。希腊人关于美的种种观念在相当程度上体现在米罗岛出土的维纳斯雕像中。女神拥有椭圆的面庞、挺直的鼻梁、平坦的前额、丰满的下唇以及安详自信的眼睛和微笑，给人以矜持而富有智慧的感觉。她微微扭动的姿态，使半裸的身体形成一种十分和谐而优美的上升体态，富有音乐的韵律感。从女神简练、概括的身体曲线中可以看出希腊时期神圣庄严的特点，从衣裙的处理上可以看到希腊时期自然人间的痕迹。这座女神雕像体现了一种古典主义的理想美，充满了无限的诗意。古希腊雕塑家米隆的《掷铁饼者》被誉为"创造了运动的典范"，作者将运动中肌肉的收缩与放松的平衡状态表现得恰如其分，把扣人心弦的瞬间在时空中凝固下来，达到了理想与现实的和谐状态，具有超凡脱俗的典雅之美。文艺复兴时期意大利画家波提切利的代表作《维纳斯的诞生》塑造出完美、典雅的女神形象。威尼斯画派的代表画家乔尔乔涅的作品《沉睡的维纳斯》，画中的维纳斯静谧地休憩在优美的风景之中，女神身体优美而丰满，比例和谐，曲线柔和，体态优美，姿势优雅，色彩华丽，明暗适宜，画面美轮美奂。

---

① 梁启超：《饮冰室合集（10）》，中华书局，2008，第96页。
② 周振甫：《文心雕龙今译》，中华书局，1986，第257页。

拓 展 阅 读

希腊雕像的形式不仅完美,而且能充分表达艺术家的思想:这一点尤其难得。希腊人认为肉体自有肉体的庄严,不像现代人只想把肉体隶属于头脑。呼吸有力的胸脯,虎背熊腰的躯干,帮助身体飞纵的结实的腿弯:他们都感兴趣;他们不像我们特别注意沉思默想的宽广的脑门,心情不快的紧蹙的眉毛,含讥带讽的嘴唇的皱痕。完美的塑像艺术的条件,他们完全能适应:眼睛没有眼珠,脸上没有表情;人物多半很安静,或者只有一些细小的无关重要的动作;色调通常只有一种,不是青铜的就是云石的,把绚烂夺目的美留给绘画,把激动人心的效果留给文学;……结果雕塑成为希腊的中心艺术,一切别的艺术都以雕塑为主,或是陪衬雕塑,或是模仿雕塑。没有一种艺术把民族生活表现得这样充分,也没有一种艺术受到这样的培养,流传得这样普遍。

丹纳《艺术哲学》

3. 现当代艺术的审美特征

十九世纪七十年代,法国出现了以莫奈为代表的印象派,由此开启了西方现代艺术的进程,紧接着后印象派、野兽派、立体主义、表现主义、超现实主义等形形色色的艺术流派应运而生,这些流派通常被归为现代艺术。二战之后,抽象表现主义艺术、环境艺术、偶发艺术、极少主义艺术、波普艺术、大地艺术、观念艺术等更为新潮的艺术流派接踵而来,研究者们称之为当代艺术。现当代艺术在审美特征上与传统艺术存在巨大的差异。

(1)现代艺术的审美特征。

第一,强调主观性和心理的真实。在非理性哲学思潮的影响下,真实再现逐渐失去了吸引力,艺术不再关注对外在世界的真实反映和描绘,表现主观和心理的真实才是关键,这一倾向带来艺术形式的不断创新。如梵高的创作带有鲜明的主观色彩,个性风格鲜明,他的绘画充满了一种强烈的力量,经常采用奔放的笔触,使用大色块处理画面,十分突出地使用某种色彩,如金黄色、蓝色,使色彩具有强烈的主观性元素,如其代表作《星月夜》。野兽派也主张造型不受形体的限制,强调强烈色彩的运用和色彩的对比,将色彩的自由表达提到了一个新的高度,重视色彩其实是重视其情感表达的效果,如马蒂斯的《舞蹈》、弗拉芒克的《红树》等作品。德国表现主义艺术更进一步强调精神性的表现,表现主义艺术作品往往充满着强烈的不安、焦虑的情绪,如基希纳的作品《德累斯顿的街头》,粉色、黄色、橘色以及蓝绿色的强烈对比,形成了令人烦躁不安的氛围。

第二,艺术走向抽象与变形。现代艺术反对传统艺术和谐统一的美学法则,现代艺术充斥着片段的、破裂的、抽象的形态。后印象派画家塞尚主张以永恒的不变去表现自然,提出"自然万物都可以用球体、圆锥体、圆柱体来表现",其代表作《圣维克多山》,画中景物是由色块、线条组成的几何形体,世界被还原为方体、锥体和球体。立体主义艺术否定了传统绘画的焦点透视观念,彻底抛弃了自然物体的轮廓、体积、明暗与统一的形象,将对象转换成抽象的几何形体组合物,如毕加索的作品《卡恩维勒肖像》,几何化的人物面部和轮廓从方块中浮现出来,没有和谐完整的连贯感。风格派代表人物蒙德里安主张完全摆脱艺术与自然的任何联系,认为唯有纯造型才能完成最后的抽象,如其代表作《构成C(第三号),红黄蓝》,画面由粗重的黑色线条组成矩形,结构非常简洁,画面主导是红色、黄色和蓝色,再辅以灰白色,作品呈现的就是三原色和水平线、垂直线。

（2）当代艺术的审美特征。

第一,混杂化。其主要表现在两个方面:一是艺术工具和材料的界限瓦解。如美国抽象表现主义画家波洛克打破了画框的限制,把画布直接摊开,使用了传统油画中不曾用过的材料,包括玻璃、沙子等。二十世纪七十年代,在意大利出现的"贫困艺术"则选择常见的自然材料或者生活中的废弃物(如木材、石头、泥土、布料、羽毛、钢材等)。如艺术家皮斯托莱托于1967年创作的《碎布的维纳斯》,作者将优美匀称、古典的维纳斯裸体形象与周围堆起的碎布摆在一起,场景令人迷惑不解。二是艺术与生活之间的界限瓦解。如波普艺术从日常生活特别是流行文化和通俗文化中直接"挪用"图像,波普艺术家认为艺术应该等同于生活,并把高雅的艺术与日常的物质生活拉近,如安迪·沃霍尔的《坎贝尔汤罐头》和《玛丽莲·梦露》等作品使用流水线批量生产,以大量复制的技法,展现了生活中随处可见的物品。

在外来思潮的影响下,中国当代艺术致力于将民族传统艺术与现代艺术观念有机融合。一些当代艺术家在艺术创作活动中进行了一系列艺术实验与艺术尝试,产生了不小的影响。吴冠中作为中国当代杰出的艺术家,致力于用中国传统媒介与材料创作出具有现代精神的作品,不断进行中国画创新尝试,尤其是其表现出来的抽象化意味令人印象深刻。吴冠中的代表作品《春如线》,秉承"笔墨犹立"的美学原则,将传统的水墨予以抽象化的重构,将流水、小桥以及树枝等万物的形态都表现为抽象化的线,这些抽象的线条流畅而极富动感,纵横交织,飘逸而气势非凡。

第二,碎片化。波普艺术家安迪·沃霍尔有一句名言:"我想成为机器,我不要成为一个人,我像机器一样作画。"[①]在当代环境下,人体验的不是完整的世界和自我,相反地,人体验的是一个变形的外部世界。主体零散成碎片以后,以人为中心的视点被打破,主观感性消弭,世界已不是人与物的世界,而是物与物的世界。这种碎片化在影视艺术中表现得十分典型。后现代主义那种彻底的零碎意象堆积反对任何形式的整合,完整统一的情节与深厚沉重的历史感已经没有了,观众从电影当中看到的是"东拼西凑"的"大杂烩"。

第三节　新时代大学艺术美育的实践路径

新时代的大学生处在信息化、网络化的社会环境中,物质文化的盛行给大学生的人生观、价值观都产生了很大的影响。新时代大学生如何通过艺术的方式进行美育,以提升审美素养,建立积极健康的审美价值观,是必须要面对的重大课题。

一、合理利用艺术类通识课,构建完整的审美观念体系

艺术类通识课是高校课程体系的重要内容,也是大学生美育的重要组成部分。各高校对艺术类通识课进行了优化完善,为大学生合理规划和选修此类课程提供了更为优质的平台。大学生可从以下几个方面予以考虑。

1. 立足大美育,做好自身艺术类通识课程的规划

面对众多的艺术门类和艺术类选修课,作为一名新时代的大学生,须立足"大美育"视角,将高校各类人文艺术类课程都纳入提升自身审美素养的艺术美育课程体系中来,尤其要明确艺术美育与艺术教育的区别。艺术美育不等于艺术教育,如果不能达到美育的功效,艺术教育就是失败的教育。艺术美育通过艺术欣赏来提高学生的审美鉴赏能力,积累审美经验,提高审美判断能力,进而不断提高学生发现美和理解美的能力。一般意义的艺术教育,也是以艺术为载体、媒介,但是如果

---

① 杰姆逊:《后现代主义与文化理论——杰姆逊教授讲演录》,唐小兵译,陕西师范大学出版社,1987,第 164 页。

缺少审美教育的原则性引导,则艺术教育的目标将局限于传授艺术技巧和方法,学习艺术知识,强化艺术技能的训练,着眼于培养专门的艺术人才,美育则不是艺术教育的最终目标。因此,大学生在选修艺术类课程的时候,不仅要着眼于学习艺术知识和艺术技能,还要通过审美经验的积累,构建完整的审美观念体系,进而将培养自身的完整人格作为艺术美育的最终目标。正如苏联教育家杰普莉茨卡娅所说:"没有美育就不可能有个性充分的全面发展。"①

在这种视野之下,大学生在规划艺术类通识课选修计划时,需弄清高校开设的艺术类通识课的结构关系。当前,各高校设置的艺术类通识课趋于完善,虽然具体名称与重点有所不同,但其结构关系基本类似,基本包括"艺术审美体验""艺术技能实践""人文价值"三类课程。其中,"艺术审美体验"类课程以提高大学生审美鉴赏能力为基本目标,以艺术作品鉴赏为主要教学内容,大学生在接触艺术的初级阶段可选修此类课程,通过对美术、音乐、戏剧、电影等不同艺术门类的艺术作品的欣赏,以具体作品的审美体验为基本宗旨,逐步掌握艺术作品欣赏的方法和技巧,提升审美鉴赏力。"艺术技能实践"类课程以具体艺术门类的创作技巧的传授和实践为基本内容。大学生在具有一定的审美鉴赏经验基础上,可以通过此类课程进行一定的艺术实操,以艺术创作主体的角色,感受审美创造的魅力和快乐,并将在艺术鉴赏课中习得的审美经验转化到审美创造中来。"人文价值"类课程则更加注重人文知识的总体积累,以及对艺术的人文内涵的价值判断。大学生在艺术欣赏和艺术创作的基础上,通过此类课程的学习进行形而上的思考,将审美经验转化为艺术观念和文化价值。这类课程理论性更强,抽象程度更高,属于提高阶段的课程。因此,大学生在规划艺术课程体系时须对选修课程进行阶梯式布局,逐步达成艺术美育的目标。

2. 利用艺术类通识课程提升审美鉴赏力

艺术发挥美育的功效首先是通过艺术作品而得以实现的,欣赏者对艺术的体验、理解以及对文化价值的领悟,都是从欣赏作品开始的,而如何欣赏作品成为欣赏者进入艺术世界的前提。大学生首先要接触艺术作品,学会怎样鉴赏艺术作品,然后才能在其他方面有相应的提高,因此,提升审美鉴赏力既是实现其他美育目标的前提,也是进行艺术美育的基本目标。审美鉴赏力是一种直觉性和想象力的审美能力,因为审美活动首先是体验和直觉性的活动,审美体验是对美的直接的感性

---

①　杰普莉茨卡娅编辑《苏维埃教育学讲义》,华东师范大学教育系教育学研究班翻译室译,华东师范大学出版社,1957,第446页。

感悟,是人熔铸情感而获得的体验,与欣赏者个体的生活经验与亲身体验相关,也贯穿于每一次审美实践活动之中,它是自我的体验与感悟。同时,审美体验会伴随着审美想象,想象力的发挥是审美体验顺利进行以及审美鉴赏力提升的关键环节。想象力能够突破现实事物以及时空的界限,做到心物的统一。近代意大利美学家克罗齐提出了"直觉表现"说,他认为"艺术即直觉",即心灵赋形活动;没有直觉就不能进行艺术创作。当代社会物质文化盛行,物质性、感官性、功利性的心态在大学生中比较常见,大学生通过艺术类通识课程,能够唤醒自身的审美直觉力和审美想象力,从而顺利进入艺术的世界。

大学生在注重提高审美鉴赏力的同时,要努力培养"审美的态度"。艺术中的审美态度,就是审美主体在进行审美活动的时候,需要从日常生活与现实世界中超脱而出,搁置科学的、实用的、宗教的、道德的等态度,以一种非实用的、超功利的态度来欣赏艺术。康德认为:"鉴赏是通过不带任何利害愉悦或不悦而对一个对象或一个表象方式作评判的能力。一个这样的愉悦的对象就叫作美。"①在康德看来,在审美活动中,审美主体要将对象从功利与欲求的"利害关系"中解放,如此才能进行真正的审美活动。老子曾提出"虚静"说:"致虚极,守静笃。万物并作,吾以观复。"②老子的这段论述给艺术鉴赏活动的启示在于,只有涤除头脑中的欲念和成见,进入"澄明之境",才能真正理解艺术之"道"。唐代张彦远在《历代名画记》中指出:"凝神遐思,妙悟自然,物我两忘,离形去智。"③可见,审美态度是进行一切艺术活动的前提。大学生因为具有不同的专业背景,所接受的思维训练大相径庭,部分专业注重逻辑思维的训练,因此,在选修艺术类通识课的时候,要有意识地形成审美态度,而不仅仅是学习艺术欣赏的方法。只有形成保持一定距离的审美心态,才能真正体会艺术作品的美感。

另外,在课堂学习中,大学生还应联系社会、历史以及个人的生活经历,将这些因素融入艺术作品的体验过程中,从而提高审美鉴赏力。中国古代艺术理论就有"知人论世"之说,《孟子·万章下》有云:"颂其诗,读其书,不知其人,可乎?是以论其世也。"④清朝刘熙载在《书概》中说:"书也,如也,如其学,如其才,如其志。总之,如其人而已。"⑤所有的艺术活动与实践都是紧密相连的,只有了解生活、懂得

① 康德:《判断力批判》,邓晓芒译,杨祖陶校,人民出版社,2002,第45页。
② 陈鼓应:《老子注译及评介》,中华书局,2009,第121页。
③ 张彦远:《历代名画记》(上册),许逸民校笺,中华书局,2021,第129页。
④ 杨伯峻译注《孟子译注》,中华书局,2010,第232页。
⑤ 上海书画出版社编《历代书法论文选》,上海书画出版社,1979,第715页。

生活、了解历史、了解社会的人，才能看懂一幅幅反映生活、反映历史的绘画作品，才能听懂一首首脍炙人口的优美歌曲。如果没有一定的生活阅历和知识背景，即使能听出一首歌曲的节奏快慢、音响的高低、旋律的起伏，可能仍然不能理解其中的审美意蕴。

二、积极参与创新性校园文化和第二课堂的艺术教育

大学生综合审美素养的提高不仅仅是在课堂，课堂之外的校园文化对其成长也具有重要的影响。校园文化是高校软环境建设的重要方面，是学校推进德、智、体、美、劳等各方面教育的重要载体，在培养人、塑造人方面发挥着不可替代的作用。

1. 以跨学科的视野参与艺术社团活动

第一，高校学生社团是培养学生综合素质的重要阵地，也是大学校园内围绕共同的兴趣或专业特长等，按照一定规章制度建立起来的"共同体"。不同于课堂教学的组织形式，高校社团具有更强的自主性、参与性和实践性，承担着"第一课堂"之外的重要教育职能，且越来越受到重视。在诸多的学生社团之中，艺术社团是其中的一支重要力量，它们数量多、活力足、覆盖面广，是艺术课堂教学的有益补充，是高校普及艺术美育的重要载体，也是组织艺术实践以及各类展演活动的重要形式，具有独特教育价值。当前随着跨学科趋势的发展，传统的剧社、诗社、乐团、舞蹈团、书法协会等融合发展的趋势也越来越明显，新时代大学生可以在这种跨学科融合发展的背景下，努力参与到艺术社团的活动中来，积极参与社团组织的日常训练和艺术交流活动，不断提升自己的艺术实践技能，尤其注重参加与其他高校艺术社团的合作与交流活动，经常性地进行同台演出、共同参展及参加各类专题艺术活动，相互学习，各取所长，共同发展。

第二，将艺术社团的第二课堂实践与艺术类通识课学习有机结合起来。在积极参与艺术社团的同时，将自身的艺术实践经验与艺术类通识课程的学习进行互融互通，以课堂分组的方式，将自身的艺术实践经验在艺术类通识课堂中进行集中呈现和分享。同时，在艺术类通识课堂中，大学生也可以小组结队的方式，组成兴趣小组，共同参加某一类型艺术社团的实践活动，相互交流，做到理论与实践经验的共享。

2. 积极参与各类艺术节品牌活动

节日是人类自古以来社会生活的重要组成部分，它是一种具有纪念、庆祝、传

承功能的特殊社会活动形式,也是民族精神和民族文化的集中反映。在当代社会,公共空间得到前所未有的发展,因此,具有现代意义的"人造节日"也获得极大发展,各种形式的艺术节就是其重要组成部分。我国很多城市已经出现了电影节、音乐节、动漫节等各种形式的艺术节,这些艺术节作为新型的公共文化性节日,除了推动地方文化旅游产业发展之外,也起到了很好的艺术美育作用。大学校园是大学生群体聚集的公共场所,举办高品质的艺术节是深入推进高校大学生艺术美育的重要方式。

艺术节在高校的开展具有现实可行性,它具有时间上的共享性,具有公共性、集体性和创造性。大学生的学习时间与生活规律相对接近,形成了天然的"公共空间",而公共空间具有聚集交流的功能,这为高校艺术节的举办提供了便利。大学生可通过所在的艺术社团,尽可能多地参加高水平的电影节、戏剧节、音乐节、动漫节、民歌节等艺术节活动。艺术节的"艺术盛宴"能激发大学生群体对艺术的热爱,提高大学生欣赏艺术作品的水平,持续提升大学生自身的艺术素养和艺术实践技能。同时,大学生还要通过参与艺术节的活动,进一步领会和消化大学校园自身的文化精神和价值体系,尤其重要的是加强对艺术节所蕴含的文化的认同和"文化记忆"的理解。此外,大学校园是知识和信息高度聚集的地方,也是媒介传播力较强的公共空间,因此,大学生还可以作艺术传播的志愿者,充分利用大学校园的这种媒介传播的便捷性和普遍性,对艺术节进行多媒介的传播与推送,不断扩大艺术节的影响力,不断增强艺术节的美育效果。

三、充分利用博物馆等公共教育资源,拓宽艺术美育视野

博物馆是展示历史、艺术、自然以及文化的公共场所。博物馆学者苏东海认为,博物馆具有三种文化特征:知识性、情感性和道德性。作为社会教育服务机构,博物馆为美育提供了丰富的资源,成为提高公众审美素养的重要基地。对于新时代大学美育,博物馆是不可或缺的教育资源。对此,大学生可以从以下几个方面加强探索。

一是了解本校现有资源,深入参与博物馆或艺术博物馆的观展活动。新时代以来,一些综合实力较强的高校陆续建立了具有自身特色的博物馆,相较于社会博物馆,高校博物馆的藏品等资源多与学校的历史变迁、学科设置紧密相关,专业指向性更明确的高校博物馆能够相对便捷地统筹高校自身诸多学科的优势资源,是

学校全面推进美育的理想场所。作为新时代的大学生,应利用现有的高校博物馆、艺术博物馆资源,将其与艺术类通识课程学习、艺术社团实践活动等充分结合起来,做到"理论与实物"结合,教室与博物馆一体,学习与体验融合;将博物馆的现场参观、体验教学纳入整体的艺术类课程教学活动之中,实现美育效能的最大化。此外,大学生还可进一步了解兄弟高校博物馆(艺术博物馆)的藏品情况,有针对性地制订参观计划,积极参与展览馆和博物馆的志愿服务活动,通过更多的实地观展教育不断提升自身的审美素养。

二是搜集整理校外知名博物馆、美术馆等公共机构的藏品及展览情况,有计划地进行观展。虽然博物馆的艺术美育功能属于社会教育体系,是一种非强制性的教育形式,与学校教育的差别较大,但是其美育的作用却不能忽视。新时代国家美育建设方针非常重视公共美育机构育人作用的发挥,一些高校也主动开展与校外知名博物馆、美术馆的合作交流项目。因此,大学生应抓住当前的良好契机,在艺术类通识课堂、艺术社团或其他相关团队之内,以小组为单位,制订观展计划,有针对性地梳理博物馆、美术馆资源,将博物馆教育与学校美育充分结合起来。同时,大学生可以兴趣为导向,以团队为载体,积极参与各类展馆以及展览的志愿服务活动,通过体验与服务不断拉近与艺术的距离,从而与社会博物馆结合成为一个"知识共同体"。另外,大学生还应注意搜集整理线上展览平台和各类数字资源,了解国内外知名博物馆、美术馆的优质线上虚拟资源,参与线上观展活动,撰写观展心得体会并在一定的群体中开展交流研讨活动。

● 艺术美育实践指导

实践内容	实践目标	实践步骤	实践成效检验
选修艺术类通识课	通过完整的艺术欣赏、艺术技能训练、艺术理论课程的学习,具备初步的艺术实践素养和艺术鉴赏素养	1. 依据艺术门类的区分以及不同的课程属性,大学一年级制订艺术课程选修计划,并选修作品鉴赏类课程,激发对艺术的兴趣,掌握初步的艺术鉴赏方法。 2. 大学二、三年级选择1~2门实践性强且容易入门的美术、音乐等艺术实践课程。 3. 大学四年级有针对性地选修艺术理论类课程	掌握艺术鉴赏的基本方法和初步的艺术技能,具有一定的艺术理论素养

续表

实践内容	实践目标	实践步骤	实践成效检验
参加艺术类社团	参加艺术类社团,不断提高艺术实践技能水平	1.了解所在学校主要的艺术类社团组织,结合自己的兴趣,选择参加合适的社团,经常性参与社团艺术培训与实践活动。 2.努力争取参加高级别的业余或准专业类展演活动和竞赛活动	能够比较熟练掌握一门艺术科目的基本技法,具有一定的艺术活动与艺术竞赛经验
制订博物馆、美术馆的观展计划	通过实地和在线观展,了解国内外主要展馆的藏品情况,提高审美鉴赏的水平,掌握一定的艺术知识	1.搜集国内主要博物馆、美术馆基本信息及藏品情况,如北京故宫博物院、中国国家博物馆、上海博物馆、南京博物院、湖北省博物馆、辽宁省博物馆等。 2.制订大学期间的观展计划,有针对性地到场馆实地观展。 3.了解国外著名博物馆和美术馆的藏品信息,以线上观展为主,力所能及参与实地观展活动	全面了解国内主要展馆的艺术藏品情况,能够对藏品情况进行较为清晰的说明,对主要作品能够进行审美鉴赏
自主阅读艺术类书籍	通过阅读各类艺术类和美学类书籍,掌握审美观念和艺术思潮演变的基本线索	1.阅读艺术鉴赏类书籍,掌握艺术鉴赏的基本方法。 2.阅读普及性的艺术史读物,了解艺术发展的基本概貌。 3.阅读具有代表性的美学理论、美学史书籍,提高审美理论素养	掌握艺术史的基本发展脉络,能够运用相应的美学观念和艺术理论简易评价艺术作品和艺术现象

第五章 设计美育

英文语境下的"design"延生于文艺复兴之后,起源于法文"dessiner"和意大利文"disegno",译为想法或用于表达想法的方法。一般而言,广义的设计是指计划与组织,适用于人类所有过程性创造活动;狭义的设计是指以设计思维展开活动,形成设计产品。事实上,人类的劳动、思维与创造推动着设计不断发展,使得设计在满足人类生活的基础上焕发出智性美、技术美与形式美。对于新时代大学生而言,设计美育提供了思考设计初心与理念的视角,搭建了设计鉴赏活动的重要维度,引领大学生考量设计的"功利"与"非功利"关系,建构和谐的"物我"关系。设计美育让大学生理解设计不仅可以关注个人内在的发展,亦可通过设计了解与理解他人,推动社会的善与关怀。

第一节　设计的美育功能

　　人类设计思维古来有之,从智人将天然石块打造成石器时已悄然发生。设计与人类活动相生相伴,有着十分重要的价值影响,给生活世界带来了无限的美妙。那么,如何定义设计、理解设计价值,从而发现并建构设计美呢? 这些都是设计美育要解决的核心问题。设计美育,顾名思义,是通过设计提供一种"美的教育",具体就是让人们从日常生活中认识与发现设计之美,从设计历史与风格中提升自身的审美能力,并在设计实践过程中塑造求真、向善、尚美的人格。

一、设计提升审美感知力

　　审美感知力在人第一眼看世界时就已经开始积累了。房屋的装饰、厨具的颜色、玩具的样式、茶具的材质、图书的封面、瓷器的纹样⋯⋯这些生活中随处可见的设计元素都是审美感知力塑造的有效载体,一直伴随着人的成长而存在。新时代大学生应通过不同类别的设计美育形式丰富审美经验,提升审美感知力。

　　第一,通过设计形制提升审美感知力。个体因生活经验不同,会形成自身独特的眼光,但人们可以通过事物普遍"形制"展开审美,理解所谓"美的事物"。任何作品,都有其特定的形状、姿态、肌理等。基于此,人们可以有意识地在比例与尺寸、色彩与线条、平衡与节奏等关系范畴进行审美注意,形成结构有序的审美线索,获得深刻的审美体验。例如,对于设计形制中的比例,古希腊人就具有颇深的建树。他们在对大自然的观察与理解中,形成了一套以"数"为基础的宇宙观,并根植于当时的设计理念之中。以建筑形制为例,古希腊人以石柱代替木柱,石柱主要分为三类——多利克式、爱奥尼亚式、科林斯式,它们因不同比例关系呈现出不同效果,成就经典的古希腊建筑风格。这充分体现了当时人们对于"数"的设计把握,即石柱各个部分有着固定样式与比例,凸显建筑物的和谐与稳定。"数"被作为一种均衡法则传达着设计美的形式。

　　视觉是设计审美感知力塑造的核心范畴。视知觉系统将设计对象的形式要素反映给大脑,继而形成初步的设计判断。具体而言,该系统具有一种平衡属性,即让人们能够及时把握事物的对称、协调等信息。平衡的状态代表有序,失衡的状态意味混乱。这些能够达成有序的信息,实际源于人的视知觉对事物"形制"的获取与分析。从普通心理学角度出发，人能在第一时间发觉事物的有序性，也能很容易判断一个点是否居于圆心上。例如，对于平衡感的追求，中国传统建筑就十分典型。北京故宫严格遵循了中轴对称设计原则，殿宇以前门、端门、三大殿为中轴，左右对称，规模宏伟，堪称建筑史上的伟大杰作。

拓 展 阅 读

"古希腊哲学时代以来，视觉在各种感觉中一直享有着最高的殊荣。对心灵活动的描述，其所采用的大部分修辞隐喻都来自视觉领域。视觉，除了为显示智力活动的高层结构提供比拟外，往往被当作各种感知的典范，并因而作为其他种种感觉的论衡标准。"按照笛卡儿的看法，"我们用视觉所感觉到的物体的全部性质可被归纳为六个基本性质：光、颜色、位置、距离、大小和形状。"视觉对认识世界的重要性，决定了图像认知成为对世界的主要认知方式。

鲍懿喜《产品的视觉性与文化实践》

非视觉是设计审美感知力塑造的另一个重要范畴。非视觉感知系统主要由触觉、嗅觉、听觉等组成。从设计层面而言，触觉主要涉及事物的纹路、质感、冷暖等信息分析，嗅觉主要基于气味形成一种记忆叙事联想，听觉通过声响、音色、节奏等展开空间线索。非视觉感知系统能够加深人们对设计作品形态的体验，形成深层次的记忆与感触。如何理解这种深层感知呢？譬如，儿时的记忆总是美好的，闻过的花香，踩过的泥塘，斑驳的老房子，每当回想起都如身临其境一般——这样的感觉是那么的熟悉与安稳。非视觉感知系统形成了一套内隐的审美逻辑，对人们当下的审美判断具有重要影响。

第二，了解古代设计史，理解先辈的设计思维与审美感受。中国传统文化蕴含着古人的设计品位与旨趣。夏商文明时期，农业、手工业乃至手工业内部，不断出现细化分工，这种分工现象在本质上源于当时人们以一种设计思维展开劳动活动，对各行业发展在技术等方面起到了巨大的推动作用。西周文明时期，是我国民族艺术风格确立与发展的重要阶段。其中，失蜡铸造是当时青铜工艺的重大发明之一，例如，两千多年前已经铸出精致又复杂的曾侯乙尊盘。曾侯乙尊盘于 1978 年出土于湖北随州擂鼓墩 1 号墓，属于战国早期青铜器，现藏于湖北省博物馆。曾侯乙尊敞口,呈喇叭状,上饰玲珑剔透的蟠螭镂空花纹,形似朵朵云彩上下叠置。颈部饰蕉叶形蟠螭纹,在尊颈与腹之间加饰四条圆雕豹形伏兽,尊腹、高足皆饰细密的蟠螭纹,加饰高浮雕虬龙四条。盘的制作更为复杂,除口沿有和尊一样的镂空纹饰外,盘身的四个抠手也有由无数条龙蛇组成的镂空花纹。曾侯乙尊盘造型精美细腻、鬼斧神工,是商周青铜器的巅峰之作,铸造技术达到了极高的水平。至秦汉时期,青铜、漆器、金银、陶瓷等工艺均得到了巨大的发展,尤其是汉代的漆器,达到了一个巅峰。从设计视角出发,当时的漆器具有很强的防腐蚀、防水等功能,应用范围得到前所未有的拓展,成为当时人们生活起居、休闲娱乐、办公出行等的重要工具。到了大唐盛世,染织、陶瓷、金银器等工艺设计进入一个繁荣时期。镂空银熏球作为一件典型作品,融入了设计者别致的设计心思。球内小碗中装上香料点燃后,香气就从镂空的纹饰中溢出,达到一种视觉与嗅觉融合的审美效果。从其空间设置而言,为了防止这样一种悬挂装置因晃动而香料流出,设计者在内部装了两个平衡环,当圆球滚动时,内外平衡环也随之移动,故而,香碗的重心岿然不动。这种平衡装置与现代应用于航海航空的陀螺仪原理极为相似。宋元时期,手工业、商业和科学技术高度发展,瓷器可谓设计领域的一个重要代表,以宋代瓷器为例,基于当时倡导清新自然的审美风尚,独特的器型给人一种清新、自然、淳朴、含蓄的审美感受,传达一种浑然天成的审美情趣。明代是中国古代设计的一个集大成时期,表现出十分成熟、精致的特征,尤其是明代的家具设计。当时的设计者依据人体脊柱的特点,制作与之相应的具有倾角和曲线的椅子靠背,充分关注使用者的感受,凡是人体接触之处皆圆润、柔婉。清代设计主要延续了明代的设计,在技术和艺术创造方面都有所发展。

第三,通过具体风格把握设计类型,进行设计鉴赏,获得美的感受。设计风格为我们提供了设计审美类型,有利于我们进行审美判断。例如,巴洛克作为一种设计风格,是"变形的珍珠"的意思,它呈现出繁复的装饰,拥有强烈的律动感,善于营造堆砌之美。巴洛克建筑利用穹顶的采光,使教堂更明亮,常使立面产生凹凸的各种变化,加上许多曲线的流转,单纯结构的元素增加了装饰符号,使原来沉重、庄严的建筑变得轻快、愉悦。而洛可可艺术是产生于十八世纪法国、遍及欧洲的一种艺术风格,形式具有轻快、精致、细腻、华丽等特点,追求轻盈、纤细的秀雅美和精致典雅意象,在构图上有意强调不对称、婉转、柔和的特点。"工艺美术"运动在装饰上反对矫揉造作的维多利亚风格和其他各种古典风格,讲究简单、朴实无华、良好功能,主张设计的诚实、诚恳。"新艺术"运动风格细腻、装饰性强,常被称为"女性风格",大量采用花卉、植物、昆虫作为装饰。"装饰艺术"运动反对古典主义、自然、单纯手工艺的趋向，主张机械化的美，具有更加积极的时代意义。包豪斯学院是1919年在德国成立的一所设计学院，也是世界上第一所完全为发展设计教育而建立的学院，汇集了二十世纪初欧洲各国对于设计的新探索与实验成果，将欧洲的现代主义设计运动推到了一个空前的高度。后现代风格强调建筑及室内装潢应具有历史的延续性，但又不拘泥于传统的逻辑思维方式，探索创新造型手法，讲究人情味。

第四，展望当代前沿科技设计产品与工程，了解科技的精妙与工程的壮观，增进审美鉴赏力。例如，中国高铁是中国设计史上的伟大成就，人们能够从庞大的交通体系中获得审美启迪与创造激情。中国铁路建设者逢山开路，遇水架桥，创下了丰功伟绩。例如，新型"奥运版"复兴号智能动车组 2022 年 1 月 6 日在北京上线，该列车从"硬科技"到"软服务"都展现了中国铁路的新面貌。工程设计方面，通过对巨型工程建筑展开审美，亦可获得雄伟、壮观的审美体验。以享誉世界的中国桥梁为例，港珠澳大桥、苏通大桥、丹昆特大桥、矮寨特大悬索桥……一大批世界级桥梁翻山、越江、跨海，让无数天堑变为通途，向世界展示出"中国建造"的非凡实力。其中，港珠澳大桥是世界上最长的钢结构设计桥梁，仅主体工程的主梁钢板用量就达 42 万吨，相当于 10 个"鸟巢"国家体育场或 60 座埃菲尔铁塔的质量。港珠澳大桥的建成是国家经济实力和社会发展上升到新历史阶段的重要标志。

拓　展　阅　读

"目前世界跨径排名前十位的悬索桥中，中国占 6 座；排名前十位的斜拉桥中，中国占 7 座；大跨径拱桥中，重庆朝天门长江大桥以主跨 552 米排名第一。"我国桥梁建设逐步从"中国制造"走向"中国创造"，一座座飞架南北的中国桥也成为桥梁建设史上一座又一座技术进步、造福民生的丰碑。

誉谦《中国桥梁建设：向世界展示"中国建造"的非凡实力》

《光明日报》，2022 年 5 月 26 日

二、设计激发"创造性"与"大设计"思维

设计是一个创造的过程，需要设计者不断展开创造性构建，整理设计思维、实

施设计过程、生产设计产品，每一个环节都凝聚着创新精神。这种创新性也是设计的重要属性，十分符合人类对劳动美的尺度的理解。马克思认为："人的劳动是有目的、有意识的，它不仅能够按照自己物种的尺度进行生产，而且能够按照任何物种的尺度进行生产，所以人就能按照美的规律来建造。"[①]在此语境下，设计能够直接表述为人类依循相应目标并借助一定物质材料巧妙地实现形式与内容的融合，最终还是落于人类现实性问题的解决。从设计价值角度出发，设计承载着人类的文明、技术与理性经验，展现出人类创造物的深刻价值，也为人类彼此理解、相互支持提供了更多的可能。作为人类劳动实践的一种显性形态，设计在全球范围已然普及化，几乎没有人不被设计包围或浸染。但是，人们有时会因设计概念的局限而对其有偏颇的理解，未将设计立足于人普遍的本质力量加以考量。那么，如何把握人的创造思维与设计的关系？

一方面，树立"人人皆可设计"的广义思维。在一般经验下，设计隶属于设计师的职责。然而，设计师的职业化，容易导致大众视野中的设计范围乃至内涵被桎梏，尤其是设计的原意——人类有计划、有组织地展开行动或活动——被极大缩小。设计美育的存在对此有着重要指导意义。从宗旨上，设计美育让学生理解"人人皆可设计，设计旨在于人"的价值理念。创造性是任何一个时代发展的主题，尤其是当今社会，基于创造性的设计思维可以说是新时代大学生必须具备的基本人文素养。因此，设计并非只是职业设计师的专长，而是契合了人们按照美的规律进行创造的过程与理想。

另一方面，形成数字化"大设计"的视野格局。新时代大学生要时刻关注时代的变化，深入了解社会与学科的发展，在变化中不断习得并运用自身的设计能力。设计的创造性特征，能最大限度地激励学生运用设计能力。从美育价值上讲，大学生更要形成一种"大设计"理念。对此，新时代大学生应当具有广阔、开放的设计视野。事实上，设计也正成为一种全面性的设计，一种回归以人为本之宗旨的大设计。2022 年 9 月，国务院学位委员会审议通过的《研究生教育学科专业目录（2022年）》，将原有的二级学科"设计学"调整为一级学科"设计"，这直观地体现了设计学科在理论与方法论上的转变与突破，设计学科将在学理与实践方面更加适应新时代的发展与需求。在相当程度上，设计正在变得不可定义，设计转向大设计概念，正是设计在当今时代的特质。大设计是人类为了应对未来以及当下现实中正变得

---

① 中共中央马克思恩格斯列宁斯大林著作编译局编译《马克思恩格斯文集（第一卷）》，人民出版社，2009，第 163 页。

日益复杂和艰巨的问题而给出的设计理解,它是一种面向人类的新型设计思考维度。大设计的内涵主要表现为,设计从创造产品向塑造人际交互模式转变,从关注物质向塑造社会体制转变。大设计具有以下思维特点:一是强化问题导向,淡化设计分割,以解决现实以及战略性发展问题为核心,采用跨学科的综合型设计;二是重视以行动创新与变革,以"大设计"视角重新定义设计;三是扩大设计的内涵与外延,从更广阔的视野包容新旧设计形式,以便使它们实现更广义、更普遍、更直观的交流与融合。

三、设计塑造求真、向善、尚美的人格

设计在推进美育方面具有先天的优势。这种优势源于设计对兼顾实用性与审美性、实践性与精神性的多重要求,也源于设计在当代生活中无孔不入的渗透力和对未来生活方式的塑造力。它总是以润物无声的方式对人展开浸润、熏陶,并伴随人一同成长,避免被动而刻意的美育方式,这也是设计美育区别于学校美育的重要方面。设计美育有助于塑造新时代大学生求真、向善、尚美的人格。

首先,养成向善的人格品质。康德认为,美是一个对象的合目的性的形式,只要这形式是并不凭一个目的的表象而在对象上被感知的。所谓"合目的性",是由"善"而来,是事物形式(结果)与概念(原因)相一致对主体所显示出的状态。当我们有意识地习得当代社会的设计思维逻辑时,我们更有机会展开自我发展的规划以及找准为他人服务的切入点,也更能锻造公平、正义的人生品格。在新时代社会环境中,公平与正义是社会发展的永恒主题,也是大学生不断践行的品格对照。公平、正义的品格塑造,能够让新时代大学生在投身社会时守住底线,关注他人,谨记国家发展的责任,造福人民。

其次,养成求真的品质,磨砺过硬的专业能力。通过网络、信息等资源获得的途径与方法呈多元化趋势,行业规程与方法也愈加透明与清晰。各领域人才基于自身专业特点,正在通过一种普遍设计的方法与思路把握未来方向,通过关注人类的发展以彰显行业良心。新时代大学生更需要思考未来自身的专业如何与大设计关联起来,创作出具有自身特点、符合社会需求的"作品",这与学生专业学习的深入程度和理解力密切相关。

最后,养成尚美的价值追求。乔尔乔·瓦萨里(Giorgio Vasari,1511—1574)认为:设计是我们三项艺术,即建筑、雕塑和绘画的父亲,它源于才智。从许多事物中得到一个总的判断,一切事物的形式或理念,可以说,就它们的比例而言,是十分

规则的。因此,设计不仅存在于人和动物方面,而且存在于植物、建筑、雕塑、绘画方面;设计即是整体与局部的比例关系,局部与局部对整体的关系。正是明确了这种关系,才产生了这样一个判断:事物在人的心灵中的所有形式通过人的双手制作而成形,就称为设计。人们可以这样说,设计只不过是人在理智上具有的、在心里所想象的、建立于理念之上的那个概念的视觉表现和分类。[①] 瓦萨里把设计过程看成两个部分:一是理念上形而上学的思考,二是把这种思考经由双手表现出来。如果理念上形而上学的思考是对美本身的探索,那么把美的理念转换为现实美就是对美的"自我培育"。因而,当下设计的主要目的是满足人的物质与精神需求,而美育则是通过培养人尚美的价值追求,帮助人们更加诗意地生活。

第二节　设计美的发现

一、设计美的特征

设计的本质原则是以人为尺度,植入"善意""真意"加以创构,具有显著的开放性、创造性与时代性特点,在逻辑上表现出美的特质。从过程上讲,设计是以人的现实问题解决为导向,以现实条件与生活经验为积累,具体通过人的感知觉获取外界信息,继而经过思维、想象及表现等方式进行整合,围绕立意提出方案,确定实施路径,并结合相应材料进行优化实践,最终形成设计产品。因此,真正意义上的设计具有美的内涵,而设计产品又体现出鲜明的美的特征。

在人类历史长河中,人类对于设计美有着广泛的思考与实践。首先,这涉及设计美在劳动基础上的萌芽问题。人类利用劳动材料,有目的地解决生产生活中的问题,这是其在特定环境中生存与发展的基本方式。从思想溯源上来讲,设计离不开劳动意识。当今社会呈现出多元化的复杂局面,受科学技术的影响,设计的需求与方式也得到了前所未有的突破,设计的深度与广度也以几何倍数增长,设计思维也呈浪潮式影响人类行为。设计愈发成为人类按照美的规律进行劳动的重要表现形式,设计产品甚至成为人的精神延伸,真正地散发出设计之美。认知与理解设计过程,体悟与感受设计美,把握设计的善意,通过设计提升人的创造力,这些不仅是

---

①　Giorgio Vasari, *Vasari on Technique* (New York: Dover Publications, 1960), p. 205.

设计美育的内涵所在，也是人们发现设计美的底蕴所在。与相对纯粹的艺术而言，设计美并非一种单一的艺术美，而是一种综合美，是生活美、技术美、艺术美的深度融合。

设计是体现人类生活方式的设计，生活美是设计美的根本目标。倘若离开了对生活美的思考，设计美也就失去其存在基础。人的生活充斥着设计，无论是宏观的生活环境，还是微观的日常用品，设计理念或思维可谓无处不在。从历史上看，不同时期的设计有着特征不一的物化产品。设计的生活美，具体体现在人的衣食住行的各个方面。设计离不开技术的发展与革新。换言之，技术是设计得以延续的重要条件支撑，这主要可从物质性、功利性等维度展开说明。技术源于实践，是实在的而非抽象的物质形态的体现。技术又不是单一的，而是材料、用途、功能、结构等因素的综合体。故而，基于技术的设计有着客观的物质性。设计具有鲜明的艺术美特点。艺术美在很大程度上是设计区别于一般劳动实践的重要特征。设计的艺术观念植入，喻示设计注重对现实生活及其对象的形象化概括，同时表现出鲜明的创造力。

二、设计美的审美形态

（一）智性美

设计离不开思维，思维表现出人类区别于其他动物的智性特点。关于思维，其一般被定义为在现象、概念的基础上，进行分析、综合、判断、推理等认识活动的过程。其中，思维过程中产生的美，是一种充分表现逻辑性、敏捷性、深刻性、广阔性、灵活性与创造性的智性之美。从设计视阈而言，无论是设计主题的选择，还是设计过程的构建，或是设计元素的提炼，乃至设计美的表现，均离不开人的智性。设计作为表现思维智性的一种人类实践活动，可从组织、策划与实施的设计过程中清晰体现，设计者构思出设计框架，整个框架在认识意义上是由设计思维进行指导与串联的。从功能美学角度出发，设计最终是要通过为人所用的产品而体现。由此可知，设计美的一个重要范畴即是人的智性植入与表达。

设计的智性美充分体现了设计的深度。从设计之于人的善意本质出发，其终究是要关注人的现实需求与身心体验，但需求与体验会随时空等条件演变而产生一定的变化。面对各种变化条件，设计者不得不做出理性的判断，尤其是审美思维判断。审美思维判断是一个充满美的考量的创造与发明过程,它需要设计者始终关注人的需求,以人的物质与精神生活获得改善为宗旨,解决现实问题。关于设计的这种智性之美,在被誉为二十世纪极具影响力的设计师之一马西莫·维格纳利(Massimo Vignelli)身上可谓体现得淋漓尽致。马西莫自称"信息架构师",能够将庞大繁杂的思想浓缩成易于理解的设计形式,充分展现了其设计的美感。他于1972年为纽约市重新设计的地铁线路图既前卫又抽象,面世时饱受争议,但时间证明了这一设计的智性特征,该设计既能让人们快速有效地看懂地铁路线,又方便了大家的生活。

(二)技术美

李泽厚指出,善的形式力量和真的丰富内容的和谐统一,这就是技术美的本质。这是李泽厚所理解的美的本质"合目的性与合规律性的统一"的具体表现。他对技术美本质的理解,包含了非常丰富的内容,也构成了国内技术美学界理解技术美本质的坚实基础。

技术美体现了设计的价值。设计技术体现了工艺水平、生产力水平。在人类历史长河中,利用现有的生产材料,针对目标解决生产生活中的具体问题,无疑是人们在环境中得以生存与发展的重要保障。假如我们以劳动技术价值凝结为基本共识,试图理解其设计的思路,体会物品形成过程中的创造性与灵感,体会作为劳动个体的辛苦与不易,那么我们就会更加珍惜"他造之物",也能够从劳动价值中获得更好的审美体验。设计要从外部环境,主要是从社会环境中获得自己所需要的动力以及原材料、技术手段,例如物资、知识、信息等,这些东西并不是超时空的存在,而是在一定的时代社会环境中存在的。技术是人类运动的特殊形式,是人类维持自我生存和自我发展的手段。技术美是人们在生产劳动中形成和表现出的美。它使人自由、自觉地加入设计过程中进行创造,并将人的智慧、毅力、意志、情感体现在了设计过程中。

技术美触发人类进行反思。随着经济的发展与科技的快速变革,越来越多的产品被生产出来,物质的丰盛与易得并没有使人们珍惜现在所有的,反而消解了技术、科技为人类所带来的价值,人们从设计产品上获得美的体验也变成了即时的、随意的、碎片化的。与此同时,快销式的产品形式带来的巨大的市场淘汰率,使得设计者很难在自我的审美追求中独善其身,产品设计期限使得功能与美感不断被割裂,削减了设计者创造美的产品的能力,生产出的产品不能滋养使用者的审美能力。

　　二十世纪六十年代,在新科技、新材料的刺激下,大量的原创产品被创造出来,并促进了"优良设计"观念的形成,在这个过程中,最值得注意的就是合成塑胶的发展与制造。英国工业设计师罗宾·戴在设计座椅时,采用了柔韧性极好的塑料材料——聚丙烯。这种塑料具有极强的可塑性,为社会化量产带来了可行性,随之也埋下了全球范围的环境危机。之后,各类社会生活的原材料被生产出来,成为新的设计构成要素,体现出人类具有多维的生产与运用技术的能力。技术的活力,也带来了丰富的审美形式。

(三) 形式美

　　形式是设计的基本范畴,既是设计的结果,也是设计的要素。设计形式主要包括大小、颜色、形状、纹理等,综合反映了设计者的审美能力以及设计水平。一般而言,形式美是指物品在形态方面的美感。设计的形式美主要描述设计作品在外形与质感上给予人的感觉。鉴于设计鲜明的时代性特征,设计形式的发展亦不例外。基于形式的巧思与逻辑形成审美感知力,并在设计过程中获得滋养。

　　设计的形式美源于各类元素相互融合、协调统一。那么,如何做到或者理解这种协调统一呢?形式美的调和表现出适合、舒适、安定与统一的特征,以原始陶器装饰(彩绘、拟物、印纹等)表现为例,器表上的装饰图案体现出十分明显的形式法则,大致可概括为五类:①对比法,即在曲直、横竖、长短、大小、黑白、虚实、动静、线面等方面进行对比,产生丰富多彩的装饰变化;②分割法,即把需要装饰的较大空间按一定比例分成多个区域进行装饰,避免杂乱,实现秩序和节奏的美感;③开光法,指在陶器表面专门划分出具有一定轮廓的区域,进行重点装饰,其优点是可以突出主体,增加层次;④双关法,可分为形体双关和色彩双关,前者是指一种装饰图案从不同的方向或者角度看,可以是不同的形体,后者是指色彩不同的图底可转换图底关系,成为不同的图案,类似于现代设计中的"正负形"方法;⑤多效装饰法,指通过有意的构思和绘制,使陶器上的图案从平视、仰视等多个角度观看时,形成不同的图形效果。

　　前文一再提及,设计是以问题解决为导向。设计形式美同样离不开这个设计初心,始终以设计之于人的普遍价值为原则把握设计形式美问题,这也是设计美育区别于纯粹艺术美育的一个关键所在。设计形式美能够直观地反映技术发展与需求满足之间的平衡关系。设计在社会中愈发普遍,不仅表征了人的生存状态,也体现出人的品位,这一点尤其表现在人们对设计形式美的追求上。不同时期、不同文化下的设计形式能够反映出人们的差异化需求。中国明代的椅子就表现出独特的形式美。其中,"灯挂椅"作为明代家具的代表作,给人一种挺拔向上、简洁清秀的形式感觉;"四出头官帽椅"的基本形式特点是搭脑和扶手的两端都要出头,这种样式类似于当时官员所戴官帽,官帽两边设有帽翅,故得名;"圈椅"俗称罗圈椅,其形式特征表现为后背搭脑与扶手是由一条流畅的曲线组成,两端或出头向外翻卷,或者不出头,直接与鹅颈相接而下,给人一种整体协调的形式美感;"交椅"是马扎的一种发展样式,即带靠背的马扎,但尺寸较大,便于日常使用。此外,条凳、脚凳等形式美均体现在选材、造型、结构、装饰上的与众不同。需要注意,产品的形式在本质上离不开功能,意味着设计的价值初衷决定产品的外观与形状。因而,就设计形式美而言,需要从整体的设计框架思考,而非纯粹的形式感受。易言之,这就要求在设计之于人的价值维度上进一步考虑形式问题,不仅仅停留在物理形式层面,更要在人的心理或精神层面赋予更深刻的内涵,不仅要考虑选材、加工、造型、装饰等是否符合一定的形式规律,更需要考虑设计环境与人的生活空间是否匹配。

第三节　新时代大学设计美育的实践路径

设计美育的实践途径,是以培养大学生设计审美能力展开的,主要有以下几个方面:从对设计功能的关注走向对功能的遗忘,形成一种"非功利"的设计价值体验;从对设计作品新奇的形式的注意走向对形式与自我对应关系的体验,获得自我确认的"物我"关系;从对他人设计的审美欣赏走向自我生活世界的审美创造。

一、"非功利"设计价值认知与体验

设计美育倡导一种"非功利"价值认知与体验,但并非指设计本身不再朝向人的功能价值需求或解决现实问题,而是希望人们通过设计塑造一种更为深刻的自我价值超越。这种"非功利"设计美育过程对新时代大学生具有重要的意义。

(一)"非功利"价值设计理念

设计集中地体现在设计思维价值之上,分为"功利"与"非功利"两个维度,其中

"非功利"维度又可分为"回归自我"和"放下自我"两个向度。从设计美育视角出发，"非功利"价值观的植入意义更为重大，换言之，从功能性设计转向非功能性设计，对于新时代大学生而言更具教育意义。首先，这种"非功利"价值设计客观地源于人的自我感知、想象与创造力体验。这种自我感知系统，具体又表现为关注内在自我，对自我边界与稳定性进行探索，放松自己的感知体系，了解内在秩序与情绪，以开放态度追问自己的喜好，发展自己的兴趣，回忆自己喜欢的设计作品，思索对设计的理解。这是立足"回归自我"层面，源于实践并最终运用于自我的一种"非功利"审美价值实现，具体是完成实践对象在形象上与内在自我的趋同。这种"非功利"价值设计逻辑结构的核心在于，如何将设计对象转化为另一个自我，成为自我的外在显现，最终达到相应的自我确证。正如法国学者德卢西奥在《视觉美学》中所说："一件艺术品不是独白，而是对话。"显然，作品成为人的一种自我延伸，能够带来一种"对话式"而非外在的"功利"价值体验。

"非功利"价值设计不局限于回归自我的感知系统塑造，它还充分体现在某种相对去自我欲望的公益价值理念上。这种"非功利"在社会层面又有其特殊的"功利性"，典型如"绿色设计"概念，体现"生态意识"与"以环保为本位"的理念，具体涵盖了以下维度的思考：①安全性，设计不能危及使用者的生命安全及正常生态秩序；②节能性，节约地球能源与资源，减少用料或者使用可再生材料；③生态性，考虑设计对环境的义务，避免因设计造成生态环境污染；④社会性，设计要考虑对社会模式、文化价值、伦理道德及精神领域的影响。在该理念激发下，为了追求设计与环境的一致与协调，甚至出现所谓"住宅生态学"，即从全新设计视角探讨建筑、城市住宅及其组合与外部环境条件，包括自然环境条件和社会环境条件的关系，最终落于如何促进生态平衡和创造一个较好满足人的身心需要的理想环境。

（二）"非功利"价值设计逻辑

无论是"回归自我"还是"放下自我"的价值设计，都遵循着一套以完成自我确证的思维逻辑。那么，如何理解并完成这种"非功利"的自我确证呢？设计美育中的自我确证，在本质上一如审美活动中的自我确证，不是简单的以认知对象为目的的活动，并非镜中影像或水中倒影的自我，而是一个不断发现自我、确证自我在对象世界中存在的过程。这也是设计美育所要达到的一个终极目标，即让人们通过设计感受到真正意义上的自我存在，"功利"只是一种便利，而非存在本身，"非功利"价值恰恰是在设计逻辑上最大限度地帮助大家去对象化、去功利化，全身心感受设计之于人类的根本价值所在。从具体的逻辑结构线索而言,综合基于感知系统的"回归自我"价值和相对隐去私欲的"放下自我"价值,成为设计美育的核心内涵。这一点充分体现在人们的"物我"关系的审美确证上。

二、"物我观"设计审美关系构建

(一)"物我"关系判断

现代设计在时空意义上最为惊人的成果之一,便是网络社会的诞生。事实上,网络社会是相对于传统现实的一种虚拟时空。适应并反思网络社会,是新时代大学生的必然际遇,也是进一步锻造其开阔格局、陶冶胸襟的契机。重构设计思维充分表现出对人的尊重,人们可以从设计中获得更新的"自我-他者"价值感,这也是设计之于人的重要美育意义。

居伊·德波认为,现代社会是一个"景观社会",动态图像已然成为社会当中的一种主流信息传播方式,图像可以不断进行复制与合成,并被肆意地传播与展示。伴随着二进制数字图像在虚拟空间流转与聚合,人们也形成了一种信息化的世界观。随着设计手段的不断更新与发展,人们的需求也在深度与广度上被不断地挖掘,获得更加深入的关注支持。因此,在尊重人本身的个性与发展前提下,建构人与人之间的和谐关系,可通过设计手段加以论证与实现,同时让人们从自我关注不断转向他人关注,甚至达到对共同体的关注。关注他人需求,推动人类的善与发展,是设计者的品格,也是设计者的良心。回归高速发展的网络世界,新时代大学生更应学会反思与总结。毕竟网络社会中与人的亲密关系,容易让人的视觉感知急剧扩大,非视觉感知大量缩减,毋庸置疑,非视觉感知是人与真实世界建立深度链接的通道。这就需要大家能够尝试建构一种"合一性"设计关系。设计中的审慎与自我觉知,会让人们在客观存在的真实社会与网络社会中保持一份独立思考的审美能力。

(二)"物我"关系建构

"自我"与"他者"的关系是设计指向的重要范畴。如何看待并处理好"物我"关系,以从容、平和的心态善待他物,这是设计美育的宗旨,也为大家理解设计美育提供了关键视角。

首先，树立合理的物质观。这就要求大学生不要受物欲控制。须知，产品设计的目的是满足人们日常所需，提供物质基础保障。当然，设计产品也随着时代的变迁而不断产生新的要求。然而，无论设计产品特征如何变化，产品服务于人的理念不变。鉴于此，新时代大学生务必要重视正确"物我"关系的构建，合理控制自我需求，培养崇高的价值观。毕竟，勿欲的负担会使生活走向窘迫，对学习与未来发展产生不良影响。尤其是过度消费现象，大学生在一定程度上缺乏社会经验，更要警惕高额消费分期或贷款等陷阱，如当今社会上的一些非法"裸贷""校园贷""美丽贷"等，都是针对大学生不平衡的物欲与畸形的消费观设置一系列圈套，一旦涉足会造成无法估量的损失。

其次，形成"物尽其用"的价值观，懂得珍惜产品。基于当下普遍发达的物流体系，人们能够轻松购买各式各样设计产品，但越是丰富的设计，越需要展开基于社会层面的自我反思。一个设计产品呈现在大家面前的时候，如果没有好好珍惜并使用，在某种程度上也是对设计者的不敬。毕竟，作为非设计者的群体并不太关注产品的生产过程，而快节奏的生活方式让大家很难做到"物尽其用"。

最后，坚持独立的人格，保持"物我"边界。例如，智能手机是当今人类生活的必需品，它不仅是一种联络工具，似乎更变成了人们的亲密伙伴。一旦失去它，人们会感到焦躁不安。事实上，智能手机便利了生活，但也捕获了时间，尤其导致时间碎片化。面对设计产品时，人们必须要有一种批判思维，思考：什么是真实的生活？怎么保持健康的状态？如何回归真实的时空？

总之，设计美的本质，必然符合一般的美的本质规定，是能够促成自我主体产生"非功利"态度进而进行自我确证的。自我关系确证中的自我，本质上是想象中形式的创造者，更多是在自我与对象之间寻找相互间的同性、同构关系。这从创作者和欣赏者的间接对话中可见一斑。欣赏者发现设计作品确证自我的主观意义时，在已获得的客观意义基础上会进一步思索这种意义及背后的形式符号与自我之间的关系，从而将客观意义转化为主观意义，这时功能性信息中的功能内涵在逐渐弱化，而审美信息内涵则逐渐产生，最终形式符号蕴含的意义就成为欣赏者的主观意义。

三、"主体性"设计审美创造与实践

设计美的发现与鉴赏离不开作为主体的人，换言之，设计本身需要遵循一种

"主体性"实践原则。设计美育过程正是需要基于此"主体性"原则展开。

（一）"主体性"设计审美创造

"主体性"设计审美创造,需要进行注意感知培养。关于这种注意感知机制,心理学家麦金总结了激发创造力的三种方法:①"人们看到的";②"用心理的窗户所想象的";③"我们的构绘,随意画成的东西或绘画作品"。这三者之间互相作用。显而易见,基于这种视觉心理机制的设计美育不是简单线性的逻辑化过程,也不是停留在抽象或想象空间中的冥想,而是要落于一种具体经验的实践过程,同时人们对经验有必要展开进一步的细分。美学家杜威对经验进行了区分:①"粗略的、宏观的、原始的事物"的直接经验(即作为"最小化的偶然反思的结果"的体验);②"精心的、派生的、反思对象"的间接经验(即"持续、规范的反思探究后产生的"体验)。同时,他还着力提倡一种"实证方法",教导大家通过反复实践与反思方式形成一种思维框架。

设计美育的主体性创造,来源于自身的经验与经历,具有鲜明的时代性特征。设计产品类型某段时间所呈现出的风格是类似的。人们一看到过去所流行的某一风格产品,就很容易"回到"那个年代的场景与感受。这种类型化的记忆深藏在每一代人儿时与青少年时期的记忆中,无论过了多久,这些记忆都是鲜活的、具有温度的。那是因为儿时与青少年时期,我们的感知器官是最为灵敏的,收集的心理材料是最为丰富的。新时代大学生应当从对他人设计的审美欣赏,转到对自身时代设计的审美欣赏,乃至走向自我生活世界的审美创造。审美水平提升需要人们秉持开放的态度,然后进一步接触和学习多样的设计风格,并对设计史论进行整理与研读,最终丰富自身的审美经验。鉴于设计对象的丰富性,人们对设计风格的理解也存在显著的差异。另外,设计分类也不尽相同,依据空间形态一般可分为平面设计与立体设计,依据信息、工具、环境等特征又可分为视觉设计、产品设计和环境设计。人们可以尝试从历史角度、风格角度、现代性角度进行审美鉴赏,尝试梳理设计思路与实用功能,想象设计过程,积累审美经验,形成判断与分析能力,锤炼设计审美价值。设计凝聚人类智慧,不仅体现了设计者对当下问题的思考,同时也体现了社会生产水平与审美水平、价值取向等。

（二）"主体性"设计审美实践

"主体性"设计审美实践来源于审美主体的转变，即由对他人设计的审美体悟转变为自我价值的审美创作与实践。培养新态度，养成新性情（陶冶情操、优化心智、净化心灵）等，也是推进社会时尚文化发展的重要手段。设计美育过程，不再只是设计实践，而是"设计思维"实践，这主要表现出三个特质：好奇心、同理心、创造性。好奇心是设计思考者应该具备的首要特质。任何事物的存在有其根源，但日常事务容易使人陷入普罗大众的"司空见惯""习以为常""视而不见"认知，使人难以用全新的眼光去审视和思考周围熟悉的环境。由于现代生活的快节奏，人们更是难以用一种平和心态去认真对待身边事物。而平和心态对于设计思考者而言至关重要。毕竟真正意义上的"设计思维"伊始，并非思考设计什么，而是要考虑为谁而设计，这是一种以终为始的思考方式。关于为谁而设计的问题，优秀的设计者往往需要具备一种公益态度，其设计对于自身而言往往呈现出一种"非功利"价值探索。设计者必然要尊重不同地域、文化背景下人的需求的差异性，并且进一步服务不同人群的个性化需求。如何满足需求？这需要秉持同理心去感受，以营造愉悦体验为目标。好的"设计思维"，是要从找对问题开始，立足于"人"的角度考虑问题，再寻找适合用于解决问题的技术组合，然后下降到技术方案、材料可靠性、工艺可行性、制造成本等物理层面。斯坦福大学独立开设"寻找人的需求"课程，足见设计转向设计反思的重要性。

"主体性"设计审美实践形成审美创造的主体性自觉。新时代大学生务必以发展、务实的眼光看待国家、人灵的需求，具备一种崇高的理想信念，并以设计手段展开，既要看到设计本身的现实功能导向，又要以此回归设计之于人的"非功利"价值体验。作为主体的设计者，需要不断提升自身的认知与审美能力，关注社会与人群，从历史的、民族的、人性的角度阐释社会生活结构。理想的设计，正是这样一种积极有益的立足主体性的、非功利的价值回归——回归自然、回归人性、回归平衡，让设计产生一种超越个人需求的终极体验。著名社会学家、人类学家、民族学家费孝通先生关注人类的命运，认为包容与协作是人类社会发展的主题，提出"各美其美，美人之美，美美与共，天下大同"的箴言，显示出中国人崇高的他我格局与文化自觉。新时代大学生不仅要以温暖的眼光对周围的人群给予关心，同时也应当透过科技发展的趋势关注国家发展方向，构建宏观的国家建设格局，从而更好地投身国家建设中。

● **设计美育实践指导**

实践内容	实践目标	实践步骤	实践成效检验
自我观察活动	通过整理以前至现在的使用之物，了解在时代变化中的设计审美体系	以个体或家庭为单位。 1.回溯童年至今的所用之物； 2.以某一生活物品为线索进行整理； 3.通过实物或照片了解该物品的变化； 4.总结自身的审美变化	对自身的审美体系与审美经验有所察觉，了解时代变化中的设计审美体系
旧物改造活动	动手改造自己的闲置物品，通过劳动重新定义物品的使用方式	以宿舍为单位或以兴趣小组为单位。 1.整理自身的闲置物品； 2.提出改造的建议与方法； 3.动手进行改造	通过改造，重新利用闲置物品，养成珍惜物品的品质
组建创客小组	运用自身的专业知识，以"设计师"的身份，创作一件作品	根据相同的旨趣或专业成立创客小组。 1.发布共同的目标组建团队； 2.在专业或兴趣领域内，挖掘可以进行设计的事物； 3.运用自身的专业知识，努力完成一件设计作品	成功组成创客小组，有固定的创客作品，形成设计理念
成立公益小组	了解自己最想关注的弱势群体，并为能够改善其生活质量而付出努力	按共同关心的弱势群体成立公益小组。 1.发布公益目标组建团队； 2.进一步了解目标弱势群体； 3.提出改善弱势群体生活状况的方案； 4.实践相关的方案	与弱势群体有更深入的交流与互动，为解决其生活困难而提供方案

第六章

科学美育

科学中蕴含着理智美、秩序美。科学美与艺术美、自然美、社会美一样，是美学研究的重要范畴，其渊源可以追溯到古希腊时期的毕达哥拉斯学派。科学美育是实现科学素养与人文素养相融合的理想途径，其最高理想是实现真、善、美的统一。在科学技术迅猛发展的今天，科学美育特别是大学理工医科教育中的科学美育，具有重要的理论价值和现实意义。

第一节　科学的美育功能

一、科学与美学的结合

在人类发展的历史进程中,科学从美学中汲取灵感,美学也从科学中获得启示。许多西方自然科学家对自然科学中的美学问题进行了反思,认为科学与美学分开单独研究的现状不符合科学美育的本质,他们相信美学包含于自然科学之中,科学与美学在未来将达到"一体"。

科学的对象是客观事物,存在于客观世界中。科学是揭示各种现象的本质和规律的知识体系。对比科学和美学的知识结构,如图 6-1-1 所示,我们可以看到,在不同类型的美学中都能找到其对应的科学理论。美育与科学的渊源由来已久,其功能与科学的目标紧密融合在一起。广义上的文科与美育联系得最为密切,这是由于其目标与美育的功能是一致的,均是促进人综合素质的提升。社会科学以现代科学方法为工具,其美育功能主要表现在文化底蕴方面。理科和工科以数学和数学方法为主要手段,理科是对事物本质规律的把握,这些规律往往符合形式美的某些规则;工科应用数学中的大多数公式、定理等,这些都符合形式美的原则。因此,理科和工科在美育功能方面的共同点就是培养学生的形式美感。

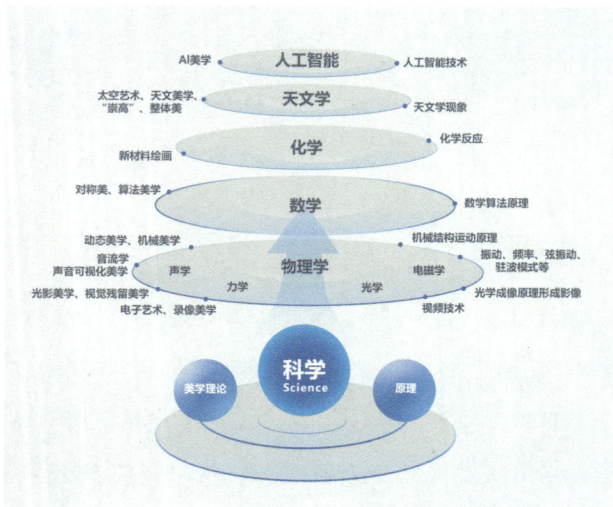

图 6-1-1　科学理论知识及其相应的美学理论

二十世纪初,法国物理学家德布罗意认为在科学史上的每一个时代,美一直是指导科学家们从事研究的向导。自古以来,科学与美学在各学科领域中都是密切相关的(图 6-1-2),如在化工领域,古代的陶器是以高温催生化学变化来改变物质天然性质的技术为基础的艺术作品,制作陶缸的盘筑法,与 3D 打印之间有逻辑联系;同样,在生物工程方面,园艺、金鱼养殖和基因编辑之间也有千丝万缕的联系。当我们理解了美学和科学的逻辑和基本原则时,我们就会对科学美在人类发展中的地位进行深刻反思。这种对基本逻辑的理解有助于我们更好地理解美学和科学在历史上是如何相互依赖、相互交织的。由此看来,科学与美学的结合符合科学发展的客观规律,科学与美学的结合焕发出巨大的生命力。

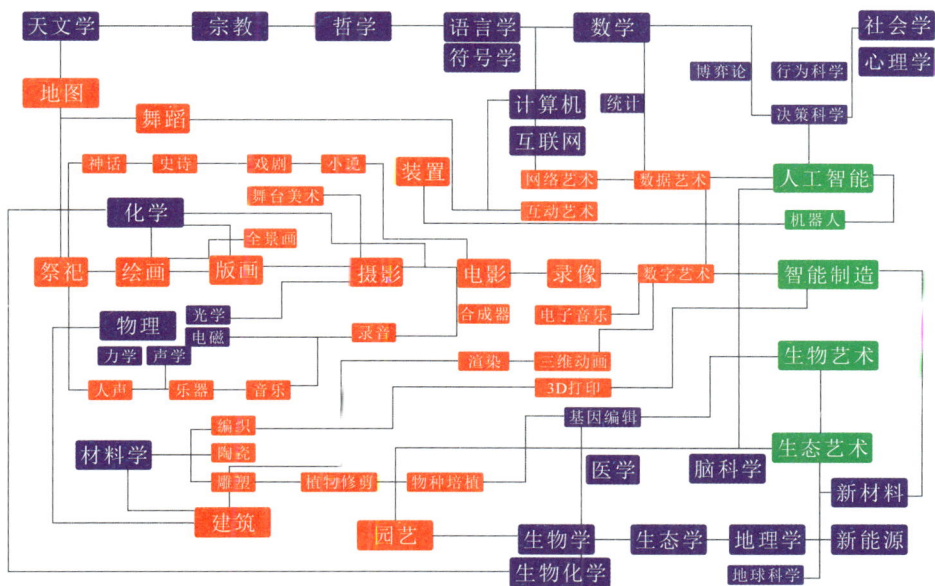

图 6-1-2　诸多科技学科与美学关系图

二、科学美育功能

科学美育是以科学研究、科学实验、科学发现、科学发明、科学理论为主要内容,向人民群众广泛开展审美教育的一种形式。科学美育旨在提高我们的审美能力和科学创造力,使人格更加完善和健全。科学以求真为目标,美育以求美为目标,二者都是为了人的全面、和谐发展,最终目的是一致的。科学美育功能体现在促进学生身心和谐发展和培养学生科学创造力两方面。

（一）科学美育促进学生身心和谐发展

科学美育对我们的认知塑造、实践养成、情感与理性的协调发展、和谐心理状态的构建有不可忽视的作用，其发挥的作用是其他美育所不具备的。"情商"通常是指一个人控制自己行为的能力，是感知、使用、理解、管理和掌控情绪的能力。心理学研究表明，"高情商"对一个人建立良好的社会关系、积极看待事物、获得幸福感起着重大的作用。我们在自我认识和与人交往中离不开情绪和情感，科学美育以其科学严谨性、思辨性、理性渗透其中，是培植积极情绪、消除消极情绪的一条途径。一方面，科学美育可以培养学生的审美愉悦。审美愉悦是超越人的生理满足快感的被"净化"的精神愉悦，具有明显的特征，科学美育能够在提升审美情感的同时升华我们的情感需求，达到情感与理性的统一。另一方面，大量科学家不断追求科学美，最终到达科技高峰，这也是科技进步的重要途径。在美育学习过程中，着重让大学生了解科学与美之间的关系，并鼓励他们成为熟谙包括科学和艺术在内的多面手，使他们成为和谐与全面发展的新一代。

因此，科学美育能让我们与外界建立和谐关系，构建一种超脱世俗、淡泊宁静的生活态度；它可以将思想和人格从理性追求的单方面约束中解放出来，趋向于一种"天人合一"的体验，从而使人与自然和社会、情感与理智相协调。

（二）科学美育培养学生的科学创造力

古希腊欧几里得的《几何原本》被誉为"科学史上的艺术品"，少年时代的爱因斯坦和罗素都将它视为神奇的艺术品来阅读、欣赏。爱因斯坦曾称赞玻尔所提出的电子壳层模型及其定律是思想领域中最高的音乐神韵，曾惊叹迈克尔逊-莫雷实验方法的精湛和实验本身的优美。而爱因斯坦的相对论则被不少科学家誉为物理学中最美的理论。尽管科学家对科学美的阐述大多零散，缺乏系统性，但他们对科学美的肯定是不容怀疑的。科学家体验到的主要是科学创造本身的美和科学理论蕴含的美，而在日常生活中人们仍然可以感受到物化形态的科学设施和科学产品的美。美国著名科学家、发明家爱迪生一生的成就，与其小时候母亲在科学审美方面的教育分不开。爱迪生小时候，老师因为他太调皮将其赶回家，但他的母亲并没有因此而批评他。通过询问母亲发现爱迪生好奇心重，对物理、化学知识很感兴趣,于是母亲买了有关物理化学实验的书籍作为礼物送给他,并引导他观察大自然,鼓励他思考,遇到问题时求教于百科全书。这在无形中通过科学美育拓展了爱迪生的思维,提高了他的想象力和创造力,为他成为功勋卓著的发明家奠定了基础。由此可见,科学美育对开发人的思维、提高人的创造力和激励人探求事物的本质等有很大的帮助。

根据脑科学理论,右脑在创造性活动过程中起着重要作用,科学美育的有效实施对右脑的开发是一项重要措施。科学研究表明,左脑控制身体右半部分的神经和感觉,具有逻辑思维,是语言控制的中心。右脑控制着身体左半部分的神经和感觉,表现为形象思维,具有识别人物、空间和图像的能力。在《思考的艺术》一书中,美国科学家将艺术创作过程分为准备、酝酿、闪光和验证四个阶段。灵感是艺术创造的源泉,但必须通过具体量化描述和逻辑测试才能真正具有价值。在创造性工作中,虽说右脑起着决定性作用,但是也离不开左脑的支持,左、右脑之间的相互配合是创造力的基础,而颠覆性的工作往往以科学活动的形式呈现。我们需要通过科学美育进一步开发人类大脑。

科学家居里夫人曾说,科学的探索研究,其本身就含有至美。科学美育课程,一方面可以让学生对科学美育的知识有基本的了解;另一方面可以进一步开发大脑左、右半球。科学的目的是通过知识掌握真理,揭示事物的本质属性及其发展规律。科学美让学生从"真"走向"美"。

拓 展 阅 读

作为一项开拓性研究成果的科学美学著作,应该以辩证唯物主义和历史唯物主义为指导,从美学的角度分析自然科学中的审美要素,揭示科学理论的审美价值,肯定科学美学方法在科学方法论中的地位和作用,论证科学美学方法在科学发现、科学检验和科学发展中的重要性,为促进现代自然科学乃至整个科学的发展及其真善美的统一作出贡献。这是科学美学的主要研究任务。

徐纪敏《科学美学》

第二节　科学美的本质与特征

一、科学美的兴起

　　与艺术美、自然美和社会美一样,科学美同样是美学研究的一个重要领域。毕达哥拉斯是科学美学的始祖,他的思想包含存在于客观物体、图形和数字中的美,开创了对数学之美的理解。中世纪后,随着西罗马帝国的崩溃和宗教对人们精神形态的统治,欧洲的古代文明逐渐凋零,导致科学美学进入黑暗。然而在文艺复兴时期,科学美学又搭乘文艺复兴的东风徐徐上升。

　　十八世纪中叶,德国美学家鲍姆嘉通认为美学的目标仅仅是通过感官建立起来的。从那时起,自然科学被排除在美学的门外,自然科学家也不再致力于美学的研究。十九世纪中叶,英国物理学家麦克斯韦(Maxwell)写下了一个方程,彻底解决了困扰人们多年的折射问题,使人们对美的理解进一步得到了提高。十九世纪末和二十世纪初,全球经济快速发展,各学科都得到质的飞跃。许多自然科学家在他们自己的科学研究过程中发现了科学理论的美学价值,例如牛顿力学公式、麦克斯韦方程组、爱因斯坦引力公式、海森堡量子力学矩阵等,这些公式结构完善、形式简洁、内涵丰富,推动了科学与美学的结合,因此,现代科学与美之间有统一的趋势。二十世纪七十年代,物理学家们得知麦克斯韦方程组有一个非常漂亮的纯数学根源——纤维丛,它奠定了今天几乎所有现代信息通信技术的基础,这一科学突破是在审美判断的指导下实现的。

　　二十世纪五十年代和六十年代,在中国的"美学热"中,科学美不在争议的焦点之内,直到八十年代后,实践美学成为主流,"科学"对新时代美学发展的影响也被提出。当时最紧迫的问题是科学和现代技术如何成为各领域迈向现代化的强大武器,进而实现更丰富的理论和实践创新成果。此时,李泽厚将"意象思维"的讨论从传统认识论中抽离出来。钱学森将科学思维引入美学并使之理性化,他在新时期对于思维科学的呼吁和引导,成为理论界学者们热衷学习借鉴的对象。不少学者给钱学森写信请教思维科学的问题,极大推动了文艺美学和自然科学的结合。1987 年,徐纪敏提出建立科学美学,并在《科学美学思想史》一书中明确提出了"科学美学"的概念。2002 年,物理学家李政道在《科学与艺术》中写道:"科学和艺术是不可分的,两者都在寻求真理的普遍性。"他认为,艺术与科学如同一件事物的正反两面,我们要加以区分,辩证地去对待。2016 年 4 月 18 日,在北京由中国美术馆主办的"大师讲大美"学术讲坛上,著名物理学家杨振宁作了题为"美在科学与艺术中的异同"的演讲,他站在自身的角度,证明"在科学中是存在美的",从物理学角度对科学之美进行了诠释与解读。他将物理学的发展分为实验现象、唯象理论、理论架构与数学四个阶段,认为这四个发展阶段都有美的存在,且美的性质不尽相同。2020 年 10 月 11 日,华中师范大学举办"人工智能艺术与设计在线论坛 2020",与会专家从人工智能时代下的艺术和科技融合等角度,围绕当下人工智能科技激发新一轮的认知革命,催生出新的美学系统和教育思路的变革进行了深入交流。

回顾科学美与现代科学的发展历程(图 6-2-1),我们时时刻刻都不能停下对科学美的追求的脚步。目前,科学美在国内,是一种新的美学形态,经过发展,人们对它的认知有了很大的提升,现已成为现代美育中不可缺少的一环。

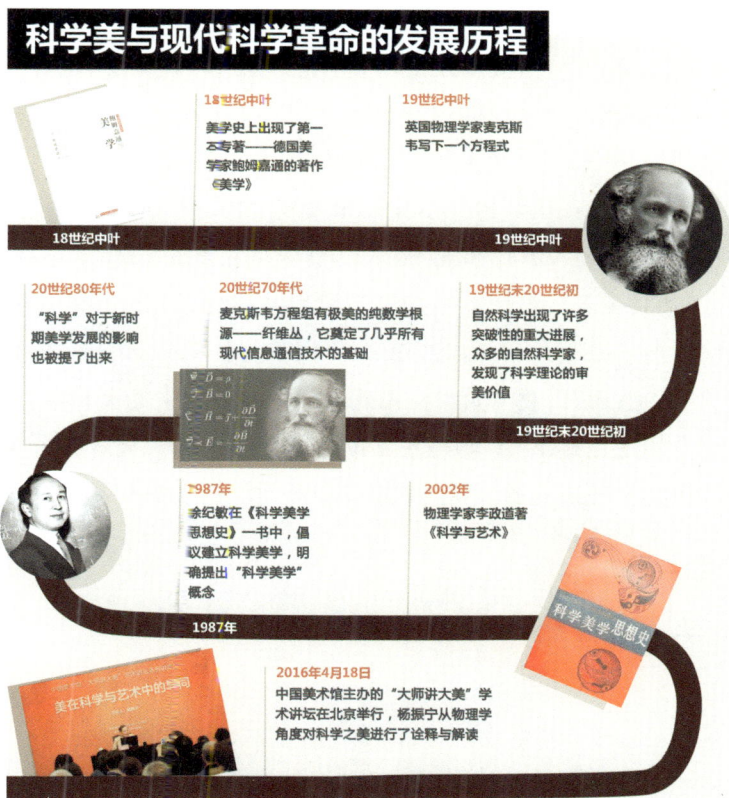

科学美与现代科学革命的发展历程

18世纪中叶
美学史上出现了第一本专著——德国美学家鲍姆嘉通的著作《美学》

19世纪中叶
英国物理学家麦克斯韦写下一个方程式

20世纪80年代
"科学"对于新时期美学发展的影响也被提了出来

20世纪70年代
麦克斯韦方程组有极美的纯数学根源——纤维丛,它奠定了几乎所有现代信息通信技术的基础

19世纪末20世纪初
自然科学出现了许多突破性的重大进展,众多的自然科学家,发现了科学理论的审美价值

1987年
余纪敏在《科学美学思想史》一书中,倡议建立科学美学,明确提出"科学美学"概念

2002年
物理学家李政道著《科学与艺术》

2016年4月18日
中国美术馆主办的"大师讲大美"学术讲坛在北京举行,杨振宁从物理学角度对科学之美进行了诠释与解读

图 6-2-1 科学美与现代科学革命的发展历程

二、科学美的本质

在"科学美学"一词的第一种含义中,"科学"是指研究方法,即通过自然科学的研究方法来探究美学;在其第二种含义中,"科学"是指研究对象,科学美被认为是一个独立的美学领域。说到科学美,我们也要弄清楚两个概念:一个是艺术中包含的科学的美,另一个是科学研究中发现的美。我们这里所说的"科学美",是指人类创造性科学发明和实践活动中的美。

科学美学以科学作为基础,并从美学的领域对其进行思考。一方面,科学美学是美学的一个组成部分,和其他艺术美学领域地位相当;另一方面,它与其他学科相并列。科学中存在美,那么科学美的本质是什么?科学美是在"合流"背景下催生出的新学科,是继自然美、社会美、艺术美之后的第四个美学形态。科学美概念的创始人——法国科学哲学家庞加莱(Jules Henri Poincaré)明确表示,科学美"不是给我们感官的印象的美,也不是纹理和外观的美",而是"理性美",这是可以被理智捕捉的"深层美"。由此,从其本质上看,科学美是一种理性美,这种美不是靠感官来把握的,而是通过理智来把握的;从其发展来看,科学美为传统美学注入了新的活力。

很多优秀的科学家在他们的科学活动中发现了"美",并粗略地描述了科学美的存在,但科学美目前还没有严格精确的定义,它的主要形态特征可概括为新奇、未知、对称。正如我国著名物理学家杨振宁所言:"我考虑用一些词来定义科学中的美的可能性。显然,'融合、不确定、有序'等词都与科学中的美有联系,尤其是理论物理学中的美。然而,当我开始尝试用这些词定义科学中的美时,我又感到物理学中美的概念并不是一成不变,而是在不断变化中。"①如何揭示科学美的深层本质?如何在认识科学理论美的独特性的同时,又不与其他美学相冲突?这些问题亟待解决。

三、科学美的特征

科学美是一种基于自然之美、物质现象之美、物质形态之美和过程规律之美以及科学方法应用于生产活动中产生的美。现代科学美学揭示了一些传统科学美学未曾涉及的新的美学特征,随着科学技术的进步,将会有更多的新的科学美学特征

---

① 杨振宁:《美和理论物理学》,《自然辩证法通讯》1988 年第 1 期。

被认识。从科学发展史来看,和谐性、独特性、简洁性和对称性是科学美的四个基本形态特征,其主要特点是新颖、简单、完整、对称、和谐和统一。如果效仿传统美学理论家把艺术美的形象性和情感性绝对化与普遍化,把科学理论美特殊的形态表现也绝对化、普遍化,那就会把科学美与自然美、社会美、艺术美对立起来。依据科学美的本质与独特性,其特征可简单归纳为形象美、理性美、实验美和真善美的统一。

(一)形象美

自然界的内部结构具有数学表现形式,数学表达式是可感知的形式。科学当中的美主要就是形式美,科学中的美具有一定的形象性。

形象美包括视觉、听觉、视-听觉形象三种类型(图6-2-2),其中,视觉形象是人眼可以直接感知的形象,比如科技馆中呈现的星空和星座的形象;听觉是人类听觉器官可以直接感知的形象,比如北京天文馆恒星塔中显示天体运动的声音;在同一时间既可以看到星空中星星的活动,也可以听到它们活动的声音,就是视-听觉形象。这三种形象美具有具体性和直接可感知性:具体性是指具有一定的空间和时间稳定性的具体的事物;直接可感知性是指能够被人直接看到、听到,或者既能直接看到又能听到。形象有了具体性才是直接可感知的,只有可直接感知的形象才能成为视觉、听觉、视-听觉形象。科学家的思维成果用相应的科学论著、模型、影像、图片等表现出来,就构成了具体的形象。此时,科学的形象美随之诞生,也就能被人类所感知。

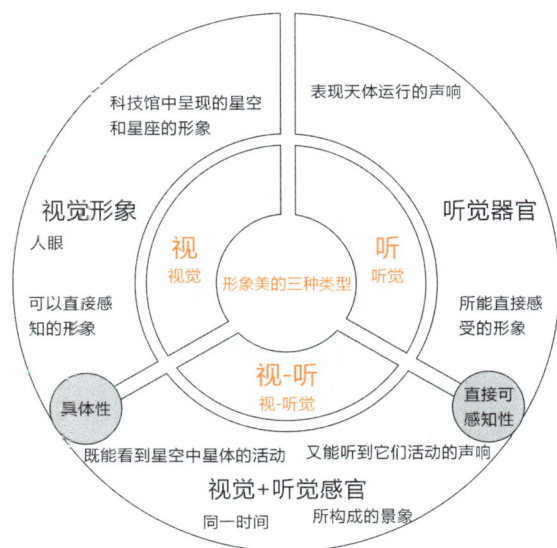

图6-2-2 形象美的三种类型

随着科技进步,人们可以使用很多科技手段来增强人的感知。2015 年,艺术家郑达创作大型互动灯光装置作品《机器的自在之语》,让观众可以进入作品中间,甚至可以去改变这个作品的面貌。2020 年在"未知的未知"个展中,郑达带领"低科技艺术实验室"与电子音乐人马海平打造 Audio-Visual 视听表演,他们让声音点亮机器装置并与心跳同频互动,创造视听联觉效果的沉浸式"视听场",用跨学科的科技手段展现科学美的艺术魅力。

(二) 理性美

科学哲学家庞加莱认为科学之美是一种理性美,并且科学美与其他艺术美有不同的科学理性内在。科学与理性密切相关,这是众所周知的事实。科学活动立足于观察,是人通过思考形成一定的认知和判断。科学过程首先是观察和思考,然后是概括、总结,形成科学假设或理论范式,最后通过实验来验证。理性是人类思想在科学活动中产生并随着科学的进步而发展的产物。

在探索理性美时,我们要先了解理性美的特点。科学理性之美不同于自然、社会和艺术之美,是一种有"内涵""理性"和"思维"的特殊美。它是一种朦胧的美,主要研究自然科学中的美学问题,揭示了自然本质和自然规律。很多科学过程中都有美。当我们发现美的能力和欣赏美的水平不断提高时,我们的逻辑思维和审美认识相结合,就会发现并培养理性美。许多著名科学家都曾感受、体验和发现科学的理性美,如爱因斯坦的相对论被许多科学家认为是最美丽的物理学理论,德国物理学家玻恩将相对论视为"从远处观看的艺术作品"。

(三) 实验美

十七世纪,大量自然哲学家在广场演示他们所研究的科学实验,实验科学被冠以艺术之名。在当时,大家都相信阳光是纯白光,但是人们对雨后彩虹的颜色无法做出解释,也不明白颜色是怎么产生的。牛顿通过棱镜色散实验解释了光的组成原理,他在阳光下放置了一个三角棱镜,阳光照射下来,穿过三角棱镜,不同波长的光以不同的角度被折射出来,出现七种基础色带。他还用七种基础色带的圆盘通过高速旋转合成白光,让人们对太阳光有了更深的理解。牛顿通过科学实验展示了科学实验之美的特性。这个实验的设计具有早期实验的许多特点,例如实验设备简单,给人们带来视觉愉悦,以及要表达的内容易于展示。公众在参与的同时可以欣赏到实验美的优雅、多姿。

自然是科学的研究对象,科学实验以大自然为对象进行。从科学发展的历程来看,科学超越了哲学,战胜了神学,走上独立发展的道路,这个过程中科学实验起到了举足轻重的作用。例如,迈克尔逊-莫雷实验证明了不同方向上的光速是相同的,爱因斯坦称赞这个实验是"最美丽的实验"。

实验已经成为科学研究中实证方法的核心:在新的实验仪器的帮助下,通过不断的实验和重复,自然科学家可以探索没有接触过的领域,探索未知的世界。我们从不同的途径和用不同的方法来评价实验的美:实验装置器具、实验的思维和方法、实验过程设计的合理性等,都包含美的元素,均展现出优雅和美丽。实验结果本身也可能是非常美丽的,就像瀑布前面的彩虹和显微镜下的微观世界。实验过程也不缺乏美,只不过需要发现美的眼睛。

（四）真善美的统一

叶朗认为审美的人生就是诗意的人生、创造的人生、爱的人生。他提到的"诗意""创造""爱"可以理解为"真""善""美"。这里的"真"是万事万物的本质,是科学创造过程,也是审美过程,这是"真"与"美"的统一。一个人处于"美"的世界中,就会获得一种爱和感激的体验,这将鼓励我们追求思想上的高雅,以提升和完善自己的人生境界,这是"美"和"善"的统一,也是科学和审美教育的最高境界。

科学不是事物表象的反映,而是人类依据客观规律和逻辑思维进行创造性实践的过程中所创造的美,因而科学美是真善美的统一体。科学创造通常会借助科学实践和审美意识,运用逻辑思维归纳总结,从而认识和揭示科学之美。科学研究的"真"与"美"是利用科学的真与美的自然规律服务和造福人类,这是科学的"善"。因此,科学创造活动实现了真、善、美的统一,这是科学创造的最高愿望。

拓　展　阅　读

麦克斯韦方程组(式(6-2-1)):这些方程为发电、电动机、无线通信、透镜、雷达等电力、光学和无线电技术提供了数学模型。这个方程组的发表标志着以前分别描述磁、电、光和相关辐射理论的统一。

$$\begin{cases} \oint_l H \cdot \mathrm{d}l = \iint_S J \cdot \mathrm{d}S + \iint_S \frac{\partial D}{\partial t} \cdot \mathrm{d}S \\[2mm] \oint_l E \cdot \mathrm{d}l = -\iint_S \frac{\partial B}{\partial t} \cdot \mathrm{d}S \\[2mm] \oint_S B \cdot \mathrm{d}S = 0 \\[2mm] \oint_S D \cdot \mathrm{d}S = \iiint_V \rho \mathrm{d}V \end{cases} \qquad (6\text{-}2\text{-}1)$$

爱因斯坦引力公式：$e=mc^2$。1905年，爱因斯坦提出了一系列颠覆人类历史的理论，他声称能量和质量可以转换。在广义相对论中，此方程将时空的几何结构与其中的物质分布联系起来，它的出现就像打开了潘多拉的魔盒。

海森堡量子力学矩阵（式（6-2-2））：矩阵力学是由德国物理学家维尔纳·海森堡、马克斯·玻恩和帕斯夸尔·约尔旦开发的。它与薛定谔创造的等效波动力学相对应。在某种程度上，矩阵力学提供了比波动力学薛定谔绘景更自然和基本的量子力学系统描述，特别是对于相对论理论，因为它尊重洛伦兹不变性。它显示出与经典力学在形式上的高度相似性，这些理论在推动二十世纪物理学的快速发展中发挥了重要作用。

$$C_{mn}\,\mathrm{e}^{\mathrm{i}\omega_{mn}t} = A_{mk}A_{kn}\,\mathrm{e}^{\mathrm{i}(\omega_{mk}+\omega_{kn})t} \qquad (6\text{-}2\text{-}2)$$

资料来源：维基百科

第三节　新时代大学科学美育的实践路径

一、科学美育构建审美理想

我们通过科学美育的各种实践活动，探寻科学美育的内核，有意识地将真、善、美结合起来，再不断学习和运用科学知识，以提高我们的科学审美气质，实现真善结合、美善结合以及人与自然的和谐、统一，达到真善美统一的理想境界。

科学美的审美理想，是通过感受、体验、理解和欣赏的过程来建构的，这一过程既可以感受科学理论知识和科学美学带来的科学力量，又可以提高审美能力，陶冶情操。影响科学美的审美理想的因素包括科学本身的艺术魅力和审美价值，也包括欣赏者的艺术知识、审美能力和文化修养。

（一）提高科学美感知力

美学鉴赏的先决条件是敏锐的审美感受力。所谓审美感受力，是指感官对自然和美的形式的敏锐感知，不但能从科学或实用的角度去分析或总结一个物体，而且作为一种对科学美形式的直觉体验，能捕捉和理解科学中美的形式的情感。

审美感受力需要科学理性思维与美学感性思维的结合。科学美感的获得是通过科学创造活动来实现的，假如没有观察过海螺和向日葵花盘的美，不了解数学中的"黄金分割"理论，那么就不能真正懂得罗伯特·史密森的《螺旋形的防波堤》作为大地艺术美学将大自然与科学相结合的浪漫与崇高。同时，如果认为宇宙永远不变而不是一直处于膨胀中，最终会"热死亡"，就无法理解为什么螺旋形防波堤的周围是黄色的，而中心是红色的。因为盐湖中的红藻聚集在水面平静的地方，大盐湖经常有风的地方藻类无法生长，越是靠近螺旋形防波堤的中心，水面就越平静。在盐湖的最中间是一潭死水，所以里面长满了红藻。这看起来不仅是一幅风景画，同时也是对宇宙的思考。

在科学技术的现实语境中，艺术家的创作不再是一种个人情感的抒发。我们在探究科技艺术之美时，需要在基本科学知识的前提下，结合作品的美学系统、媒介选择、创作机制等方面进行考量创新。艺术家郑达将科技与艺术结合，创作了机器Ⅱ系列作品。自2014年开始，从最初的"模仿行为机器再现"互动影像装置《生成的线索》，到"模仿自然机器参与"的AI动态装置《机器的皮肤》，再到AI机器装置《肉身机器》所呈现的"肉身计算机器智能"，郑达在机器的领地中不断探索，不断调整与机器对话的角度和身份，用科学语言解读数字艺术。

培养丰富的审美感受力并不容易，因为它不能通过简单的知识转移获得，也不能在短期课程中养成。在感知自然和科学中的形式语言时，首先要充分感受审美对象的形式语言，用情感和素养来体验，并培养这种感受力。在新时代科学美育的背景下，用科学手段培养学生感受美的能力，是科学美育的首要任务。学校可多组织美育活动，鼓励和吸引学生参加科学美育实践活动，了解和认识科学原理并动手制作科学艺术类的小作品，培养他们运用科学创造美的兴趣。

（二）积累科学审美经验

审美经验是通过审美活动积累起来的，通过审美活动经常接触、观赏和评价审美对象，并进行审美实践。此外，审美现象、审美类型、审美文化、美学法则等问题都与美学密切相关。我们需要尽可能多地掌握与之相关的知识，以便有足够的参考框架来深入理解和欣赏科学之美。

科学审美可以从自然和我们周围的事物出发，培养观察力。伽利略是科学革命的先行者，他曾经用望远镜观察月球，并将观察到的内容画在笔记本上。在他的笔记本中，他用不同虚实线条，把月球表面环形山轮廓描绘出来，甚至画出了非常通透的暗部。从这方面看，伽利略也是一位艺术家。十年前，苏富比拍卖行拍卖了牛顿的素描手稿，手稿展现了很好的绘画技巧，这不是巧合，因为它们都基于相同的基本能力，即观察力。科学家们会客观地观察和理解他们所观察到的现象，并善于组织所观察的现象。中央美术学院原院长徐悲鸿先生在讲解文艺复兴时期的素描时，认为这是一种基于科学的艺术。他对科学的理解，指的就是这种客观的观察。

例如，1987 年在北京举行的"格点规范场论"国际学术研讨会，物理学家李政道先生为此次研讨会创作的作品《格》（图 6-3-1）包含了科学元素。格点规范理论（lattice gauge theory）是 K. 威耳孙在 1974 年建立的，是针对离散化为格子的时空的规范理论的研究，其本质是用有限的格点（点阵）的量替代连续时空中的场。"格"字有格致、格范、格正、格量的意蕴，均含有探究与测量的意思。《格》中的背景是李政道在哥伦比亚大学用于格点计算的并行机的线路图，毛笔大字由其亲自书写，远看如同荷兰画家蒙德里安的"新造型主义"风格画，具有音乐性和节奏感。

图 6-3-1　李政道《格》，1987 年

　　构建科学美的审美理想，须掌握科学理论的审美要求和审美评价标准，这也是科学美育的重要任务之一。"真理性、新颖性、奇特性、独创性、启发性、预见性"是科学理论创造的审美要求与审美评价标准，无论是从科学理论的欣赏中获得科学的美感，还是培养创造科学美的能力，大学生都需要习得上述审美要求与审美评价标准。因此，新时代大学生应该将深刻的洞察力、科学理性思维和审美感受力有机地结合在一起，在科学认识和实践活动中确立科学美的审美理想。而且我们除了重视逻辑的方法外，还应该强调非逻辑方法的重要性，如"创造"中的思想和灵感。"面向生活世界"，在尝试解决生活世界中存在的现实问题的同时感受科学美。

二、构建科学美育观

　　新时代大学生的科学美育是高等教育的重要组成部分。科学美学教育从科学美学的角度培养人们欣赏和创造美的能力，这是大学生全面发展不可或缺的一部分。科学美育的目的与教育的目的是一致的。构建新时代大学生科学美育观的价值在于：

　　第一，它有助于促进整个美学学科的发展和科学研究学科体系的完善。科学美与传统美的差别，为进一步丰富美学提供了巨大的空间。对科学中"理性美""实验美""形象美"的探讨，可以丰富传统的美学理念，将传统美学带入新的境界。同时，科学美学的独特地位不能被其他科学所取代，因为它的存在不仅为科学研究开辟了新的领域，而且为科学进步带来新的活力，有助于进一步完善科学探索。

　　第二，它在科学与美学、科学与人文之间建立起联系，架起沟通桥梁，促进大学生跨学科的研究学习与全面发展。在当下，狭义的实证主义与人文主义、科学观与人本主义的文化观，在包括美学、艺术、文学等在内的科学与美学文化的分离中得以体现，这对于消除学科之间的分离，促进两种文化的交融，有重要的意义。

　　第三，它有利于培养大学生的创新力。钱学森曾对创新人才培养给出了"艺术与技术相结合"的回答。在科学活动中，科学家往往寻求事物的本质，追求科学美的魅力。英国科学家詹姆斯·W.麦卡里斯特表示："现代科学最引人注目的特征之一就是许多科学家都相信他们的审美感觉能够引导他们到达真理。"[1]科学教育是培养学生创新力的有效途径。

　　①　詹姆斯·W.麦卡里斯特：《美与科学革命》，李为译，吉林人民出版社，2000，第108页。

科学美育的内容非常广泛,贯穿于教育的各个阶段。构建科学美育观主要包含以下四个方面内容。

第一,建立科学美与科学美育的基本教育观念。虽然不懂美学的人无法像有美学理论指导的人那样感受到深刻、清晰和准确的美,但是他们也能从自然或者艺术中获得现实美感。然而对于科学的美来说,情况有所不同,我们不能直接感受到科学之美。科学之美是基于自然内容之美或科学理论之美,具有一定的隐蔽性,需要经过理性思维的深层加工和分析来获得,也就是说具有一定科学和科学美学理论知识的人才更容易理解科学之美。因此,普及科学理论知识来培养大学生的科学美感和科学美育观念是科学美育的主要内容。

第二,树立正确的科学美学观。科学美学观是人的美学世界观在科学审美实践中的体现,指导着人们的科学审美实践。它是美学观的分支,是人类世界观的一部分。科学美学观的树立受到以下三个因素的影响:①时代发展的要求。科学美学反映社会的发展程度,也是社会的经济基础。因此,在二十一世纪的新时代,科学美学观的树立须适应新时代发展的要求,大学生应该树立正确的科学美学观。②遵循科学工作创造的美的规律和发现自然界的美学规律。科学工作创造的美是人的本质力量的客观化,是人的智慧美的体现,人类的科学工作能揭示自然界客观存在的科学美。新时代大学生主要通过实践来了解自然界如何遵循美的规律,并运用科学美学理论来证明自然遵循的美的规律。③科学美感是通过科学的审美观察来获得的。科学美感是我们的主观心理活动,是潜在的美在科学审美对象中的反映。科学美学具有两面性——主、客观,科学美学依托于科学发展。

第三,培养欣赏科学之美的能力。自然内容之美和科学理论之美必须通过科学美学的加工来获得。从科学审美的生理和心理机制来看,欣赏科学之美的能力取决于获得和发展的科学审美教育。因此,培养大学生感受和欣赏科学之美的能力是科学美育的另一个重要组成部分。

第四,培养表达和创造科学美的才智。辅助当代大学生掌握现代科学知识,掌握自然的规律,根据规律积极促进世界进步,是科学美育的根本目的。培养当代大学生建立正确的科学审美观,最终应该落实到科学之美的表达和创造的实践中。这是科学美育的起点,也是科学美育的终点。

因此,科学美学教育要融入高等教育之中,成为其不可分割的一部分。科学美育可培养大学生的科学审美能力来感知、体验、理解科学之美,并培养大学生科学审美的想象、理解、识别和判断的能力。

三、加强科学美育实践

改革开放初期,钱学森、杨振宁、李政道等著名科学家与李可染、吴冠中等著名艺术家举行了多次沙龙会谈,提出了科学与艺术融合的观点,确信科学与艺术的共同基础是人类的创造力。近年来,随着对艺术更加自觉和强烈的追求,一些专家将研究视角集中在科学美育与艺术美育的融合上。学术界专家严加安强调,艺术创造是对现实美的形象反映,科学创造则是对美的客观自然规律的把握和对客观真理的揭示,两者相互影响、相辅相成。科学既求真,同时也求美,科学与美都是在追寻创造性思维。科学追求真理和美,科学和美寻求创造性思维。然而,艺术与科学之间的内在关系在过去的教育中并没有引起足够的重视。近年来,随着科学美育的意义被重申,这一具有前瞻性、研究性的领域才再次被关注。

科学美育具有不易把握的特点,这决定了科学美育不可量化,在大学教育中往往不被重视。今后学校要加强美育机制的建立,加强美育研究,以科学美育理念为支撑,推动科学美育实践落地,同时以丰富的科学美育实践馈赠美育理念。二者的统一对教学活动具有重大意义。大学生高校课程建设需要植根于科学的研究文化和文化基因,以"人"为基础,强化大美育理念,建设以"科学＋美育"一体两翼文化为特色的立体课程体系。加强线上课程建设,改革创新教学模式。随着互联网、大数据、智能技术及其他技术的发展,学校有必要充分利用新媒体、数字媒体等创新模式,以提高美育影响。

大学生应充分利用科学美育课程,参与科学美育实践。第一步是在现有艺术课程的基础上,自学或选修一定比例的科学美育课程。第二步是"智能化",学校利用各种智能设备,发挥智能设备的优势,改革创新教学模式,实现美育的"智能化"。我们也要充分利用互联网,主动探索和参与科学美育实践活动。

四、未来教育模式转向科技＋艺术＋教育

人类积极开展科学美育的研究的根基是以科学、技术、哲学、伦理学、美学为基础的跨学科融合,这对我们理解新时代的艺术语言、审美特征有着特殊的价值和意义。近些年来,中国也一直在探索科学与美学的跨学科交融,通过科学与艺术的展览和论坛积极开展科学美育活动。例如,2008 年至 2014 年,中国美术馆举办了三届"国际新媒体艺术三年展",探索世界先进科学技术与艺术的结合。2016 年,最

新的艺术和科学作品在"第四届艺术与科学国际作品展"上展出。2019年,邱志杰和龙星如共同策划了"脑洞人工智能与艺术"展览,全面展示了AI艺术。2020年全球人工智能技术大会在深圳召开,全球顶尖科学家、艺术家及各行业精英展开关于AI的论坛活动。

科学与美育的融合已经成为全世界高等教育的一个重要趋势。在"从STEM(科学、技术、工程和数学)教育到STEAM(将艺术加入STEM)教育"的影响下,美国和欧洲正在讨论如何将艺术和设计重新纳入科学、技术、工程和数学。在欧洲,欧盟STARS倡议正在通过让艺术家参与科学和工程来开辟新的途径。美国国家科学院最近的一份报告研究了如何在大学教育系统中把STEM变成STEAM。

世界上许多大学都在尝试将科学和美育更好地结合起来,关注先进的学科和社会需求,借助跨学科的专业团队,努力使美育与科学教育更加紧密结合,培养具有复合创新能力的有潜力的创新人才,同时引领科技创新发展,增强国家文化软实力。美国斯坦福大学的坎特艺术中心开设跨学科的艺术和科学课程,鼓励学生在新时代探索艺术媒体概念和表达的未知可能性。瑞士苏黎世大学的数字艺术研究中心将数字艺术和计算机技术与人文和社会科学相结合,再现了五百年前水城威尼斯的原始建筑,并为我们这个时代的建筑修复做出贡献。中国中央美术学院成立科技艺术研究院,发展科学与艺术教育体系,从而促进学生的艺术思维和逻辑科学思维的结合。

未来教育将以"科学+艺术+教育"的模式发展,以科学、美育、教育三者结合的形式呈现。2022年2月"梵高秘境"裸眼3D沉浸式大展在上海展出,展览一共分为3大板块:作品互动娱乐+光影房间沉浸欣赏+美育课堂。作品互动娱乐内容包含带着极光走进星夜体感交互互动、罗纳河上绽放烟花互动、麦田上的乌鸦群互动、花田里的蜜蜂和鸢尾花上的蝴蝶等触摸识别互动、梵高早中晚期的光画欣赏。在光影房间展区,我们可以看到经典的梵高系列作品和少见的部分作品系列,梵高早中晚期作品以裸眼VR光画形式供公众欣赏。巨型沉浸区特别设计的"站在画里看画"会有轻微的眩晕感,可以体会梵高晚期作画的真实眩晕感受。在个人创作区域,我们可以自由地创作自己的作品,采用国家"美育课堂"教育的最新理念,沉浸式学习空间和艺术创意概念。

这次展览是科学技术和美育相结合的一次意义重大的实践,为"科学+艺术+教育"的发展提供了范式,它让参观者"零距离"欣赏经典的艺术作品,沉浸在光影营造的环境中,惊叹艺术家在美丽和不朽的深邃色彩中迸出的灵感,了解作品背后的情感和历史。

拓 展 阅 读

　　自古以来,数学家就一直在研究黄金比例的特性。在数学中,如果两个量的比值与它们的总和与两个量中较大者的比值相同,则这两个量处于黄金比例。20世纪的建筑师勒·柯布西耶和艺术家萨尔瓦多·达利,将他们的作品按比例接近黄金比例,认为这在美学上令人愉悦。这些用途通常以黄金矩形的形式出现。

　　古希腊人在寻找美的过程中,详细观察大自然中他们认为美丽的事物,并用数字分析其比例关系,最终得出"美"由四个基本成分组成——对称、和谐、清晰和绚丽的色彩。"黄金分割"(图6-3-2)以数学为基础,具有严格的比例性、艺术性、和谐性和丰富的审美价值,其中"比例"体现在数学语言中,使"自然美"成为"数学美"。

$$\frac{AB - BF}{AB} = \frac{AB}{BF} = \phi(= 1.618034)$$

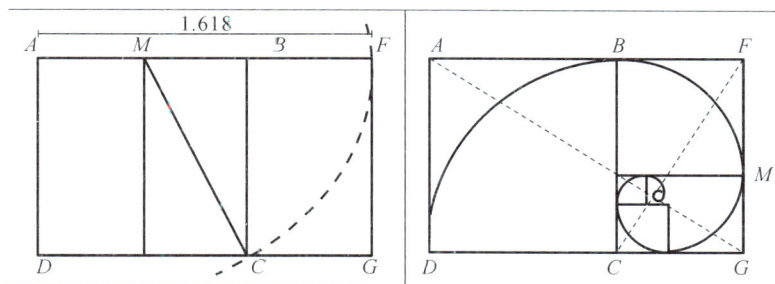

图 6-3-2 "黄金分割"示意图

李四达《数字媒体艺术概论》

　　在科学发展背景下,当代大学生不仅要了解科学知识、方法和思想,还要了解科学的社会作用、科学的历史发展,了解科研人员的工作特点、科学发展的艰难历程和科学技术的对象,理解科学与其他领域的跨学科交融,进行科技审美知识的补充学习,更好地培养自己的科学创造力,促进身心的全面发展。

● 科学美育实践指导

实践内容	实践目标	实践步骤	实践成效检验
参观科技馆、科学艺术馆、科技艺术展览等	实地观察科学研究的方式，认识和感悟科学之美	1. 参观科技馆或者科技艺术展览并拍照记录； 2. 以某一科学中体现的美为线索进行整理； 3. 了解该科学美的原理、逻辑及形成科学美的原因	书写研究报告，对科学之美有进一步的认知
"科学摄影"拍摄	运用多种摄影技术拍摄照片或者录制视频，注意要有艺术创意和审美价值，能生动直观地反映化学、物理、生物、地理等多学科特点，发现科学美	1. 收集可用于拍照的主题； 2. 简单了解摄影知识，如镜头、摄影技术、拍摄技巧； 3. 搭建拍摄场景，进行拍照并处理图片或视频； 4. 总结对理工学科审美认识的变化	掌握基本拍摄技术，能觉察理工学科中的美
运用 AI 绘画工具，探索科学绘画方法	了解人工智能艺术的内在逻辑，从自己的专业出发，探究人工智能对人类审美的影响及未来社会"真善美"的具体表达方式	1. 收集并选择一个适合自己的 AI 绘画生成器，如 Midjourney； 2. 了解人工智能绘画的内在逻辑； 3. 写出生成绘画的关键词，并使用 AI 绘画生成器生成图像	使用 AI 绘画生成器画出自己想要的图像，输出 AI 绘画作品，参加 AI 绘画展览或竞赛

第七章

自然美育

　　美育不仅存在于一般意义上的社会或艺术范畴，它在自然领域亦从未缺席。相对于艺术美育，自然美育具有更为鲜明、客观、交叉的实践特点。自然美育作为一种教育方式，蕴含两方面内容：其一，自然的科学知识；其二，自然的价值审美。这尤其体现在中国传统美育话语体系下的自然认知与审美经验中。在中国早期社会，《周易》中已有"刚柔交错，天文也；文明以止，人文也。关乎天文以察时，关乎人文以化成天下"的文字记载，在此语境下具体是教人如何以"刚柔交错、自然辩证"的方式方法处事为人，足见自然与人的教化休戚相关。从这种把握自然的过程逻辑来看，自然对人具有显著的美育功能。那么，什么是自然？什么是自然美？自然审美过程如何展开结构并具有怎样的美育价值？新时代大学生特质与自然美育途径的展开又有何特殊关联？以上问题皆是论及新时代大学生践行自然美育的津要所在。

第一节　自然的美育功能

　　随着人类生态美学意识的加强,自然美育在全球范围内愈发成为亟待正视的、具有独特价值的一种教育形式。不同于以艺术为中心的传统美育模式,自然美育更加倡导人们围绕自然环境本身的体认过程展开"美的教育"。此处"美的教育"在内涵和外延上要大于一般意义上的"审美教育"。从现象学出发,自然美育在客体层面始终强调自然对人的影响,在主体层面体现为人们对自然价值的不断理解与重构。从当今社会现状出发,物质与虚拟时空均异常膨胀,人们极易受到各类功利的现象与工具理性思潮影响,导致自身忽视自然原有的天真与喜悦。试问,大家还自觉地为"野火烧不尽,春风吹又生"——岁岁枯荣到亘古不变——这尽显生命循环的自然规律所动容否？还适时从内心深处为大自然之鬼斧神工而震撼否？……于人的价值诉求而言,自然有时就像一面正衣冠之镜,时刻照见我们的生存、生活与生命状态。

　　自然是客观存在的,人与自然的关系不可忽视。那么,关于自然的初印象到底是什么？法国诗人夏尔·皮埃尔·波德莱尔(Charles Pierre Baudelaire)曾如是言:"自然总是呈现在我们面前,不管我们朝哪个方向转,总像一个谜包裹着我们,它同时以好几种形态出现,每种形态越是可以被我们理解和感知,就越是鲜明地反映在我们心中。"[1]波德莱尔用"谜"比喻自然之于人的印象或价值关系,真实反映自然不仅是理性层面的认识对象,还需人们以某种具有审美特质的感知方式拨开这层迷雾,至少需要唤醒并持存那份探索、分享自然乐趣的美学式动机与意图。这在思维与方法机制层面为人的自然观照过程指出"认知"与"审美"双重维度。

　　因此,自然美育是以认知与体验自然为手段的一种美育方式。法国思想家让·卢梭在《爱弥儿》中提出,自然教育是一种顺应自然天性、培养自然人的教育方式。[2] 在此基础上,自然美育主要可从以下几个向度展开定义:提高人审美能力的形式美育、强化人生命观的生命美育、培养人热爱自然的生态美育、陶冶人高雅情操的心灵美育。

一、形式美育

　　自然美育是提高人审美能力的一种形式美育。毋庸置疑,自然具有鲜明的客

---

① 波德莱尔:《波德莱尔美学论文选》,郭宏安译,人民文学出版社,2008,第87-88页。
② 让·卢梭:《爱弥儿》,辽宁人民出版社,2020,第2-4页。

观性,自然美育本身则必然表现出显著的感性形式特征。自然美育的这种感性形式特征,恰能在侧面反映传统美学早期以"感性学"对应"美学"之说。无论是宏观的自然界,还是微观的自然物,或是自然界中的色彩、线条、形状、体积等具体构成元素,均是自然美育过程得以践行的物质基础,也是自然美育在功能上区别于艺术美育的一个重要特点。鉴于这种客观自然属性,自然美育在表现原则上应是具体而非抽象的,自然美育活动有其形式基础。如何感受与理解自然美育的这种形式基础呢?

在自然美育认识与实施过程中,首先是感受自然对象固有的感性外观,即自然对象给人的声色之美。"桃之夭夭,灼灼其华"(《诗经·周南·桃夭》),"接天莲叶无穷碧,映日荷花别样红"(《晓出净慈寺送林子方》),此为自然的形色世界。"鹤鸣于九皋,声闻于天"(《诗经·小雅·鹤鸣》),"林莺啼到无声处,青草池塘处处蛙"(《春暮》),此为自然的天籁之音。"迟日江山丽,春风花草香"(《绝句》),"遥知不是雪,为有暗香来"(《梅花》),此为自然的芳香四溢。综上可见,自然之美需要在一定的形式中方能直观呈现,否则容易流于想象。历史经验告诉我们,自然与人的关系承载着诸多人类精神层面的内容,但又总是直观地呈现出鲜明的形式美,具体涉及形状、色彩、声音、线条、材料、变化乃至旋律等。目前,环境美学也十分认同这种观点,甚至大力倡导一种基于科学认知与审美体验的环境美育。诚如加拿大学者艾伦·卡尔松所言:只有在恰当的、正确的科学知识范畴下看待自然事物才是美的。自然环境因不同于艺术品的形式结构性而往往是散乱而缺乏焦点的,为了避免自然环境审美体验的杂乱无章与粗俗肤浅,需要借助科学知识来对环境审美体验进行整理加工。

人关于对象的形式感,在很大程度上是源于自然的流连光景。人们一般是在蓝天白云、绿树红花、风吟雨唱等自然现象中获得并塑造某种形式感。这种形式感并不止于自然本身,还是人们基于自然形式体认的一种人工创造,具体可表现为:既是工艺造型的前提,更是艺术活动的创作基础。倘若离开自然形式感这一人类审美意识发生的前期背景,工艺或艺术也终究是一个不可解的黑箱。

谈论自然美育,还是要从美的一般定义出发。比较肯定的是,一切美似乎都被限定在内容与形式两个层面展开结构,只不过自然美给人的印象仿佛是形式美大于内容美,区别于强调内容美大于形式美的社会美与艺术美等。人们在形式上对自然美育的思考,对训练自身直观的感知力大有裨益,这尤其体现在人对自然美变易性特点的把握之上。新时代大学生身处这样一个信息瞬息万变、技术更新迭代的大环境中,要具备快速应对自然事物变易的能力,不但能够快速掌握自然形式特征,而且能够在此基础上展开创造。

二、生命美育

自然美育对于新时代大学生而言,重在培养其热爱自然、亲和自然的生命观,并能够做到与当下自然和谐共处,最终更好地塑造与完善自身人格。自然美育在这种价值本质上旨在强化人对生命的珍视。对此,黑格尔曾指出:"自然美只是为其他对象而美,这就是说,为我们,为审美的意识而美。"他把自然美对人的意义概括为三个方面:第一,与人的生命观念有关;第二,自然界许多对象构成风景,显示出一种愉快的动人的外在的和谐,引人入胜;第三,自然美还由于感发心情和契合心情而得到一种特性。寂静的月夜,平静的山谷,蜿蜒的小溪,一望无际、波涛汹涌的海洋,星空肃穆而庄严的气象等自然意蕴并不完全属于自然对象本身,而是在于其所唤醒的心情。[①] 黑格尔论述的这三个方面充分体现出人与自然的契合关系,是自然物感发心情而引发的某种美感。置身自然,人们总是情不自禁地因大自然的美景而心旷神怡。康德赞叹"大自然多样性的美到了豪奢的程度",庄子也惊叹"天地有大美而不言",大自然的美无处不在,不必言说却自然而然地存在于每个人的体验中,其内涵正在于其生机的无限,人们正是通过万物的生生不息而体验到永恒的生命感。

在自然美育语境中,人类就宛如置身于生命之流,获得一种落叶归根之感,即一种透过生命发现自我的欣悦,正所谓"天地与我并生,而万物与我为一",此"并生"与"为一"感可谓触及美感的生命源头,是自然美育的本质所在。

三、生态美育

自然美育是培养人热爱自然的一种生态美育。自然美育十分注重人对自然环境的介入。客观地讲,正是自然与人的多样性关系才导致了自然美的变易性特点,从具体过程来看,主要可从空间与时间两个维度展开说明。从空间维度来看,宋代词人苏轼的《题西林壁》载"横看成岭侧成峰,远近高低各不同",这是为了引导人们从不同角度观照庐山面貌,由此获得在表象上的不同自然观感,是一种典型的即景兴致表述。从时间维度来看,宋代画家郭熙的《林泉高致》载"春山澹冶而如笑,夏山苍翠而如滴,秋山明净而如妆,冬山惨淡而如睡"[②],直观地向我们呈现了澹冶的

---

① 黑格尔:《美学(第一卷)》,朱光潜译,商务印书馆,1996,第160页。
② 郭熙:《林泉高致》,载卢辅圣主编《中国书画全书(1)》,上海书画出版社,2009,第498页。

春山、苍翠的夏山、明净的秋山、惨淡的冬山，画面景致俨然通过四季分明的山色加以表现。在郭熙的《早春图》（图 7-1-1）中，春天可谓透着一股生机：尚待"吐绿"的静谧寒林，冰雪消融、溪水潺潺的山涧，岸边挑担的渔夫，山经栈道上往来行进的樵夫旅客，渔妇与孩子们的欢声笑语。他不仅注意到四时变化中不同的自然景观，还捕捉到朝暮阴晴时山所呈现的不同意态：

图 7-1-1 （宋）郭熙《早春图》（局部） 台北故宫博物院藏

山春夏看如此，秋冬看又如此，所谓"四时之景不同"也。山朝看如此，暮看又如此，阴晴看又如此，所谓"朝暮之变态不同"也。如此，是一山而兼数十百山之意态，可得不究乎！①

西方对时空背景下自然美的变易性亦有敏锐把握，典型的如画家克劳德·莫奈在不同季节、不同气候环境下对自然对象的生动描绘。图 7-1-2 所示为莫奈的《干草堆》系列。

---

① 郭熙：《林泉高致》，载卢辅圣主编《中国书画全书（1）》，上海书画出版社，2009，第 498 页。

图 7-1-2　克劳德·莫奈《干草堆》系列

四、心灵美育

自然美育是陶冶人高雅情操的一种心灵美育。人在认识自然过程中,常会将个人的生命意志赋予自然,这就导致自然成为人的价值观念的重要象征载体。从直观生命经验层面来看,中国自然美学语境下的"四君子":梅花,身处寒冬冷峻之环境,给人一种迎雪吐艳、凌寒飘香之感,同时展现出铁骨冰心、一身傲骨的审美形象;兰花,一般生长于幽谷之地,这种野古深山的特殊空间使其给人一种空谷幽香、孤芳自赏的感受;竹,质地坚韧,茎有劲节,清风环境下显簌簌萧疏之响,无不潇洒;菊花,绽于晚秋时节,凌霜自行,成为不趋炎附势的一种典型象征。《礼记·聘义》更有"以德比玉"的详细论述:

夫昔者君子比德于玉焉。温润而泽,仁也;缜密以栗,知也;廉而不刿,义也;垂之如队,礼也;叩之其声清越以长,其终诎然,乐也;瑕不掩瑜,瑜不掩瑕,忠也;孚尹旁达,信也;气如白虹,天也;精神见于山川,地也;圭璋特达,德也。天下莫不贵者,道也。

显然,自然美育在自然物象的客观基础上充分对应着人的价值观,典型的如被称为"四君子"的梅、兰、竹、菊这四种自然物。"四君子"在中国文化语境中一般被用以诠释人的高尚品德,是一种"以物喻志"的典型表现方式。试想,中国古代先民为何选择梅、竹、兰、菊这四样自然物比喻人格呢?关于此,明人黄凤池的《梅竹兰菊四谱》以图文并茂形式展开过生动描绘,他认为"独取梅、竹、兰、菊四君者无他,则以其幽芳逸致，偏能涤人之秽肠而澄莹其神骨"[1]。显然，梅、竹、兰、菊身上具有能够让人逸致、涤秽、畅神的自然属性，继而衍生出相应的人格象征。王冕的《墨梅图》(图7-1-3)作倒挂梅，枝条茂密，前后错落，枝头缀满繁密的梅花，或含苞欲放，或绽瓣盛开，或残英点点。正侧偃仰，千姿百态，犹如万斛玉珠撒落在银枝上。他在画作上自题咏梅诗："吾家洗砚池头树，朵朵花开淡墨痕。不要人夸好颜色，只留清气满乾坤。"白洁的花朵与铁骨铮铮的干枝相互映照，清香袭人，写出梅花清韵、高洁的品格，并隐喻自己的人格、志趣。

图 7-1-3 （元）王冕《墨梅图》 北京故宫博物院藏

在自然之中找寻其之于人的美育功能与价值，对充满活力、富有创造力、肩负历史使命的新时代大学生而言尤其重要，不仅关乎人与自然、自然与社会等重要关系范畴问题，更涉及大家如何在尊重、理解自然的基础上做到合宜待己、待人，甚至还直观地体现了自身的人格塑造与气质养成。仿如中国伟大哲人孔子以自然诠释人品的生动比喻："知者乐水，仁者乐山"[2]。显然，作为自然物的山水成了人之品性或德性的重要喻体，这也正是人们不断观照与体察山水之美所得的结果。

第二节　自然美的发现

关于自然美育实践的具体向度问题，首先应立足于人与自然的关系，然后对自然及其价值与美的问题予以分析。毕竟，离开人与自然的关系，自然美则有似"万

---

① 黄凤池编《集雅斋画谱·梅竹兰菊四谱》，浙江人民美术出版社，2018，第7页。
② 杨伯峻译注《论语译注》，中华书局，2019，第87页。

古如长夜"一般,几无所谓的意义可言。易言之,人们基于自然而形成的自然美或自然价值观,实际上也离不开作为观照主体的人自身。总之,自然美离不开人对其的发现。从自然美育需求的逻辑来讲,美育语境下的自然已然被灌注了一定的他人教化或自我教化价值属性,自然已然作为不可或缺的构成要素与人的观念及其活动发生关联。故而,大家需要了解究竟什么是自然,自然又是如何进入人的视野并得到怎样的价值内涵拓展。这就需要我们对自然展开观察并发现其中的自然美。直观来看,自然在狭义上指的正是自然界或自然现象,最初给人一种"自在自然"的印象。所谓"自在",即一切自然物(包括人在内)皆隶属于客观的自然范畴。自然又是一种"人化自然"[①]的存在形态,顾名思义,自然被框束于人类活动限制范围,但它又并非消极被动的自然界,一般作为满足人类物质需求的基本前提或条件存在,自然也正是在这样一种被人介入的情形下遭遇持续不断的加工与创造,从而具有了显著的"人化"性质。具言之,人靠自然生活,自然就它本身并非人的身体,却是人的无机的身体。最后,自然还能以触发生理感官与心灵的现象或方式迎合人的精神需求,一般称之为"心灵自然"。综上所述,大抵可围绕"自在自然""人化自然""心灵自然"三个向度看待自然与人的美育价值关系建构问题。从根本上讲,这对于当代大学生树立正确的自然观与自然审美观具有重要的结构性指导意义。

随着客观的"自在自然"发展为"人化自然"或"心灵自然",自然已充分显露出自然美的痕迹,不仅向世人道出自然美首先存在于人与自然的关系之中,还成为促进人与自然关系和谐发展的必要途径。这终究是自然人化的结果,即自然价值的彰显离不开人的介入。无论从理论还是实践上讲,自然都是人生活或意识的一部分。自然美育语境下的这种自然人化,并非一味的对象性征服,而是在一定程度的生态美学背景下充分考虑人与自然的相生共融关系。这也是自然美成立的根源所在——强调自然对人的生命本质问题,具体表现为内在生命朝形式层面涌现,以及对人的感知、评价等能力的接引。从人这一主体层面来讲,自然美的发现对于培养人的审美眼光、审美心胸乃至健全人的生命人格皆意义重大。历史经验告诉我们,人与自然的和谐关系深刻反映在中国传统自然审美理论之中,尤其表现在中国传统艺术家对自然展开的视觉性审美把握上,诚如清代画家郑板桥(其《墨竹图》见图 7-2-1)围绕"眼中之竹""胸中之竹""手中之竹"三个经典范畴对"画竹"过程展开的细致描绘:

---

① 出自马克思的《1844 年经济学哲学手稿》。

江馆清秋,晨起看竹,烟光日影露气,皆浮动于疏密叶之间。胸中勃勃遂有画意。其实胸中之竹,并不是眼中之竹也。因而磨墨展纸,落笔倏作变相,手中之竹又不是胸中之竹也。总之,意在笔先者,定则也;趣在法外者,化机也。①

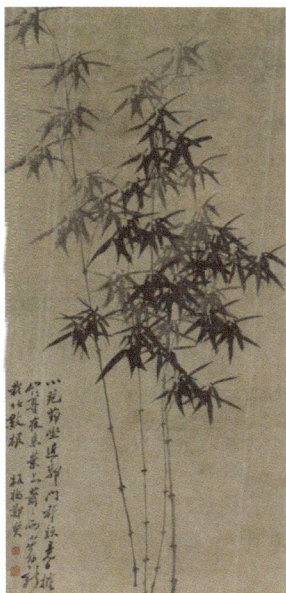

图 7-2-1　(清)郑板桥《墨竹图》(局部)

显而易见,竹子本身是一种客观存在的自然物形态,在郑板桥的绘画创作过程中则成为创作者或鉴赏者"眼""心""手"相互衔接与融合之物,至少作为一种能够让人们直抒胸臆的意向物存在。从客观自然物到主观意向物,竹子已成为一种人化自然并表现出显著的自然美特征。虽然,这是从中国传统视觉艺术创作视域展开的关于自然的审美体验与创作过程分析,但却切实地向人们说明了自然之于人的教化影响与作用,具体表现在以下三个方面:其一,训练人的审美眼光,即对应所谓的"眼中之竹";其二,塑造人的审美心胸,即对应所谓的"胸中之竹";其三,锻炼人的审美实践能力,即对应所谓的"手中之竹"。但需注意,围绕这三个维度展开的具有美育性质的审美活动,在客观上还不能脱离自然物态。从中国审美观念发展史来看,客观存在的自然在美育语境下逐渐发展出一种"自然而然"的价值理念,该理念在根本上依然倡导人与自然关系的和谐,深刻影响着人的社会关系,自然在很

---

① 郑板桥:《郑板桥集》,上海古籍出版社,1979,第 154 页。

大程度上甚至成为和谐本身的一种代名词。从哲学的基本范畴出发,美育语境下的自然基本可概括为人们围绕物质与精神两个基本层面展开活动中不可或缺的组成部分,自然审美过程(尤其在中国文化语境下)对于人从根源上讲已经具有了十分明显的美育价值属性。西方古典哲学家康德亦将审美视为真与善之间的连接桥梁,并认为审美不是目的,它鲜明地具有手段的意义。鉴于此,美育语境下的自然美实际在于其对应的美育意义,而不在于自然美作为研究对象本身。

怎样看待自然美?从事物之于人的普遍价值层面来讲,自然美之所以存在,旨在体现人的生命意义;从自然美的具体承载来讲,自然美之自然又是人类特定审美活动中表现相应审美价值、审美属性、审美特征的自然现象或自然物。按此,自然美中的自然,已不是原初的自然,而是具体的自然物本身,又是相对抽象的彰显人生命存在的自然价值观,还是融合了人的共造的自然形态。实际上,人所共见的天地宇宙、日月星辰、山川河流、花草鱼虫……皆为自然界中再普通且熟悉不过的自然景物,它们之所以能够成为人的审美对象,或对于人而言是美的,甚至具有美育教化方面的属性或特征,本质上还是因为它们构成了人之生命存在的必要条件。宋代词人苏轼的《水调歌头》开篇曾言:"明月几时有?把酒问青天。不知天上宫阙,今夕是何年。"①此时的青天明月何尝只作天体物理意义上的月球而解,显然已成为中国传统中秋佳节时人们用以象征团圆、彰显生命存在的意象物。从普罗大众的视角来看,中华民族神话故事"嫦娥奔月"显然也是把月亮想象成一种具有自然特征的人居环境或空间。从内涵来看,这种生命意象物主要包含两层含义:其一,体现为此类自然物符合人的感觉需要与特征,从观念源头上讲,这一过程似与中国传统擅以春、夏、秋、冬四季等自然现象比附人之体征的"天人合一"审美思维休戚相关,即自然如人一般具有显著生命特征。恰如《诗经·硕人》记载:"手如柔荑,肤如凝脂。领如蝤蛴,齿如瓠犀,螓首蛾眉。巧笑倩兮,美目盼兮。"其二,满足人在特定情景中对生命的追求,这类自然现象的刻绘反过来也给世人带来了极其独特的生活体验。诚如《吕氏春秋·孟春纪》记述:

孟春之月,日在营室,昏参中,旦尾中。其日甲乙,其帝太皞,其神句芒。其虫鳞,其音角,律中太蔟。其数八,其味酸,其臭膻,其祀户,祭先脾。东风解冻,蛰虫始振,鱼上冰,獭祭鱼,候雁北。天子居青阳左个,乘鸾辂,驾苍龙,载青旗,衣青衣,服青玉,食麦与羊,其器疏以达。②

---

① 苏轼:《苏轼集》,汪超导读、注释,岳麓书社,2018,第80页。
② 吕不韦:《吕氏春秋》,北方文艺出版社,2018,第1页。

综上所述,我们能够在本质上回答什么是自然美的问题:首先,自然美的存在意义究其根本还是在于对人生命价值的彰显;其次,自然美的表现必然是通过自然物或自然现象的显性特征完成的。那么,自然美具体的形成过程如何? 这对于自然美育的价值建构意义重大。

从自然到自然美的形成,前文一再强调,从根本上讲这是一个具有价值倾向的人化自然形态发展过程。因此,自然美的产生与人的劳动实践脱不了干系。从根源上讲,价值是人为了自身生命延续而展开的具体实践活动。马克思认为:"动物只是按照它所属的那个种的尺度和需要来进行构造,而人却懂得按照任何一个种的尺度来进行生产,并且懂得处处都把固有的尺度运用于对象。"① 显而易见,相较于常识理解下的动物而言,人实际是按照某种"美的规律"塑造物体。这虽是人与动物展开比较后所得的结果认定,但也反过来揭示了自然美独属于人,其核心则在于自然美对人的价值。一般而言,凡是对人有价值的东西,皆同人的劳动实践有关,自然美在具体生成逻辑上亦不例外。故而,自然美的产生离不开人的劳动实践。关于自然美的具体生成,还须注意,其本身亦是一个不断丰富的动态发展过程,并非一蹴而就的结果,其核心环节是人们从对自然的客观认识逐步转向对自然的价值判断,再至更为精细的审美判断。此"认识—价值判断—审美判断"逻辑演进框架,充分揭示了自然从早期相对客观纯粹的与人无关的自在状态,逐渐变成了一种人化对象,而审美对象则是其中的一种重要且特殊的表现形态。

总之,自然不断被纳入与人愈发密切的关系之中,是对人本质力量的彰显与确证,还是一种极具社会价值意义的存在。这也是美育与自然关系能够得以真正建构的根本原因。自然美的发现是自然美育得以践行的具体内容。

第三节　新时代大学自然美育的实践路径

一、自然审美眼光的培养

如何认识自然美育的功能以及发现自然美? 从实践活动的内在逻辑来讲,首

---

① 中共中央马克思恩格斯列宁斯大林著作编译局编译《马克思恩格斯文集(第一卷)》,人民出版社,2009,第163页。

先离不开人的自然审美眼光。事实上，倘若没有发现美的眼光，美即使客观存在，于人而言似也失去其所谓的价值与意义。对于新时代大学生而言，如何塑造具有发现自然美的眼光则成了一个关键问题。关于自然审美眼光培养问题，近代美学家朱光潜先生在《谈美书简》一书中曾有过相关论述并能给大家一定的启发，他基于人们看待古松的三种态度从不同自然观展开了生动描述：

假如你是一位木商，我是一位植物学家，另外一位朋友是画家，三人同时来看这棵古松。我们三人可以说同时都"知觉"到这一棵树，可是三人所"知觉"到的却是三种不同的东西。你脱离不了你的木商的心习，你所知觉到的只是一棵做某事用值几多钱的木料。我也脱离不了我的植物学家的心习，我所知觉到的只是一棵叶为针状、果为球状、四季常青的显花植物。我们的朋友——画家——什么事都不管，只管审美，他所知觉到的只是一棵苍翠劲拔的古树。我们三人的反应态度也不一致。①

一望而知，朱先生主要是从实用、科学与审美三个领域围绕作为自然对象的古松展开比较式的论述与分析，这三种认知维度分别对应自然之于人的实用关系、科学关系与审美关系。其中，实用态度旨在"善"，科学态度旨在"真"，审美态度旨在"美"。显然，这是一种基于美学视角对自然美展开的内容分析。从广义的自然美育角度出发，论及自然美及其审美眼光养成之间的关系，实际并不拒斥自然与生俱有的科学性（真）或应用性（善），而是与审美性（美）共同完成整体背景下人们自然审美眼光的塑造过程。因此，大家训练自己的审美眼光，需要特别注意以下三个方向：第一，对自然美实用性的需求与认识；第二，对自然美伦理性的关注与把握；第三，对自然美畅神性的审美与体验。三者分别对应自然美育的真、善、美价值。

从人的价值需求来讲，自然既是一种客观的存在物，也是揭示规律的一种表达形式，还是体现人们"自然而然"的价值观念意向。这种价值化认知视阈下的自然，表现出"物性""形式"与"观念"三个层面的内涵。因此，自然美育价值的发现与结构，从范畴上讲一般分为三种类型：①自然物本身的具体属性之美；②抽象形式的规律之美；③彰显主体的精神之美。这也是人们自然审美眼光培养的核心内容。其中，形式规律之美作为自然美的一种相对独特的存在，可以说在相当程度上是具体属性之美与主体精神之美间的一道桥梁，普遍表现为人们对节奏感的一定美学式需求，进一步体现为人们对"秩序、对称、和谐、繁简、疏密、大小"等概念范畴的理

① 朱光潜：《谈美·谈美书简》，江苏凤凰文艺出版社，2019，第11页。

解与实际应用。诚如英国哲学家大卫·休谟（David Hume）基于建筑柱子关联人的安全感问题对多利克式石柱展开的体感说明："柱子的顶部要比底部更细，这是因为，那样一种形状能传达给我们使人愉悦的安全的观念；反之，相反的形状则能传达给我们使人不快的危险的忧惧。"①这种基于自然形态的视觉心理呈现，实际道出了人们对形式感的关注。

新时代大学生在理论知识上需要不断对自然形式及其相应规律展开理性层面与感性层面的双重训练，既要在科学范畴增长自身的自然理论知识，又要最大限度地思考自然之于人类的价值问题；在实践过程中需要学会适应与改造自身所处的自然环境，即使面对困境，也不要怨天尤人，而是要学会与之共处。正如朱光潜先生对自然观所作的界定：人们不仅要真实地尊重自然的物态属性，也要秉承科学的态度认识自然，最终落于相应的审美实践之中。由此，塑造真正意义上的自然审美眼光乃至审美心胸。

二、自然审美机制的形成

自然审美眼光的养成，不仅是一个经验式的理论知识积累过程，亦有其具体的养成机制，这一点尤其体现在自然审美系统建构之中。新时代大学生客观上处于身心发展与完善阶段，而当今社会在时间与空间体验上给人造成的巨大变化，如碎片化知识结构、现实性空间缺失、虚拟化空间膨胀、情绪化问题层出……这些问题都导致大学生们面临着前所未有的困惑、诱惑与挑战，必然导致大学生忽略自然的美好价值及其与自身的关系，从而可能进一步影响自身的社会关系与社会功能。这就亟须一套相对结构化、体系化的自然审美机制给予更好的指引，让其能够在特定环境中更为持续地强化自身的心胸与格局。

自然美育过程得以实施的核心在于自然审美机制的形成。那么，新时代大学生在认识自然、进行自然审美时究竟该做什么、怎么做？如何更好地观照自然？如何对观照自然后的效果进行经验总结？这些既是大学生在自然美育过程中会遭遇的实际问题，也是自然美育活动得以践行的重要参照系。对此，大家需要在梳理自然美育功能特征的基础上进一步厘清自然价值内涵，这直接决定了自然美育的价值指向性。从自然本身出发，自然美育内涵基本是由"物之相""物之性""物之功"与"物之史"四个层面组成。这四个维度为新时代大学生展开自然审美可谓提供了

---

① 大卫·休谟：《人性论》，江西教育出版社，2014，第232页。

较为系统的知识概念与方法论支撑。

关于"物之相"理解之于大学生的实践影响。"物之相"一般是指自然在形式意义上的声、光、形、貌等方面的内容,即自然对象自身相对直观的感性表象,具体又以形状、色彩、声音、气味、肌理等外在形式呈现给人们;关联于审物主体来讲,大抵涉及人的视觉、听觉、嗅觉、触觉等感知觉器官;从美的角度而言,主要又表现为自然的"形式美"。从经验来看,一切自然现象的认知或体验皆始于对象的外在形式及其特征,自然审美或美育过程亦不例外。尤其从美育导向来讲,自然与美育关系建构当中的一个重要环节正是要让人能够充分体验到自然原有的"形式美",并非要落于所谓的"形式主义"窠臼,这一点在"物之功"中有详细的论述。作为新时代大学生,在处理自身与自然的关系时,甚至在通过自然促进自我人格或性格塑造时,既要能够准确地捕捉自然的形色特质,更要在认知层面克服并超越单一的"形式主义",同时在人生意义上走向自然审美之路。

关于"物之性"理解之于大学生的实践影响。"物之性"主要是指自然的物理与环境属性等内容。事实上,自然审美如若仅限于自然对象的声、色、形、貌,而缺乏对其物理性质的正确理解,容易落入肤浅的境地,因为科学范畴的自然知识终究能够帮助人们由表及里地展开自然审美,自然审美在宏观意义上并不只是一个纯粹的个体行为,而是一种能够达到普遍教育意义的活动或方式。这就意味着自然美育在价值上脱离不了"人作为社会存在"这一根本定义。不妨以社会生活中常见的一类情形为例说明:表达对一位令你心仪的女士的欣赏与赞美,如若只知其容貌姣好,却不知其名,更不愿了解其性格、好恶、习惯等内在特征,然后还坚称自己爱慕她,显然是相当肤浅与片面的。实际上,客观、细致地了解自然,对于自然审美过程而言至关重要。从随处可见的生活经验来讲,当大家对山川展开一定的观照时,不仅能够在形式样态上歌颂其巍峨、雄伟、峻峭,还往往能借助一些艺术表现手法描绘其特定造型,更能在知识内容上了解其形成历史、地质构造等;当我们对河流展开观照时,不仅能褒其清澈,夸其优美,还可在人居环境意义上进一步了解其流向、历史发展等;当我们对动植物展开观照时,不仅能描述其形色,还可深入了解其生存环境、生物习性……这些都可概括在"物之性"范畴之中。

关于"物之功"理解之于大学生的实践影响。"物之功"通常是指自然功能范畴内容,体现大家对自然之功能价值的一定理解与运用。从根本上讲,人们对自然的功能需求与尊重自然的行为活动可谓休戚相关。前文已有提及,新时代大学生担负着中国现代化建设的历史使命,这就要求大家具有前所未有的开拓创新意识,这种创新性又充分体现在对自然之功的格物过程之中。那么,仅仅囿于自然的"形式主义"明显不妥,而应适当引入正确的符合时代的自然功能价值向度思考,如此方能更好地发现自然形式背后于人而言的价值深意,这也是自然存在的重要意义,即自然在价值意义上也不断被赋予了新的内涵。这种在语义上姑且可表述为"功能性"的自然观,从自然美育的角度来看,又可表述为将自然的魅力转化为如克莱夫·贝尔在《艺术》一书中所提出的"有意味的形式"[1],这里的"形式"不只是纯粹的形式本身,还体现出一个由内容到形式的沉淀过程。李泽厚在《美的历程》一书中曾围绕中国古代历史上仰韶文化、马家窑文化的一些几何纹样展开过类似说明,认为"当时由动物形象的写实而逐渐变为抽象化、符号化的……在后世看来只是'美观'或'装饰'而无具体含义和内容的这些几何纹样,其实有着非常重要的内容和含义,具有复杂的观念、想象的意义在内。"[2]这种对"有意味的形式"的理解,不仅深化了自然自身及其形式美的内涵,还有助于大家更好地感知与理解自然及其之于人的美育价值关系。

关于"物之史"理解之于大学生的实践影响。"物之史"主要涉及在人类历史时空视野下如何对自然展开整体观照。人们对自然展开观照的过程,基本是围绕此时此地、此情此景的自然对象展开的。然而,当下的时空视野对自然审美过程存在不小的限制,导致我们往往需要进入一种经验记忆的历史视野中。在该视野中,自然会呈现出令人震撼的审美特征,让人们能够在历史洪流中感知与体验天地自然之宏阔与深邃。概括地讲,这可以说是大自然沧海桑田式的一种人生动态之美。从宏观的生命进化史来看,看似处于静态、孤立的自然对象其实与其物种命运史紧密联系在一起,每一现存物种都有其独特的精彩生命。从微观的个体生活史来讲,我们还能够通过自然体验感受每一个体生物生存于世的艰辛与不易。当代大学生面对当今信息爆炸与碎片化的时代,需要能够更加敏锐地把握住基于自然发展的历史文化脉搏。

三、自然美育深化实践的思考

关于自然的定义,古今中外众说纷纭、莫衷一是。然而,从美育与自然的价值关系建构出发,人对自然的把握普遍表现为结合自然价值理论与相关教育理念对自身感知力、理解力、共情力等方面的培养与塑造,既体现在尊重自然真理的基础

---

[1]　朱立元主编《美学大辞典(修订本)》,上海辞书出版社,2014,第417页。
[2]　李泽厚:《美的历程》,生活·读书·新知三联书店,2017,第16页。

上,让自然形式科学地反映客观规律,这在自然美育践行活动中直观反映为人们对比例和谐等形式美的追求;又体现在自然内容对人意志的价值阐释,此主要可概括为"审美价值"与"伦理价值"两个方面。

自然美育价值理念下的自然,其内涵超出纯粹的自然。顾名思义,美育可以说是美学、教育学、伦理学、社会学等学科交叉与综合的产物,其中,自然美育又属于美育的重要跨学科形态之一,但又不完全照搬一般意义上的美育理论,毕竟基于自然的本性,其根本使命还在于顺应人热爱自然的天性,由此启发人性中向往自然之美的本能。中国儒家文化强调"物以尽性"的思想即是一种绝佳的诠释,所谓"能尽人之性,则能尽物之性;能尽物之性,则可以赞天地之化育"①。显而易见,中国传统文化精髓中的自然美育认识,旨在协调人性、物性与天性的相互融合。人性(或人格)的塑造又是其中的津要所在。关于美育之目的,朱光潜先生认为其是促进人的全面与平衡发展。毕竟,人生是多面却希冀和谐的整体,"教育的功用就在顺应人类求知、想好、爱美的天性,使一个人在这三方面得到最大限度的调和的发展,以达到完美的生活"②。所以,自然美育不仅寻求人与自然的统一,还要在价值根本上寻求人与社会、人与自身的和谐,其所关注的是人的肉体和精神的生存和发展,以人的全面发展为信念,满足与提高人的审美需求,培养人的审美眼光与心胸,继而系统性提高人的审美能力,在个人成长上使人获得各种感官的平衡协调发展,最终促进人格的完善。关于人格的具体发展,马克思总结出三个典型特征:理想性、建构性与社会性。从人格的形成过程来看,首先,人格是不断朝向理想的、最终实现全面自由的方向演进与发展的,此为人格的理想性;其次,人格又是一个不断按照"美的规律"建构的自然过程,具体又在一定阶段呈现出相对稳定的特质,此为人格的建构性;最后,从内容来看,人格在本质上体现出来的是社会特质,易言之,社会属性在根本上决定了人的人格内容,即人格在朝向理想的方向演进的过程中深受社会的政治、经济、文化等条件制约,此为人格的社会性。然而,人格的塑造,不论是理想性、建构性还是社会性,终归离不开相应的自然及其环境。自然美育的价值在本质上可以说是促进人格的塑造。然而,美育与自然的价值关系建构并非一成不变,而是一个不断发展与递进的过程。

面对自然美育过程中自然变易性的特征,新时代大学生需要对美育价值不断展开深入的理解,具体来说,应保持对新的世界观、价值观、审美观与人生观的积极

---

① 辜鸿铭注译《大学 中庸》,崇文书局,2017,第205页。
② 朱光潜:《无言之美》,北京大学出版社,2005,第201页。

响应。毕竟,作为观照对象的自然物或自然现象,并非孤立的存在,而是一个有机的整体,尤其随着人的介入,自然对象之间可以说没有绝对意义上的边界。作为主体的人与对象之间的关系也不只停留在简单的"主-客"二元对立关系之中。从自然美育践行过程来讲,人既是其中的参与者,也是审美对象的构成因素。另外,关于自然美育意识或观念的保持,在形式上是以自然熏陶为基本途径,意在唤醒人们的审美意识,树立正确的自然审美价值观,使人性向美的方向提升,即促进人与自然、人与自身乃至人与社会的和谐,激发出人们热爱自然、热爱生命的情感,并在珍惜生态环境的基础上对自然美展开追求。

　　人类思想史上"真""善""美"基本价值观念的实现,可谓共同构成了自然美育的总目标。对于新时代的大学生而言,包括自然在内的美育的直接动因依然是促进人格之完善,与历史长河中层出不穷的美育发起者的追求普遍一致,只不过需要面临新的时代、现实、环境等方面的机遇与挑战。从内容上讲,自然美育作为人类美育活动当中的一个重要部分,充分关注人的自然价值观、自然审美观或自然伦理观等方面的建构,这尤其是在情况复杂多变的当今社会更亟须引起多方的关注与重视。然而现实的状况是,当代大学生在追求全面发展的过程中,既要继续稳定持久的人格塑造过程,又要面对与接受复杂环境下多变的身心状态。从发展的过程逻辑来讲,人格与状态两个方面往往相互依存、相互转化。但问题是,现代文明容易导致上述两个方面出现割裂的情形。为了能真正促进人格的完善与统一,实现马克思所主张的"人的自由而全面的发展",结合自然展开新时期环境下的美育活动,可以说在很大程度上需要超越传统自然观乃至自然审美的一般意义,始终以育人为核心价值目标,这也充分反映出人们在应对当下复杂社会境况下,不断培养具有综合性特征的生态美学意识,不仅为自然美提供了具有某种建设性的生态美理论基础,也为自然美育活动提供了重要的研究视野,更为新时代大学生塑造崭新的自然观与价值观提供了切实的理论与实践保障。

　　人是社会的存在,也是自然的存在。自然,客观上是社会存在的基础,这一点是不可抹杀的事实。新时代大学生对自然展开观照,决然不只是为了单纯地满足一种有类于博物学的兴致,而是要更加关注人与自然的当代内在精神联系,以及自然之于人的新时代价值影响。围绕自然展开具体认知与审美,不仅能助力新时代大学生发现自然美,还能以一种持续不断的美育教化过程培养他们的审美眼光、审美心胸与审美气质,进一步系统建构基于自然观的美育机制。作为朝气蓬勃、眼界开阔、担当使命的新时代大学生,不仅要以一种具有客观性、辩证性与发展性的人生态度看待自然及其与人的价值关系问题,还要能充分依仗自然展开优秀人格塑造方面的过程化训练。

● **自然美育实践指导**

实践内容	实践目标	实践步骤	实践成效检验
观察自然	体验自然,陶冶情操	1.走进有代表性的自然环境; 2.认识、分类、分析自然形态及特征	以绘画、文字等形式记录观察自然的感受
认知自然	掌握一定自然知识	1.阅读经典的自然科普书籍; 2.阅读自然理论类书籍	能够熟知一定的自然知识并运用于具体实践
表现自然	培养再现自然美的能力	1.选择有代表性的自然现象或风貌; 2.通过照片、绘画等形式表现自然之美	完成自然"相""性""功""史"价值维度的可视化表现
社团实践	参加与自然主题相关的社团,加强人与自然的联系	1.了解所在学校的社团情况; 2.对社团进行有效分类筛选; 3.参加社团相关培训与活动; 4.参与自然科学知识类竞赛	在社团的活跃度情况

第八章

生活美育

一切美都源自生活，生活美育，即走向美好生活的教育。新时代的生活美育不仅是"艺术教育""他人教育"和"短期教育"，还是"文化教育""自我教育"和"终生教育"。

生活美的意涵非常丰富，要在生活中感知美、享受美，有两个关键点：其一，不断寻找生活的真谛，充实自己，提升境界，放下自身的"审美成见"；其二，面对生活中多元化的审美表达，理解其内在逻辑与文化内涵。只有如此，才能够在纷繁芜杂的现实生活中拥有自己的价值观与判断力，在不随波逐流的同时感知生活之美。

第一节　生活的美育功能

在中国古典美学范畴里,"道"为宇宙万物之本源,它内化于天地万物之中,并通过它们的生命运动表现出来。从根本上说,它不是宇宙论概念,而是人生论概念;它也是客观存在的、最高的、绝对的美。于是,对"道"的体悟要从现实的人生体验出发,道自始至终浸濡着对人的深深关切,其出发点与最终归宿都以人为焦点。审美体验既是对"道"这种宇宙生命的体悟,也是人生境界向审美境界的生成。

一、人生境界与日常生活

人生境界,是指人的精神世界,如感情、欲望、爱好、观念等所处的层次。人生境界体现出人生的意义与价值。冯友兰认为,人生境界从低到高可以分为四种,依次为自然境界、功利境界、道德境界、天地境界。自然境界,即人的行为是顺着他的才能或习惯、社会风俗去做,既无明了的目的,也无明确的意义,如同原始人的"日出而作,日落而息";功利境界,即人的行为以追求个人的利益为目的,为"私利"而有确定的目的和意义,这类人大抵贪生怕死,为"小我"而存在;道德境界,即人的行为是行"义"的,不重"占有"而重"贡献",其所作所为皆能为社会谋利益,他们了解个人是社会的一部分,他们对"覆巢之下无完卵""皮之不存,毛将焉附"等个体与整体的关系,有非常清楚的认知;天地境界,即人的事业不仅贡献于社会,更能够贡献于宇宙。自然境界和功利境界,一般人都可具有,古今贤人及英雄可达到道德境界,而天地境界,唯大圣大贤才能达到。这四种境界,各有高低。某种境界所需的知识多,则境界高;所需知识少,则境界低。故自然境界最低,天地境界最高。因为境界有高低,所以人所能实际享受的一部分世界也有大小,一个人所能享受的世界的大小,以其所能感觉的和所能认识的范围大小为限。

从表象来看,从事着同样的工作、生活于相似环境中的人,共有一个世界,但是由于个体的人生境界不同,每个人所享有的世界并不相同。如苏轼虽一生多次被贬,历经宦海沉浮而不得志,但被后世推崇为"唐宋八大家"之一。苏轼最难能可贵之处在于能在困境中迅速调整好心态,正确对待生活中的坎坷,兼具浩然正气与天真淳朴。苏轼晚年被贬至当时极为蛮荒的海南儋州之际,从最初抱着必死之心,到两年后生活非常艰苦时,在上元夜游时"放杖而笑",自问"孰为得失?",蕴含"道不远人"的禅意;冬至时豁达地写出《献蚝帖》谈生蚝之美,并幽默调侃"恐北方君子分此美",解构现实的困苦,真正做到了"此心安处是吾乡"。从这个层面来讲,苏轼晚年已经能够看透万事万物的道理,守住本心,和天地万物和谐共生,乐天知命,达到了天地境界。天地境界是一种最高的精神愉悦,在此境界中的人,消解了"我"与"非我"的区别,超越了"自我"的局限性,达到了"天人合一""万物一体"的境界。

拓　展　阅　读

苏轼于儋州部分作品

己卯上元,予在儋州,有老书生数人来过,曰:"良月嘉夜,先生能一出乎?"予欣然从之。步城西,入僧舍,历小巷,民夷杂揉,屠沽纷然。归舍已三鼓矣。舍中掩关熟睡,三再齁矣。放杖而笑,孰为得失?过问先生何笑,盖自笑也。然亦笑韩退之钓鱼无得,更欲远去,不知走海者未必得大鱼也。

苏轼《书上元夜游》(1099 年)

己卯冬至前二日,海蛮献蚝。剖之,得数升肉,与浆入水,与酒并煮,食之,甚美,未之有也。又取其大者,炙熟,正尔啖嚼,又益煮者。海外食蟹、螺、八足鱼,岂有献? 每戒过子,慎勿说。恐北方君子闻之,争欲为东坡所为,求谪海南,分我此美也。

苏轼《献蚝帖》(1099 年)

"世间自有少数超越自然力的人,不待自然改良其支配,自能看到人生宇宙的真相。他们的寿命不一定比别人长,也许比别人更短,但能与无始无终相抗衡。他们的身躯不一定比别人大,也许比别人更小,但能与天地宇宙相比肩。……因为他自能于无形中将身心放大,而以浩劫为须臾,以天地为室庐,其住世就同乘火车,搭轮船一样。"[1]对于个体而言,生命短暂,日常生活中琐碎的"人情世故""衣食住行"等又往往令人心生抱怨,但朴实反复的日常生活才是生活的本来面目。乐观和勤奋是抵抗厄运的良方,挫折和苦难是提升人生境界的磨刀石。

---

[1]　丰子恺:《人间情味》,张卉编,北京大学出版社,2010,第 178 页。

二、美育与人生

美育研究的出发点就是"人生",中国古代许多思想家都表述了审美对人生的重要性。即使儒家如此重视道德的人生,孔子也依旧认为"莫春者,春服既成,冠者五六人,童子六七人,浴乎沂,风乎舞雩,咏而归"(《论语·先进》)的审美人生,才是最高的人生境界。这正是人与自然融合的境界,也是冯友兰所论述的"天地境界"。那么对于当代社会的个体而言,如何平衡物质利益与精神价值?怎样才能实现审美的人生呢?

首先,要抵御无意义的忙碌与"求快",不被物质奴役,保持良好的心态。目前,快速、高效的观念已经深入人心,生活中的各种焦虑强化了个体对于快速获取信息、快速获得物质成功的需求,这使得"求快"风气产生,许多人甚至没有耐心看完一本书。但是人生本就是一个过程而非一场竞赛,过分重视速度与效率,重视对物质的占有,会令人错失生活中的美,陷于盲目的无意义的忙碌之中,丧失对人生意义的追寻。白居易曾感叹:"蜗牛角上争何事?石火光中寄此身。"速度和占有都容易带来"快感"。近代美学总会谈到"快感"与"美感"的区别,其中快感主要是感官刺激,过后往往会产生空洞、落寞的感觉,与回味无穷的美感有很大的差别。如华服、美食、豪车等,是物质层面美的载体,但若这些已经给个体的生活带来负担,就不再是美的对象了。人不能在生活中变成物质的奴隶。

汉字"忙"拆开,就是"心亡",因为忙,所以心灵的感受停止,因此,让自己心境悠闲,对于感知生活中的美而言,十分重要。唐代张彦远在《历代名画记》中说:"若复不为无益之事,则安能悦有涯之生?"即不干点没什么功利性的事,怎样使这有限的生命过得快乐呢?这里"无益之事",实际上是对"美"的追求。需要注意的是,抵御无意义的忙碌,并不意味着"躺平",而是在明确目标和计划基础上的自足自由的"松弛感"和"悠闲",专心笃定。如金圣叹视生活中一切都为"消遣","消遣"并非狭义地如闲云野鹤般生活,而是面对不同境遇的良好心态。

拓　展　阅　读

　　　　我亦于无法作消遣中随意自作消遣而已矣。得如诸葛公之"躬耕南阳,苟全性命"可也,此一消遣法也。既而又因感激三顾,许人驱驰,食少事烦，至死方已，亦可也，亦一消遣法也。或如陶先生之不愿折腰，飘然归来，可也，亦一消遣法也。既而又为三旬九食，饥寒所驱，叩门无辞，至图冥报，亦可也，又一消遣法也。天子约为婚姻，百官出其门下，堂上建牙吹角，堂后品竹弹丝，可也，又一消遣法也。日中麻麦一餐，树下冰霜一宿，说经四万八千，度人恒河沙数，可也，又一消遣法也。

金圣叹《金圣叹文集》

　　其次，丰富自己的生活，扩宽胸襟，提升人生境界。怎样使生活丰富、优美、有价值呢？我们生活的内容为"对外的经验"（即对自然与社会的观察、了解、思维、记忆）与"对内的经验"（即思想、情绪、意志、行为）。我们要想使生活丰富，也就要在这两个方面着手：一方面增强我们对外经验的能力，使我们的观察研究对象增加，一方面提升我们对内经验的质量，使我们思想情绪的范围丰富[1]。由此，逐渐开阔胸襟，涵养气象，形成独立完整的审美观。如《世说新语》载：桓公少与殷侯齐名，常有竞心。桓问殷："卿何如我？"殷云："我与我周旋久，宁作我。"[2]殷侯没有"我不如卿"的喟叹，没有"卿不如我"的孤傲，而是"宁作我"，表达出对自我的高度认可和肯定。这种"宁作我"的勇气和自信，来自清醒和独立思考的能力，这种能力并非短时间内可以获取，而是不断探索未知、思考并积累以丰富生活、提升境界的结果。"宁作我"是一种人格上的独立。精于审美之人，往往有独立的人格。朱光潜说："他能看重一般人所看轻的，也能看轻一般人所看重的。在看重一件事物时，他知道执著，在看轻一件事物时，他也知道摆脱。"[3]也只有如此，作为个体的人才能够超越世俗功利的限制，跳出"主客二分"的限制，用审美的眼光和心胸来看待世界，享受生活的意味与情趣，从而享受现在。

　　一个人的日常生活，如衣、食、住、行等都能反映他的精神世界，反映他的生存心态、生活风格和文化品位。追求审美人生，并非跳脱出物质生活，而是面对日常生活中的点滴，不断扩宽自己的胸襟、涵养自己的气象，不断提升人生境界，不断提升人生的意义和价值，最后达到最高的人生境界，即审美的人生境界。在这种最高的人生境界中，真、善、美得到了统一，人的心灵超越了个体生命的有限存在和有限

---

① 宗白华：《美与人生》，北京理工大学出版社，2012，第 27-28 页。
② 刘义庆撰《世说新语校释（下册）》，刘孝标注，龚斌校释，上海古籍出版社，2011，第 1029-1030 页。
③ 朱光潜：《谈美》，华东师范大学出版社，2012，第 109 页。

意义,得到一种自由和解放。在这种最高的人生境界中,人回到了自己的精神家园,从而确证自己的存在①。只有如此,才能从日常生活的琐碎中解放出来,才能在衣食住行中发现"诗"与"远方"。

第二节　生活美的内涵与特征

对自然美、艺术美、设计美等类型美的欣赏与研究,代表了人类审美的精英化道路。而生活审美,是人类以自身现实生活为对象的审美形态,主要是指人们对自身生活的满足感、享受感,在生活中能兴起一种即时性的感性精神愉悦,是以审美的形式对自己现实人生价值的肯定。

一、生活美的内涵

生活美具有无限广阔的内容,涵盖人的生理、情感、文化需求等不同层次的美,而这些美在人物自身、人的日常生活、休闲文化和民俗风情等各个方面都鲜活地呈现出来。

首先,生活美凸显于人物美,包括人物的形体之美、气度之美、言行之美、情感之美等。关于形体之美,至今流传有我国先秦宋玉《登徒子好色赋》的"增之一分则太长,减之一分则太短;著粉则太白,施朱则太赤"。至魏晋时期,对人物的审美品藻开始从伦理道德评价中分化出来,人物的个性、智慧、气度、情感等开始成为相对独立的审美对象,对人物美的欣赏成为普遍的社会风尚。如《世说新语》载:嵇康身长七尺八寸,风姿特秀。见者叹曰:"萧萧肃肃,爽朗清举。"或云:"肃肃如松下风,高而徐引。"山公曰:"嵇叔夜之为人也,岩岩若孤松之独立;其醉也,傀俄若玉山之将崩。"②人物之美在于形神结合,人外表的姿容、品貌、体态、举止要和内在的才情、智慧、精神、心灵相结合。

荀巨伯是东汉桓帝时颍川人,远行探望生病友人时正遇胡人攻城,友人让他离开逃命,但其不肯。胡军进城后他说:"友人生病,我不忍丢下他,宁愿以自己的性命换之。"胡人深受感动撤军而还,整个郡因此得以保全。这个故事虽然带有一定

---

① 叶朗:《美在意象》,北京大学出版社,2010,第491页。
② 刘义庆撰《世说新语校释(下册)》,刘孝标注,龚斌校释,上海古籍出版社,2011,第1194页。

的夸张色彩，但能够跨越时空流传下来，足见人们对气度、情感美的赞许与期盼。

荀巨伯远看友人疾，值胡贼攻郡，友人语巨伯曰："吾将死矣，子可去！"巨伯曰："远来相视，子令吾去，败义以求生，岂荀巨伯所行耶？"贼既至，谓巨伯曰："大军至，一郡尽空，汝何男子，而敢独止？"巨伯曰："友人有疾，不忍委之，宁以我身代友人命。"贼相谓曰："我辈无义之人，而入有义之国！"遂班军而还，一郡并获全。

《世说新语》

相较于中国自古对人物美的欣赏多依附于其气度、智慧、道德等，西方对人物美的追求更为单纯。西方自古希腊起就对人体之美情有独钟，《米罗的维纳斯》《掷铁饼者》等生动地展现了人对人本美的喜爱。在他们眼中，理想的人物不是善于思索的头脑，或者感觉敏锐的心灵，而是血统好、发育好、比例匀称、身手矫捷、擅长各种运动的裸体①。公元前四世纪，雕塑大师普拉克西特列斯请当时著名的美女芙丽涅当他的模特，创作了《尼多斯的阿芙洛狄忒》。但是在文艺复兴之前，西方的艺术作品中只能出现神的形象，因此当时的法庭因芙丽涅当人体模特而传讯她，认为其犯了"渎神罪"。在法庭上，辩护律师当众脱下芙丽涅的衣裳，展示她美丽的身体，陪审团成员惊讶于她美丽的形体，判决她无罪。后来十九世纪法国画家席罗姆根据这一题材创作了油画《法庭上的芙丽涅》。

其次，在个体的人物美之外，生活美还广泛存在于人类的日常生活中，如衣食住行、生产劳动等之美。这些正是日常生活的基础构成，与人的生存息息相关，往往带有较强的功利性，很容易给人带来枯燥乏味的感受。但这些都包含着丰富的文化内涵，是个体性格的彰显及自我价值的实现，更是人类文明的象征。

在人类智慧结晶与精神寄托的日常生活美中，茶与酒是杰出代表。茶、酒因其所含的某些物质对人体所产生的生理效应而为人所推崇。其后受哲学思想的引导，经与社会生活的广泛结合和交融，茶、酒逐渐成为独特的文化现象。从神农氏作为解毒药材的茶，到隋唐之际为缓解"过午不食"的饥饿或提神醒脑的"吃茶"，茶并无规范的烹煮方式，具有很强的食材功利性，和高雅的文化享受并无直接关系。

① 丹纳：《艺术哲学》，傅雷译，人民文学出版社，1983，第43页。

杨昆宁在其《中国茶文化艺术论》中提出，自唐代陆羽的《茶经》问世之后，才逐渐形成了饮茶礼仪。唐代茶文化融合了佛、儒、道各家学派的优秀思想，逐渐形成了独立完整的体系。中国文化的广泛传播和"禅宗"在世界范围内的发展，扩大了茶文化的影响，如"茶禅一味"等，更是使"茶"带上东方文化的神韵和诗性精神。

拓 展 阅 读

《茶经》

《茶经》系统地总结了唐代以前我国种茶、制茶和饮茶的相关经验。全书分三卷十节，约7000字。卷上：一"茶之源"，讲茶的起源、形状、功用、名称、品质；二"茶之具"，谈采茶、制茶的用具，如采茶篮、蒸茶灶、焙茶棚等；三"茶之造"，论述茶的种类和采制方法。卷中：四"茶之器"，叙述煮茶、饮茶的器皿。卷下：五"茶之煮"，讲烹茶的方法和各地水质的品第；六"茶之饮"，讲饮茶的风俗，即陈述唐代以前的饮茶历史；七"茶之事"，叙述古今有关茶的典故、产地和药效等；八"茶之出"，列举当时我国茗茶产地及所产茶叶的优劣；九"茶之略"，指出在特殊条件下一些饮茶器皿可以省略；十"茶之图"，教人用绢素写茶经，陈诸座隅，目击而存。

由于茶本为生长在中国南方的一种灌木，而上古我国经济文化的中心在中原，因此古籍中关于酒的记载，较茶要早。《礼记》云："酒以成礼"，"酒食所以合欢也"[①]。这在礼乐盛行的中国为"酒"的特殊性作了注脚，酒成为祭祀、庆典等重要礼仪活动，以及嫁娶、雅集等日常活动的重要构成。在全世界各个国家，酒的礼仪价值和世俗意味在日常生活中处处可见。

在酒文化形成的过程中，中国发展了无与伦比的酒器文化。从陶器、青铜器、金银器，到漆器、瓷器等，各类承载美酒的容器，成为中华民族的瑰宝，具有极高的审美及历史价值。中国几千年的酿酒及饮酒历史，与诗词、书法等艺术门类融合在一起，创造了独特的酒文学。《诗经》现存的305篇中有40多篇与酒相关，李白流传下来提到饮酒的诗作约有170首。从曹操豪迈的"对酒当歌，人生几何"到李清照婉约的"三杯两盏淡酒，怎敌他，晚来风急"；从王羲之醉酒时挥毫而就的"天下第

① 郑玄注、孔颖达等正义《礼记正义》，载上海古籍出版社编《四部精要2》，上海古籍出版社，1993，第1534页。

一行书"《兰亭序》,到张旭酒后"挥毫落纸如云烟"的《古诗四帖》,都与酒有着密切的关系。文人雅士们酒后的自由挥发,造就了难以替代的艺术美。

魏晋时期的竹林七贤(图8-2-1),更是以潇洒高逸的名士形象,形成了"魏晋风骨",使人将酒与自由、激情等联系在一起。在动荡不安的社会背景下,酒成为消解愁绪、追逐自由的情感寄托。许多民族都将茶与智慧、酒与激情联系在一起。茶与酒,正如温和与刚烈、细柔与豪放,类似人真性情的不同方面,同是人生命本质的舒展。喜酒好茶,其实是文人雅士精神世界伸展的需求。

图8-2-1 (南朝)《竹林七贤与荣启期》(局部) 模印砖画 南京博物院藏

最后,生活美也集中体现在人类社会独特的琴棋书画等休闲娱乐文化、多姿多彩的民俗风情之中。

休闲文化,是指人在完成社会必要劳动后,为不断满足人的多方面需要而进行的一种文化创造、文化欣赏、文化建构的生命状态和行为方式。休闲的核心在于"无功利性",因此很容易从简单的"玩"过渡到审美状态。如中国的茶文化、西方的咖啡文化,都是超脱了物质生的休闲文化的代表。一般情况下,人们只有在"无功利"的状态下才能进行审美活动,才能处于审美状态。席勒较早就把审美与游戏联系在一起,认为人只有在游戏的时候才最自由,并把审美冲动称为游戏冲动。

拓 展 阅 读

把美当成单纯的游戏,将它与"游戏"一词通常所指的浅薄对象等量齐观,那不是降低了美吗?那不是与作为教养工具的美的理性概念和尊严相矛盾吗?那不是与游戏的经验概念相矛盾吗?这种游戏可以排除一切审美趣味而存在,它会单纯限于美吗?这个游戏概念不同于现实生活中流行的那种游戏，那只是针对某种物质对象的。在人的各种状态下，只有游戏才能使人达到完美并同时发展人的双重天性。对于愉悦、善和完满，人才是严肃的；但对于美，人却和它游戏。如果人在满足他的游戏冲动的这条道路上去寻求人的美的理想，那是绝不会迷失的。……总之，只有人在充分意义上是人的时候，他才游戏；只有当人游戏的时候，他才是完整的人。当我们把这一命题用于义务和命运这两种严肃事物，它将获得巨大而深刻的意义。它将支撑起美的艺术以及更艰难的生活技艺的整座大厦。

席勒《美育书简》

"十里不同风，百里不同俗"。民俗风情是重要的审美领域，这里包含有人生、历史的图景，有老百姓的酸甜苦辣、喜怒哀乐[①]。民俗风情之美，体现在物质、精神生活各个层面，如生产、居住、服饰、口头文学、游艺、节庆等。

街头巷尾逐渐远去的叫卖声，是中国民俗风情中极具代表性的场景。宋代《梦粱录》中记载都城临安"沿门歌叫关扑"，清末民初，北京城中五行八作均有专门的叫卖调和与之相配的响器。戏曲理论家齐如山（1875—1962）浓墨重彩地描述小贩吆喝，认为其"有白有唱，与戏曲无异"。现在部分地区依旧能够听到的"磨剪子嘞戗菜刀""阿要白兰花啊"等不同的叫卖声，具有极强的市井烟火气，这正是民俗之美的体现。

目前，人们对文化多元性的重视，使得地域文化自信提升，也使得方言、民俗等开始逐渐与各种文艺创作结合起来，产生了广受年轻群体喜爱的诸如《十三五，巴适得板！》《西安人的歌》等更加多元与更具当代性的作品。北京史家胡同博物馆开设的声音版块专区，收录300多种来自老北京胡同的声音；苏州非物质文化遗产馆通过沉浸式展陈，将姑苏叫卖声带到参观者耳旁。得益于数字化保护和全媒体传播，有些民俗叫卖声还被申请为声音商标，以数字音频的载体模式，广泛运用于文旅文创产品的研发之中。这也是当代社会人们寻找文化生命的延续性，探访历史地理留下的根脉相传的文化符号和精神财富的表现。

---

① 叶朗：《美学原理》，北京大学出版社，2009，第220页。

二、生活美的特征

不同于依赖自然属性的自然美,也不同于间接反映现实生活的艺术美,生活美以"人的生活"为核心,具有以下几个方面的特征。

首先,生活美具有极为丰富的内涵,是一切美的基础。从人物的形体容貌到风度境界,从物质性的衣食住行到精神性的言行礼仪,从民俗风情到节庆狂欢,审美与生活不即不离,生活美无处不在,是所有美学的基础。车尔尼雪夫斯基提出"美是生活"的命题:"任何事物,凡是我们在那里面看得见依照我们的理解应当如此的生活,那就是美的;任何东西,凡是人在那里面看得见如他所理解的那种生活的,在他看来就是美的。美的事物,就是使人想起生活的事物。"[1]西方文化轻视日常生活,将人的终极价值建构在形而上的彼岸世界,而中国文化传统则非常重视日常生活的价值,因为中国文化中没有类似基督那样的宗教偶像,也没有一个可以为之神往的天堂,中国文化中人的核心价值在感性具体生活中,将日常生活艺术化和审美化,一直是中国传统士人身体力行的传统[2]。在现实生活中追求生命的价值,是生活美最根本的意义。

其次,生活美具有历史性、地域性差异的特点。从原始社会发展至今,不同地域在各个历史阶段都有其独特的文化观念,而生活则从各个层面反映出文化的差异与变迁。以住宅为例,中国古建筑以木为主要结构体系,西方建筑以砖石为主要结构体系。梁思成在《中国建筑史》中认为,这种差异的主要原因是中国人"不求原物长存"的观念使然。"古者中原为产木之区,中国结构既以木材为主,宫室之寿命固乃限于木质结构之未能耐久,但更深究其故,实缘于不着意于原物长存之观念。盖中国自始即未有如古埃及刻意求永久不灭之工程。欲以人工与自然物体竟久存之实,且既安于新陈代谢之理,以自然生灭为定律;视建筑且如被服舆马,时得而更换之;未尝患原物之久暂,无使其永不残破之野心。如失慎焚毁亦视之为灾异天谴,非材料工程之过。"[3]在我国传统文化中,茶与婚俗关系非常密切,茶树有着"至死不移"的寓意,以茶叶为聘,象征着婚姻的吉祥。时至今日,我国依旧有地区保存有喝"新娘茶"的习俗。而在西方,茶是休闲文化的代表,与婚姻并无直接关系。这

① 车尔尼雪夫斯基:《艺术与现实的审美关系》,周扬译,人民文学出版社,2009,第101页。

② 赵洪涛:《明文清初江南士人日常生活美学》,四川大学出版社,2018,第13页。

③ 梁思成:《中国建筑史》,百花文艺出版社,2005,第12页。

与中国人含蓄内涵、常以物喻理，而西方人强调个性、思维直接的文化差异有密切的关联。

再次，生活美具有极强的现实依附性。生活美在社会生活和实践中产生，经常蒙上物质功利性的外衣，生活美的起点多为"善"，其目的是促进社会生活的和谐和个体人生的美好。虽然如此，但生活美不等于"善"与"功利"，只有实现了善，并表现为生动的形象，才有美的存在。如端午节在我国成为一个重要的节日，其核心就是人们对中华民族爱国主义精神的传颂。

拓 展 阅 读

屈原既放，游于江潭，行吟泽畔，颜色憔悴，形容枯槁。渔父见而问之曰："子非三闾大夫与？何故至于斯？"屈原曰："举世皆浊我独清，众人皆醉我独醒，是以见放。"渔父曰："圣人不凝滞于物，而能与世推移。世人皆浊，何不淈其泥而扬其波？众人皆醉，何不餔其糟而歠其醨？何故深思高举，自令放为？"屈原曰："吾闻之，新沐者必弹冠，新浴者必振衣；安能以身之察察，受物之汶汶者乎？宁赴湘流，葬于江鱼之腹中。安能以皓皓之白，而蒙世俗之尘埃乎？"渔父莞尔而笑，鼓枻而去，乃歌曰："沧浪之水清兮，可以濯吾缨；沧浪之水浊兮，可以濯吾足。"遂去，不复与言。

屈原《渔父》

在日常生活中，这种现实依附性与功利性很容易遮蔽生活美，影响人们对美的感知，因此体会内涵丰富的生活美，需要人们不断拓展自我的审美心胸。而生活美的发现与创造，则在于培养自由、独立、和谐、具有创造性的人格，最终能够使个体产生愉悦和幸福的感受，达到真、善、美的统一。

最后，生活美具有开放多元性。人的生活一直处于变化之中，生活美兼收并蓄，同时包含平凡与伟大，是真实的生活本身，因此并没有边界，这赋予生活美开放多元的特质。以服饰为例，当代社会，日常着装并没有固定的规范，高雅与低俗也不再有清晰的界限。各种服装设计理念和设计风格涌现，各种服装款式和穿着方式出现，无论它们在刚出现时如何让人们无法理解，但基本都能够在竞争中得到发展。个体多样化的审美观以及相对宽容的着装环境，使得历史上出现过的服饰都可以被创新挪用，人类历史上丰富的艺术资源也都成为服饰设计的宝库。这也是目前不同服饰品牌定位不同、风格各异,但都有着相对固定受众群体的原因。前卫、潮流、艺术、复古等服饰多元并存,成为新的服饰国际化"景观"。

生活美的这些特征使得有别于传统美学的"生活美学"最终被提出。传统美学强调艺术的自律性,艺术与生活有明显的区别。基于此,丹托在《艺术的终结》中提出艺术终结理论:艺术的历史是艺术不断认识自己本质的历史,而二十世纪的艺术实现了这个最终目标,因此艺术走到了终点,被自身终结。今天的艺术创作只能是对往昔历史的不断重复,已经不再可能给人惊奇。与之相反,生活美学是开放的、无边界的。

中国古代许多包括儒家、道家在内的思想家们都论述过生活与美之间的关联,儒家的"六艺之教"就是源于生活的全面美育。蔡元培在《美育》中说:"吾国古代教育,用礼、乐、射、御、书、数之六艺。乐为纯粹美育;书以记述,亦尚美观,射御在技术之熟练,而亦态度之娴雅;礼之本义在守规则,而其作用又在远鄙俗;盖自数之外,无不含有美育成分者。其后若汉魏之文苑、晋之清谈、南北朝以后之书画与雕刻、唐之诗、五代以后之词、元以后之小说与剧本,以及历代著名之建筑与各种美术工艺品,殆无不于非正式教育中行其美育之作用。"①中华传统美育精神一直力求将"致良知""知行合一"带入人们的日常生活中。"生活美学"这个概念虽未最先在中国出现,但一直根植在中华民族的文化基因中。

虽然从苏格拉底开始,西方哲学就开始从宇宙自然转向人与社会,思考生活的价值等相关问题,但是在主流的哲学研究中,无论是柏拉图还是黑格尔,多是关注超验的理式、绝对精神等,鲜活的生活世界并不被纳入哲学的思考中,因此传统美学多关注艺术,生活基本没有审美价值。但是历史证明,现实生活就是美的根源。

二十世纪以后,哲学出现了明显的"生活化"转变。伽达默尔认为,胡塞尔和海德格尔共同推动了二十世纪哲学的决定性转折,即转向生活世界。胡塞尔晚年认为,生活世界的意向性构造是一切认识和价值的奠基,海德格尔则强调归属于存在的"思想的移居"。从生活世界的观点看,哲学从来就是某种生活理想的表达,或者说是对某种理想生活方式的论证和辩护。苏格拉底宣称未经反思的生活是不值得过的,亚里士多德认为沉思的生活是最高幸福的生活。生活美学开始出现理论渊源,至二十一世纪后直接被称为"生活美学"(the aesthetics of everyday life)或者"日常美学"(everyday aesthetics)。生活美学是一门致力于欣赏和创造生活美,总

---

① 中国蔡元培研究会编《蔡元培全集(第六卷)》,浙江教育出版社,1997,第 599 页。

结关于生活美规律,以提高人们的审美水平、美化生活的科学。

生活美学逐渐实现了审美生活化与生活审美化,人们思想的自我解放,使得审美对象从博物馆、剧院等高雅艺术转变为人们的日常生活。生活美学就是要以"美的生活"来提升"好的生活",并对广大民众进行"生活美育"。"生活美育"是"生活美学"的逻辑推演,"生活美学"通过"生活美育"得以落实。

第三节 新时代大学生活美育的实践路径

新时代大学生活美育的实施,意在使大学生通过对不同层次生活美的体验,达到提高审美素养、激发创新意识等目标,最终提升其对幸福生活的感知能力与人生境界,成为全面发展的社会主义建设者。生活美育的实践路径极为丰富,渗透在日常生活的方方面面,即使最常见的衣食住行,仔细品味也会发现在这些看似功利性的物质需求背后,也饱含着丰富的情感及文化之美。

一、感知服饰的形式与内涵之美

现代生活中,服饰之美最易被感知。但服饰蕴含着礼制传统,因此着装往往被蒙上"功利性"的滤镜,与个体的身份地位等紧密联系在一起,其审美内涵经常被忽视,因此在无孔不入的商业营销下,很容易出现"盲目跟风"的服饰消费现象。

从显性层面来看,服饰美主要表现在面料材质、制作工艺、色彩图案、设计造型等形式美层面;而在隐性层面,服饰蕴含着不同地域、不同时期、不同职业的群体价值理念,以及作为个体"人"的自我认知观念。当下中国,服饰的保暖防晒等需求已经基本得到满足,审美功能更加突出,人们更倾向于通过服饰来展现仪态美,彰显个性。当代社会无孔不入的商业营销,更是将人们的这种个性化的需求进一步放大,并把服饰美与时尚、价格等捆绑在一起,很容易造成服饰的过度消费。

美一定是"昂贵"的吗?现代社会许多服饰品牌都多依赖商业营销来塑造口碑,售卖价格高昂的服饰。诚然,一些服饰品牌使用定制的面料,采用手工制作,从材料到剪裁,从观念到审美,都彰显出独特的品位和风范,甚至有些服饰品牌力争将自己的服饰打造成为艺术品,使之具有永恒的价值,这就是品牌的力量。这种美,确实是珍稀且昂贵的。即使如此,个人对于服饰的选择,也要结合自身的身材、肤色等，以及性格、环境、购买能力等进行多方面考量，不能一味追求品牌，不然很容易掉进"消费主义"的陷阱，一味追逐当下的购物快感，在虚荣心的驱使下变成了"精致穷"。对于个体而言，服饰没有最好，只有最合适。

真正打动人心、具有持久性的服饰美，是超越了价格的。在这个层面，美不"昂贵"但却无价。如"慈母手中线，游子身上衣"，这件衣服蕴含的是母爱；在工业大生产时代，朋友亲手制作的服饰，这是友情。而这些有形的服饰所承载的情感，是无价的，也是最珍贵的。与此类似，在机器大规模生产成为服饰制造主流的当下，一些式微的传统工艺被应用到服饰上，丝、麻、棉等天然原材料受到越来越多人的喜爱。这种现象的产生，除了材质的优势和手工艺自身的精细性之外，还在于快节奏的现代社会，催生了人们对于"慢生活"，对于手工艺"温度"的渴望，与当代民众去博物馆寻求往昔的记忆、寻求永恒性的心理相似。

一般而言，在现代社会，服饰的选择是比较个人化的行为，与个体的经济地位、生活方式、文化认知等都有密切的关系，多元化的个体服饰，也正是社会思想自由与包容的体现。审美随着时代的不同、意识形态的不同而不断改变，且一直在变。因此对审美进行思辨时，首先要放下的是"成见"，放下原有的审美标准。一个人只有内心丰盈充实，才会对服饰的价值有清晰的认知，才更容易以包容开放的心态去看待多元化的服饰美，而不是以价格为唯一的衡量标准。

服饰的形式美最容易被关注到，那么在形式美及个体情感认知的背后还有什么呢？不同的社会能够催生对色彩、图案、形制等有不同要求的服饰制度。这种情况下，服饰与礼仪密切关联在一起，服饰成为群体意志和阶级身份的象征，不再是个人化审美的结果。

无论东方国家还是西方国家，在人类社会的进程中，服饰多"别等级、明贵贱"，与地位有密切的关系。在中国，服饰作为一种文化现象，早在周代就已经被"礼规"所约束，到汉代逐渐成为具有严肃的社会意识形态的思想观念的体现物。如自周代以后，"十二章纹"图案与冕服成为古代帝王最隆重的着装，"十二章纹"成为最尊贵的装饰符号。宋朝以红、紫色为尊，故"满朝朱紫贵，尽是读书人"。唐武则天以袍纹定品级，后至明朝依制强化做出更加严格的规定，文官官服上绣珍禽，寓意儒雅智慧，武官官服上绣猛兽，寓意力量气势，即"文禽武兽"。"禽兽"是官服上的图案，又成为官员的通俗代称，而后由于部分官员贪赃枉法，"衣冠禽兽"这个词才逐渐由褒义演变为贬义，指道德败坏之人。

拓 展 阅 读

十二章纹

十二章纹是我国古代帝王冕服上的十二种装饰图案。从周代以来，凡是戴冕冠的人都要穿冕服。冕服的形制有严格的区别，除了颜色不同以外，所用布料质地也大不相同，更重要的是不同级别的人衣服上的图案也差别较大。天子的冕服是玄衣纁裳，用十二章纹玄衣，就是用黑色衣料做成的上衣；纁裳是用红色衣料做成的下裳。上衣纹样是绘出来的，下裳纹样是绣出来的。对于十二章纹，《尚书·益稷》有专门的解释，依次为"日、月、星辰、山、龙、华虫、宗彝、藻、火、粉米、黼、黻"。关于十二章纹的意义，宋人蔡沈在《注尚书》中解释说："日、月、星辰，取其照临也；山，取其镇也；龙，取其变也；华虫，雉，取其文也；宗彝，虎蜼，取其孝也；藻，水草，取其洁也；火，取其明也；粉米，白米，取其养也；黼，若斧形，取其断也；黻，为两己相背，取其辨也。"十二章纹的设计是非常用心的，每一个图案都代表着深刻而厚重的政治与文化寓意。

兰宇《古代服装十二章纹的文化精神与美学蕴涵》

服饰礼仪，与其他礼仪文化交织在一起，体现出一个国家和民族的文明与历史，也传递着作为个体人的文化修养。服饰礼仪相较于人类社会的变迁，往往具有滞后性，服饰制度在某些特定的时期也会凸显出其禁制性，这就会引起服饰的改革以及新式服饰礼仪的形成。如被称为中国服装史上第一次大变革的"胡服骑射"，赵武灵王废下裳而改着裤，变履舄而着靴等，给作战及日常生活带来很大便利，这些改变也逐步成为汉民族服饰的重要构成。魏晋时期"褒衣博带"是名士们竞相推崇的着装，最为代表的如"竹林七贤"，着装崇尚宽衣大袖，飘逸奔放，表达了时人要从旧礼法桎梏下求得解放的愿望。

而现代社会中牛仔裤及其背后"牛仔文化"的兴起，也同样是对传统服装礼仪及等级制度的解构，是对自由平等的追求。不管身份地位、年龄身材等，人人都可以穿牛仔裤。这正类似于安迪·沃霍尔对于可乐的推崇："可乐就是可乐，没有更好更贵的可乐，你喝的与街角的叫花子喝的一样，所有的可口可乐都一样好"。在女权运动兴起的时期，被称为二十世纪最伟大时装设计师的可可·香奈儿（Coco

Chanel,1883—1971)设计出"男孩式"女套装,包括女子宽松裤等。

服装史学家罗塞尔认为二十世纪的时装史以一种双重的运动为标志。首先是统一化的运动,这是社会大生产的结果;随后是返回多样化的运动,但这种多样化不再建立在阶级、阶层和群体的区别上,而是一种完全的个体多样化。统一化的全球交流使得服饰呈现出国际化的趋势。生活在同一时代,拥有相近生活方式,受到相似文化熏陶的人,会拥有一定的"审美共通感",对于服饰的选择也会趋同。服饰的平等、开放与多元,是人类文明发展到一定程度的结果。但后现代主义审美的多元化也让人们在国际化的背景下一直不断反思"民族性"。例如三宅一生服装设计成功的原因之一,是找到了本民族文化和西方文化的契合点:既不墨守本民族文化而排斥外来文化,也不舍本逐末一味追求西方文化,而是将两种文化相互交融。

中国是一个多民族的国家,每个民族都有契合自己民族性格的传统服饰,而民族化的服饰,正是一个民族历史和文明的直观反映。即使这些服饰在当代社会已经逐渐成为一种符号,但依旧有很强的审美性。随着中国经济的发展与国际地位的提升,二十一世纪以来当代中国不断涌现出关于"民族服装"的文化动态,如唐装、汉服、国潮服饰等,这也是中国社会文化自信提升的表现。

二、品味饮食的物质与精神之美

汉代许慎的《说文解字》载:"美,甘也。从羊,从大。"①因此,"羊大为美","美"的本意即由食物引发的愉悦感受。"食不厌精,脍不厌细",饮食在满足了人类基本生存需求的基础上,形成了多元的饮食文化,造就了不同面貌的饮食之美。

饮食之美的第一个层面,表现在食材之美,即食物良好的营养、特色、滋味等,其中食材的滋味之美,是广义的美,也是"美"的原义:味美,甘。我国是餐饮大国,各地物产环境的不同造就了不同地域的美食。如作为发酵美食代表的火腿,经过时间沉淀具有厚重的诱人滋味;风味独特的螺蛳粉、臭豆腐等,带有"物极必反"的味觉魅力;以及各地的时令物产,如嫩莲子、莼菜、芦笋、蘑菇等,和而不同,各美其美。苏东坡的《猪肉颂》载:"净洗铛,少著水,柴头罨烟焰不起。待他自熟莫催他,火候足时他自美。黄州好猪肉,价贱如泥土。贵者不肯吃,贫者不解煮。早晨起来打两碗,饱得自家君莫管。"南宋《山家清供》提到使用嫩笋、小蕈、枸杞头做的凉拌小菜"山家三脆",配诗"笋蕈初萌杞采纤,燃松自煮供亲严。人间玉食何曾鄙,自是

---

① 　许慎撰《说文解字》,徐铉校定,中华书局,1963,第78页。

山林滋味甜",将食材的鲜甜味觉体现得淋漓尽致。

饮食之美的第二个层面,在于其给予人感官的体验,如"色""香""味""型"等。如杜甫的《观打鱼歌》曰:"饔子左右挥双刀,脍飞金盘白雪高"。这种在味觉基础上对视觉、嗅觉等综合感官愉悦的追求,一直根植在中华民族的审美基因中。

与饮食紧密相关的环境、记忆等,能够在食材美及形式美的基础上,营造出特殊的情境,拥有相似经历的人们,能够通过这种情境感悟到人类共通的生命之美,这就是饮食之美的第三个层面。这种美相较于前两个层面而言,更令人难忘。如故乡的美食往往是最难以忘怀的,因为这是再也回不去的时光的承载,并在越来越漫长的个人记忆中逐渐发酵,成为不可替代的"莼鲈之思",而每个人的"莼鲈之思"各有不同,这就形成了多元的饮食美。当你了解了一个人的生活经历或一个民族的文化之后,就更容易理解并尊重不同的饮食偏好,更容易将饮食当作认识世界的一个窗口,也就更容易发现生活之美。

拓　展　阅　读

莼鲈之思

张翰,字季鹰,吴郡吴县(今江苏苏州市)人。西晋文学家。有清才,善属文,性格放纵不拘,时人比之为阮籍,号为"江东步兵"。齐王司马冏执政,辟为大司马东曹掾。见祸乱方兴,以莼鲈之思为由,辞官而归。曾写下《思吴江歌》:

秋风起兮木叶飞,吴江水兮鲈正肥。

三千里兮家未归,恨难禁兮仰天悲。

《世说新语·识鉴》记载:张季鹰辟齐王东曹掾,在洛,见秋风起,因思吴中菰菜羹、鲈鱼脍,曰:"人生贵得适意尔,何能羁宦数千里以要名爵!"遂命驾便归。

自此,"莼鲈之思"就成为思乡的代名词。

现代社会物质极大丰富,口腹之欲的满足对大部分人来说已经不是问题。这种情况下,就要更加关注饮食的适度性。首先,享受饮食之美要避免铺张浪费,这也是一个人高素质的体现。不论是焚烧还是填埋,饮食浪费对土地、空气、水和人体健康,都带来极大的伤害。其次,饮食要有节制。目前网络平台的吃播视频满足了部分观众缓解压力、替代品尝、加强食欲及排解孤独等方面的心理需求,但是精神上的空虚造成的对食物的过分渴求或厌恶,只能通过反思、充实自己的生活进行改善。观看吃播带来的是当下的快感,这种感官上的刺激也可能会导致更严重的金钱及精神依赖等问题。

在宏观层面,"民以食为天",饮食是一个国家和民族的头等大事,不仅关系到社会的稳定和发展,更成为礼仪文化的重要构成。饮食原本只是人类为了生存而进行的最基本的物质活动,但是随着社会的演变与文明的发展,饮食在果腹之外逐渐具有了文化和审美意义。

中国自周代就形成了饮食的礼仪制度,并逐渐以具体的礼节仪文积淀成俗。在政治上,它以"敬德"和"贵民"思想对统治者产生一种强大的道德约束力量;在伦理上,它把"孝亲"和"尊老"作为强化社会秩序的基点和手段;在礼乐方面,它表现出一种文质彬彬、寓教于乐的文化模式;在宗教方面,它又反映出一种尊天敬祖的神秘特征。所有这一切正是中国古代饮食礼仪制度之文化气质的深厚而充分的体现。饮食在中国文化中具有特殊的含义,包括承载饮食的器皿,也成为权力的象征,如最具代表性的"鼎",《公羊传》云:"天子九鼎,诸侯七,大夫五,元士三"。

台北故宫博物院收藏的"肉形石",肉皮、肥肉、瘦肉层次分明,毛孔和肌理都十分逼真,令人叹为观止,观者似乎都能闻到这块红烧肉的香味。对中国文化感兴趣的扶霞·邓洛普(Fuchsia Dunlop)在其《鱼翅与花椒》中是这样对西方世界描述这件艺术品的:"纯金底座上用玉石做成的一块猪肉,实在神奇。我开始想象黄金做的烤肉,镶着钻石、红宝石与珍珠,放在伦敦塔中那些珍贵华丽的王冠与权杖之中,但这太荒唐了,根本不可能。只有在中国,你才能找到能工巧匠用珍贵材料做成一块普普通通的肉,并将其作为国家至宝来展出。这仿佛是中国对待食物态度之严肃的一种隐喻,当然,严肃之中还有智慧、创意与欢乐。"[①]

从微观层面而言,由于饮食的独特地位,中国人善用食物的"酸、甜、苦、辣"等滋味来描述饮食五味之外的感受,这使得饮食在宏观的礼仪制度之外,于日常生活中也超越了物质功利性的层面,从具象走向抽象,具有了审美性。一些日常生活中常见的形容词,都与五味相关,如腰酸背疼、尖酸刻薄、长相甜美、苦海无边、性格泼辣等。同时,博大精深的饮食文化对汉语言词汇的影响非常大,人们经常将饮食领域的一些用语,包括饮食的滋味、动作、器皿等,拓展到其他生活领域,如"铁饭碗""炒鱿鱼""背黑锅"等。

---

① 扶霞·邓洛普、何雨珈:《鱼翅与花椒》,《机电信息》2018年第22期。

这种味觉与生活的紧密融合,更将饮食的审美感知,从口腹之欲的物质性满足,拓展到了更深的精神与文化层面,使得饮食从维持生命走向审美观照,"味"也就由饮食进入美学系统,成为审美关照下的"趣味"。"道之出口,淡乎其无味,视之不足见,听之不足闻,用之不足既"(《老子》),"味"在这里已经是一种纯粹的审美享受,到了唐代,"味"便确立了其在古典美学中的重要地位。

从单纯的"果腹"到"饮食美",人类拥有着对美的本能追求。茶与酒正是如此,如白居易招待朋友的"绿蚁新醅酒,红泥小火炉",苏轼讲油炸的茶馓"纤手搓成玉数寻,碧油煎出嫩黄深",陆游追忆往昔的"红酥手、黄縢酒"等,这些都已经超越了食物的味觉体验,生成了独特的意境美,是饮食美的最高层次。

三、领略现实与数字世界的言行之美

《周易·系辞上》云:"言行,君子之枢机。枢机之发,荣辱之主也。言行,君子之所以动天地也,可不慎乎?"[1]对于个人而言,语言是交流思想、互通信息的符号工具。我国语言学家、教育家王力(1900—1986)曾说:说话是最容易的事,也是最难的事。最容易,因为三岁孩子也会说话;最难,因为擅长辞令的外交家也有说错话的时候。怎样的语言才是美的呢?要从内容和形式两个方面来看。语言重内容,因此"真""信""实",即内容真实、言而有信、言之有物,是日常交流之中语言内容美的三个特点。同时语言交流也重形式技巧,"巧"在此并非"巧言令色",而是能够以合适的方式进行表达,以达到沟通的目的。

拓 展 阅 读

《说话》

会说话的人不止一种:言之有物,实为心声,一謦一欬,俱带感情,这是第一种;长江大河,源远莫寻,牛溲马勃,悉成黄金,这是第二种;科学逻辑,字字推敲,无懈可击,井井有条,这是第三种;嬉笑怒骂,旁若无人,庄谐杂出,四座皆春,这是第四种;默然端坐,以逸待劳,片言偶发,快如霜刀,

---

[1] 王弼等注、孔颖达等正义《周易正义》,载上海古籍出版社编《四部精要1》,上海古籍出版社,1993,第79页。

这是第五种;期期艾艾,隐蕴词锋,似讷实辩,以守为攻,这是第六种。这些人的派别虽不相同,实有异曲同工之妙。普通喜欢用"口若悬河"四个字来形容会说话的人,其实这是很不恰当的形容词。泼妇骂街往往口若悬河,走江湖卖膏药的人,更能口若悬河,然而我们并不承认他们会说话,因为我们把这"会"字的标准定得和一般人所定的不同的缘故。

王力《说话》

语言词汇在日常交流中起着关键作用,但是人们在社交中传递或接收信息,对交流的环境,交流者的语调、表情、肢体语言等都有很大的依赖。然而目前在互联网普及的数字通信中,这些非词汇系统的要素很难再现。于是,从 1982 年":-)"这第一个颜文字诞生于计算机科学家之手,到现在表情包"满天飞",新式的沟通媒介不断出现并得到了迅猛的发展。表情包并非中国独有,而是世界普遍存在的一种传播现象。从颜文字到表情包,新式语言符号的出现成为人类在数字世界交流的润滑剂,极大地丰富了信息传递的内容。

中国艺术家徐冰根据自己的生活经历,搜集整理出一套"标识"语言,使用这些"标识",不进行任何主观的发明和编造,创作了《地书》。《地书》是一件艺术作品,同时也是一本可读的小说,读者不管处于何种文化背景,只要是生活在当代社会的人,就可以读懂。《地书》的例子充分说明,各类颜文字和表情包,具有直观、生动的特点,没有地域、民族、语言的限制,迎合了现代社会快捷的生活方式。不可否认,现今流行的表情包中,某些表情包含有一些丑陋、低俗等负面元素,甚至触碰了道德和法律底线,对于这些表情包必须坚决予以抵制,但新的文化现象不能因其存在杂质就予以全面否定,许多表情包也因其幽默、调侃、戏谑等,成为审美对象。表情包丰富了人们对人性的认识,它们的语言系统、表达方式、审美取向以及价值判断都与传统媒体不同。人们更愿意看到那些在理想生活中缺失而在人类日常生活中确实存在的情绪,用一种夸张的方式呈现。

各地文化传统与民俗风貌不同,在长期的发展变迁中会形成特色各异的民俗语言。如作为地域文化底色的方言,具有鲜活的生命力,彰显出日常语言、民俗风情之美。早在西汉时期,我国就有了记录口语词汇、比较各地词汇异同、记载各地地理风貌的方言学专著《方言》(扬雄著)。方言及其变迁,能够反映不同地区的融合变迁、文化传统、民俗坦貌等情况。在传承乡土文化、巩固乡情亲情方面,方言发挥着"官话"不能替代的作用。如"中"是最具河南特色的典型方言词语,在言语交流中具有褒义特征,表示"肯定、认可、好、行"。"中"作为地理方位,表示中心。河南自古位居中原,有"中州、豫州、中原"之称,中原人的伦理观念里,崇尚"中",以"不偏不倚""中和""中庸"为美。

与制度礼仪相对,行为礼仪是指人们日常生活层面的礼节,区别于典章制度。在日常生活中,个体的服饰仪表、饮食、语言等,与在社会生活的人际交往中的行为举止,共同构成了个人的行为礼仪。

当代中国的价值观主要由能与现代生活相洽的传统理念以及能在传统文化中找到依据的现代理念共同组成。在这样的结构中,传统理念与现代理念相互糅杂、和谐并存。因此,在多元价值观念碰撞的当代社会,虽然行为礼仪也在发生着变化,但还是存在着一些共性的标准。如美国学者布吉尼提出的"3A原则",即接受(accept)、重视(attention)、赞赏(admire),这与中国社会通行的相互尊重、宽容大度、以诚待人等完全一致。而这些礼仪标准,绝对不是个体于待人接物方面习得的生硬的举止规范,而是其内心修养之美自然而然的体现。

如魏晋时期在特殊的时代背景下,一些知识分子选择乖张的行径和现实无涉的清谈来寄托情感,因此,他们外在的行为举止似乎并无礼仪可言。《世说新语》载:"王子猷出都,尚在渚下。旧闻桓子野善吹笛,而不相识。遇桓于岸上过,王在船中,客有识之者云:'是桓子野。'王便令人与相闻,云:'闻君善吹笛,试为我一奏。'桓时已贵显,素闻王名,即便回下车,踞胡床,为作三调。弄毕,便上车去。客主不交一言。"[①]这则记载比较典型地刻画出魏晋名士率性而往、不以显贵地位自矜的风度,体现了魏晋名士特定的价值观和审美趣味。虽然没有外在礼节方面的举止美,但是这种面对人生艰难的豁达、自由的状态,形成了特殊的名士礼仪,成就了"魏晋风度",能带给不同时代的人以启发和慰藉,令人心生向往。

拓 展 阅 读

　　蔡元培按道德境界把人的行为划分为由低到高三个层次,即"求生求利""共生共利""舍己为人":

　　行为之中,以一己的卫生而免死、趋利而避害者为最普通;此种行为,

---

①　刘义庆撰《世说新语校释(中册)》,刘孝标注,龚斌校释,上海古籍出版社,2011,第1481页。

仅仅普通的知识，就可以指导了。进一步的，以众人的生及众人的利为目的，而一己的生与利即托于其中。此种行为，一方面由于知识上的计较，知道众人皆死而一己不能独生；众人皆害而一己不能独利。又一方面，则亦受感情的推动，不忍独生以坐视众人的死，不忍专利以坐视众人的害。更进一步，于必要时，愿舍一己的生以救众人的死；愿舍一己的利以去众人的害，把人我的分别，一己生死利害的关系，统统忘掉了。

蔡元培《美育与人生》

　　个人内在的修养不仅体现在现实生活的行为举止中，同样也表现在数字网络世界。我国已经加速进入数字时代，互联网成为人们日常生活中不可或缺的新沟通渠道与生活空间，由于部分网民相关素养的缺失，因此网络暴力诞生了。所以数字化时代的网络礼仪至关重要，网络礼仪之美也更难能可贵。虽然网络立足于虚拟的数字世界，但是网络的另一端连接的是真实的人。一个人若内心充实饱满、言行一致，就不可能于现实生活彬彬有礼，而于数字世界对他人暴力相向。归根结底，任何领域的行为礼仪，都要依赖于自身素养的不断提升。

● 生活美育实践指导

实践内容	实践目标	实践步骤	实践成效检验
历史文化景观或民俗活动考察	对所在地域工业码头、历史文化街区等，或民俗风情等节庆活动进行考察，体会生活美的特征	1.结合地域特色，选取考察对象，制订考察计划。 2.在任课教师的指导下分小组进行实地考察。 3.结合现状，围绕考察对象的历史变迁、与民众生活的关联，思考其文化景观形成的原因及特殊性	思考生活美的独特性，并分小组撰写考察报告
生活美相关领域课程选修	利用网络公开课或本校课程资源，在生活美相关课程门类中有针对性地进行选修学习，提高对生活美的理解	1.结合所学专业及兴趣，选取服饰、饮食、建筑、交通、情感交际等某一个领域的课程进行选修。 2.从低年级到高年级，选修该领域的系列课程。 3.从选修某一个领域的课程拓展到学习生活美其他领域课程	深入了解生活美的具体呈现方式及其内在逻辑，提高对生活美的感悟，能够独立撰写生活美相关领域的基础论文

续表

实践内容	实践目标	实践步骤	实践成效检验
生活美相关问题研讨会	对生活美相关领域的艺术作品或现象进行研讨，思考当代社会民众的审美需求及创造性等问题	1.在任课教师的指导下，制订研讨会计划（汇报＋讨论）。 2.选择代表性的作品或者现象，分小组进行分析研究。 3.深入思考这种作品或现象生成的社会原因及接受逻辑，并展开讨论	分小组撰写研究报告并通过讨论，了解当代社会的生活逻辑，思考生活中的创造性和审美性等问题